却将谈笑洗苍凉

晚清的政局和人物三编

姜鸣 著

三联书店

Copyright © 2020 by SDX Joint Publishing Company.
All Rights Reserved.

本作品版权由生活·读书·新知三联书店所有。
未经许可,不得翻印。

图书在版编目(CIP)数据

却将谈笑洗苍凉:晚清的政局和人物三编/姜鸣著.—北京:生活·读书·新知三联书店,2020.1 (2024.3重印)
ISBN 978-7-108-06635-0

Ⅰ.①却… Ⅱ.①姜… Ⅲ.①中国历史-研究-清后期②人物研究-中国-清后期 Ⅳ.① K252.07 ② K820.52

中国版本图书馆 CIP 数据核字(2019)第 132418 号

责任编辑	钟　韵
特约编辑	孙晓林
装帧设计	蔡立国
责任校对	龚黔兰
责任印制	董　欢
出版发行	生活·讀書·新知 三联书店
	(北京市东城区美术馆东街 22 号 100010)
网　　址	www.sdxjpc.com
经　　销	新华书店
印　　刷	天津裕同印刷有限公司
版　　次	2020 年 1 月北京第 1 版
	2024 年 3 月北京第 5 次印刷
开　　本	880 毫米 × 1230 毫米　1/32　印张 12.25
字　　数	284 千字　图 176 幅
印　　数	22,001-25,000 册
定　　价	65.00 元

(印装查询:01064002715;邮购查询:01084010542)

目 录

自 序……… 1

从户宋河畔到伦敦
　　马嘉理事件的来龙去脉……… 1

天上的彗星和人间的政治
　　光绪七、八年清廷朝野对异常天象的反应……… 85

眼看他起朱楼，眼看他楼塌了
　　光绪九年金融风潮和胡雪岩的破产……… 107

邯郸一枕笑匆匆
　　"甲申易枢"与政局大变动……… 124

洪涛纵目望无涯
　　醇亲王巡阅北洋海军的历史回顾 //
　　影像·绘画·诗歌·日记……… 185

从今咫尺天都远
　　晚清张家口军台生活寻踪……… 225

江湖归梦清,伉俪深情重
　　张佩纶的婚姻生活……………253
用人无当窝里斗
　　直隶总督衙门内部的人际斗争……………279
旧时代生儿育女的艰难历程
　　从张佩纶的子嗣说开去……………302
喝保卫尔牛肉汁,与李鸿章同款
　　一份英国"滋补"饮料在中国的流传……………317
临事方知一死难
　　李鸿章最后岁月的新考证……………329

波特兰大街45号还是49号?
　　中国驻伦敦使馆的旧事……………349
绑架和营救孙中山
　　中国驻伦敦使馆的旧事再说……………360

参考引征书目　378

自 序

晚清历史如此波澜起伏，引人入胜，不断地激发我的研究热情。

本书献给读者的，是我近年所写的十三篇文章，都环绕光绪朝的历史展开。起于马嘉理事件（1875）引发的中英交涉，签订《烟台条约》，清政府向伦敦派出使团，以及由此引起的中外关系变化；止于辛丑议和，李鸿章与各国使节进行屈辱谈判，最终去世（1901）；而以孙中山为代表的时代新生力量，正在酝酿崛起。二十七年间，中国经历了数千年未有之大变局，诸多关键节点、重要细节、人物命运，本书均予以追踪、剖析、揭示。

在研究方法上，我依然采用自己的习惯做法，阅读史料和现场踏访相结合，先使自己建立起历史的时空观，并把这种感受，通过文字传递给读者。在写作规范上，我依然努力使可读性和学术性得以兼顾，"用论文的规范写散文，用散文的笔法写论文"，坚持通俗流畅，也坚持言必有据。

马嘉理之死是中国近代史上重要却被忽视的事件，迄今对于其基本情况的描述都存在错讹。而在这一事件背后，蕴藏着中国对西方国家的认知，对西方国家制定的近代国家关系的被迫接受，中国驻外常设使团的派遣，以及中国西南内陆地区与缅甸、印度间国际通道的建立等重要问题。大约从2011年起，我花了很多精力研究这一事件，研读大量原始资料。还三次前往云南边陲盈江县中缅交界处，沿着南崩河、芒允（旧称蛮允）、盈江、腾冲一线，踏访马嘉理从上海经云南前往缅甸迎接柏郎探路队，又从缅甸返回云南，在芒允附近被杀的现场，感受历史、边疆和自然、人文的氛围，同时形成自己对这一课题的思考和结论。

2012年我去伦敦，特别想看一看1877年因马嘉理事件致歉，郭嵩焘所率中国使团入驻的波特兰大街45号的环境，这是中国近代建立的第一个驻外使馆。1879年曾纪泽将其搬迁到49号新址，中国驻英国大使馆至今还在使用这个馆舍，可谓历史悠久。1896年，这里还发生过轰动伦敦的"绑架孙中山事件"。我有幸进入中国使馆内的"孙中山先生蒙难纪念室"参观，对于大多数研究者和旅行者来说，这是难得的机遇。

为研究张佩纶遣戍军台生涯，我两次前往张家口市，在堡子里和宣化漫步考察。堡子里是尚未被改造开发的旧城区，1885—1888年张佩纶曾在这里居住。宣化则由从前张家口厅的上级治域宣化府，降格为如今张家口市的一个辖区。2008年我第一次去宣化，还找到宣化府署旧址的石碑，而2013年重访时，这里已是兴泰居民小区，急剧发展的城市房地产，迅速抹去昔日的遗迹，我只能站在旧址，眺望远处镇朔楼高大的身影，感受与古人同样的视野，感受岁月变迁的沧海桑田。

再早些时候，1988年，我曾踏访李鸿章晚年在北京居住的贤良寺西跨院，我在《天公不语对枯棋》中提及过那次拜访，不久以后，西跨院就被拆除，改建成为校尉小学的教学楼了。我曾经认为，这里是李鸿章去世的地点。但在去年，我通过研究李鸿章与张佩纶往来书信，发现李鸿章去世的准确地点，是西总布胡同

27号。本书发布了这一研究成果。今年初，我去西总布胡同踏勘，这里也被拆迁改造得仅剩一堵红色围墙了。

显然，现场踏访和田野调查对于历史研究是很重要的手段方法，但必须赶早，要有一种急迫的抢救心态。

近年来，我还着重运用新公布的档案、书信，做了甲申易枢研究。1884年4月，慈禧太后罢斥以恭亲王奕䜣为首的全班军机大臣，启用醇亲王奕譞参与政务。这是光绪朝历史的一个重要转折点。这个课题，以往由于史料不足，长期研究不深。而张佩纶与李鸿章的通信提供了许多宝贵的新细节，为了解事件打开了新思路，展现出许多新脉络。在孙毓汶介入易枢事件上，我运用中国社会科学院近代史研究所新近发布的档案，详细再现他奉旨离京查案半年的行程；对学术界以往引用翁同龢日记中提及的"济宁电线皆断"推论孙毓汶的作用，我通过《申报》，查证出当年确实发生过济宁电报分局跨越黄河水线故障，因此各种推测均属过度解读。我还找到由翁同龢后人翁万戈保存并捐赠的醇亲王在易枢之后写给翁同龢的亲笔信，对于了解醇王在事件中的心态甚有帮助。抚触原稿，也有一种穿越古今的激动。我还从张佩纶家藏档案所收陈宝琛信件中，找到易枢前王仁堪不在北京的证据，从而将其从盛昱参奏军机事件中排除出来。

历史研究是对古人的思考和对话。这种思考和对话大多数情况下是枯燥的，业内称为坐"冷板凳"。然而当我们打开思路，其实研究就变得丰富多彩、生动活泼。比如对醇亲王1886年巡阅北洋海军研究这个课题，我持续关注了二十多年，慢慢积累起当年留下的大批照片、绘画、诗歌、日记等史料，这次得以图文并茂、形象直观地再现出海军阅兵的盛况。关于李鸿章去世地点的新考证，我找到的关键证据是当年张佩纶与其通信的实寄封，信封上总部胡同的地址,与文献记录恰好互证。我在研究晚清官员喜欢饮用的滋补品"保卫尔牛肉汁"时,还买到当下联合利华公司生产的同款产品进行品尝,使得我们在味觉上也和百余年前的古人建立起共同感受。而琳琅满目的"保卫尔"老广告,是从国外ebay拍卖网站上找到的,从中可以看出该产品昔日的营销力度。当历史变得如此栩栩如生之时,我希望我的作品能够引人入胜。

和以前一样,我由于自身公务繁多,这些年的研究,并不追求完成年代史、专门史或人物传记写作,而是在光绪朝的大框架里,围绕某个人物、事件或专题,即兴展开。通过这些分课题,逐渐构建起本书的各个篇次。如果加上《天公不语对枯棋》《秋风宝剑孤臣泪》的相关文章,这套《晚清的政局和人物》系列,累计已有五十余篇。以人物论,我写了李鸿章、张佩纶、慈禧太后、慈安太后、珍妃、恭亲王、醇亲王、翁同龢、左宗棠、潘祖荫、宝廷、胡光墉、康有为、谭嗣同、李凤苞、严复、吕耀斗、胡传、詹天佑、唐国安、赛金花;就事件论,我从不同侧面研究了马嘉理事件、"清流"的崛起和消亡、甲申易枢、中法马江之战、中日甲午战争、公车上书、中俄密约、辛丑议和、绑架孙中山;就专题史论,涉及铁路、外交、天文、灾荒、西医传播、传染病流行、西式教育、建筑,甚至还包括婚姻、生育、餐饮和滋补品,这些既宏大又细碎的景象交织在一起,从而再现了转型年代中国社会的变迁。我想,这样的文章如果积累到一百来篇,我笔下的光绪朝,会和别的作者的表述有别,却是自己思索、考证的一个充满细节、充满张力、起伏跌宕的大时代。

本书的文章,绝大部分曾在"腾讯·大家"上首发,然后进一步修订和丰富完善。我特别感谢"大家"的编辑赵琼女士,她的宽容和激励,对本书写作帮助甚大。

我还要感谢马忠文、徐家宁、傅林祥、陈悦、黄显功、梁颖、王志伟、张钰翰、张黎源、刘震、吴慧剑、孙涛对本书的写作和资料收集、图像处理方面给予的帮助和支持。感谢罗志田、王笛、李方、马忠文对本书所做的推荐，感谢三联书店编辑孙晓琳、钟韵对于本书出版付出的巨大辛劳。

最后我还要感谢内人李家玻，是她的支持，使得我的学术研究得以坚持。感谢儿子姜源，他是我的学术助理，也是许多观点的讨论者和文章的第一读者。

姜　鸣

2019 年 7 月 29 日

从户宋河畔到伦敦

马嘉理事件的来龙去脉

一 "英国探路队"

1. 探寻马嘉理事件发生地

2011年10月3日。早起,从芒市前往畹町。中午在云南最西端城市瑞丽的边贸区姐告打尖,再沿233省道过陇川、盈江去腾冲。

我们几乎是沿着中缅边境行车。这个地区,在第二次世界大战期间,曾是中国远征军滇西作战的重要战场,眼下十分热门。我自己上一天就去了龙陵,踏访松山战役遗址,看了主峰阵地和第八军第一百零三师阵亡将士纪念碑。我还期待下一天在腾冲,拜谒著名的国殇园。

而我下午的活动,是沿着大盈江,去寻找马嘉理事件发生地。

在中国近代史上,马嘉理之死是一起重要的涉外事件。1875年,英国驻华使馆派遣使馆翻译马嘉理(Augustus Raymond Margary)迎接从印度经缅甸来华的探路队,深入云南边境,被边民杀死。旧上海外白渡桥堍,英国侨民树立过"马嘉理纪念碑",但他究竟命丧何处,几乎很少有人关注。在一些大比例尺的云南地图册中,我找到过"马嘉理事件发生地"的字眼,可是到当地去踏访的机会毕竟不多。这次我来到瑞丽，觉得无论如何，不能放弃亲临现场考察的机会。

下午4点钟左右，汽车翻过连绵起伏的山地，前面蓦然出现了清澈奔流的大盈江，这里接近我要寻找的地方。司机下车用本地话问路："马嘉理在哪里？"老乡居然能够听懂他的含义。我们在虎跳石附近驶过一座桥，来到河的对岸，再沿简易公路继续向东北行车，终于在216县道（又叫盈八线，即从盈江县到缅甸八莫）芒允村西侧的一块空地上（当地人叫作"洋人洼"），找到了纪念马嘉理事件的石碑。

石碑共有两块。南面小土坡上是块直碑，1986年树立，上刻"马加里事件起源地"八个隶字。路北空地上，则是横式并立的省文物保护单位"马嘉理事件发生地"石碑，落款时间为1998年，还刻有对事件简介的碑文：

  鸦片战争后，英帝国主义为扩大殖民地范围，开辟滇缅通道，打开中国西南门户，于清同治十三年（1874）十二月派出上校柏郎率一支近二百人的武装探险队企图入侵云南边境探路，英驻华公使馆派翻译奥古斯塔斯·马嘉理从盈江出境前往接应。光绪元年（1875）二月，柏郎、马嘉理率部从缅甸出发，向我盈江芒允一带进犯。二月二十一日，面对前来阻拦的各族民众，马嘉理竟先开枪打死一人，引得民众义愤填膺，奋起反抗，将马嘉理一行四人杀之弃尸户宋河，又将柏郎军逐出国境。

  事件发生后，腐败无能的清朝政府屈服于"洋人"，对保卫祖国边境的爱国民众进行残酷围剿，逮捕屠杀，并于光绪二年（1876）和英国政府签订了丧权辱国的《中英烟台条约》。但是，德宏边疆军民奋勇抗击侵略者的壮举将永垂青史。

"马加里事件起源地"直碑

作者在"马嘉理事件发生地"横碑前（摄于2011年10月）

这里是地势平坦的坝子，和我原来想象的山高林密景象并不一样。站在历史现场，读着马嘉理事件的解释，我对于一百三十余年前这场震惊中外的事件，产生了强烈兴趣。此后我阅读了大量马嘉理事件的原始资料，发现历史的真实情景，与传统教科书，乃至这块石碑的记载差距甚大。起码，这块标注着"云南省文物保护单位"的石碑，就把马嘉理死亡日期的公历错标成农历了——马嘉理死于1875年2月21日，即光绪元年正月十六日。

2. 寻找打通中印内通的商路

英国著名地缘政治学家麦金德说过：

> 拿破仑战争结束之后，英国海上力量环绕了这巨大的世界海角，立于不列颠和日本之间，延伸到好望角，几乎无可匹敌。海上的英国商船是大英帝国的一部分；投向海外他邦的英国资本，则是英国资源的一部分，为伦敦城所掌控，为维持各处海上力量所用。这是一个志得意满和有利可图的地位，而且看起来是如此稳固，以至于维多利亚中期的人们认为岛上的不列颠统治海洋几乎是事物的自然法则。或许，在世界其他地区，我们并不是一个特别受欢迎的民族。[1]

对重商主义时代的英国人来说，控制海洋最终还是为了控制陆地。

17世纪中期，英国东印度公司在缅设立商馆，后来随着殖民印度规模的扩大，进一步经略缅甸。至19世纪中叶，经过两次英缅战争，全面占有了缅甸。当时缅甸王位几经更迭，虽然力图收复失地，均未成功。而英国，此时已将其势力绕过马六甲海峡和中南半岛，达到太平洋西岸。通过"五口通商"，从上海进入长江流域，同时对于从缅北进入中国云南的兴趣日益增加，期望开辟

中缅陆路交通示意图
底图来自国家地理信息公共服务平台"天地图",审图号:GS(2018)1432号

印缅入华的新通道,从后方真正进入中国广袤的腹地。

从地图上看,印度东部(包括现在的孟加拉国)与缅甸西部有条漫长的共同边界,但其间的联系,却被南北走向的若开山脉—那加丘陵阻断,只有个别山口可容通行。我们知道,第二次世界大战期间,中国东南沿海均被日军占领,为保障对西南后方的军火物资支援,盟军从印度东北部阿萨姆邦雷多小镇建立基地,经密支那将大批军火物资源源运入云南,这条通道称作"史迪威公路",和当年英印当局欲考察之路基本一致。但在19世纪,打通印缅山道的联系却极为困难。

从户宋河畔到伦敦 5

由于缅甸正处在被英印当局逐步蚕食和控制之中，所以寻找印度通往云南的道路，也可以单独从中缅通道来考虑，即从印度越过孟加拉湾登陆，穿过缅甸，再走边界之路。从历史上看，连通中缅共有两条大的路径：一条是旱路，从缅甸都城曼德勒出发，经兴尼到永昌府（今保山市）和大理府；另一条是水路，此时，蒸汽轮船已能从仰光溯伊洛瓦底江直抵八莫（又译新街），所以从印度洋的安达曼海口直达缅北已很便捷。剩下的，就是确认八莫进入云南的通道。八莫赴滇，分成三个方向：北路前进到盏达（今盈江县），称盘岭路；中路到南甸（今梁河县）或户撒（今陇川县），因为是缅甸使臣走的道路，故亦称"使路"；南路又称撒瓦底路，也通向南甸。这三条支路均要经过克钦人（在中国今称景颇族）居住的山地，最后在腾越厅（今腾冲市）会齐，再往东行，亦到大理。[2]1856 年起，云南爆发杜文秀领导的回民起义，滇缅之间的商贸中断。

英国人依然在探索哪条路是进入中国内地的最佳商路。曾在东印度公司工作的英国退役陆军上尉理查·斯普莱（Richard Sprye）极力推荐从仰光往税打、沿萨尔温江到大考渡口，再通过景栋和江洪，到云南思茅，修筑一条铁路。他从 1858 年起，不遗余力地将这个计划向多届政府宣传了十几年。印度政府后来进行了三年勘察，发现沿途均是荒山野地，成本极高，于是在 1869 年将勘察活动停顿下来。

1868 年初，英国组织了一支由缅入滇的探路队，以驻曼德勒政务官斯赖登少校（Edward Bosc Sladen）为队长，溯伊洛瓦底江到八莫，沿北路前往云南腾越，会见了杜文秀大理政权驻腾越大司空李国纶，商讨了合作与恢复滇缅商路等问题，又沿中路返回。这次探路遭到清军军官李珍国的抗击，但证实了八莫商路是行得通的。英属缅甸专员费奇（Albert Fytche）随后向英印政府建议，在八

斯赖登　　　　　　　　马嘉理

莫设立政务官,以便恢复边界贸易,保持与克钦族、掸族和云南大理政权的联系。

1873年,清政府平定了持续十七年的杜文秀政权。7月,英国驻缅甸专员艾登(Ashley Eden)致函印度总督诺斯布鲁克勋爵(Lord Northbrook),建议派遣一个英缅联合代表团,往云南调查边界贸易。他还建议驻北京公使从在华英国官员中,挑选精通中文、熟悉中国人情和了解英国对华政策的人,陪伴代表团前往。从而探索建立从印度经缅甸通往中国内陆的贸易联系。1874年春,印度事务大臣索尔兹伯里侯爵(Robert Arthur Talbot Gascoyne-Cecil, 3rd Marquess of Salisbury)请外交部转令驻华公使与他合作,完成三个任务:一是协助英缅使团前往大理,二是在大理设立领事,三是要求中国政府保障八莫大理间的路途安全。

英国驻华公使威妥玛(Thomas Francis Wade)显然知晓本国政府意图。7月16日,他和使馆参赞(又称汉文正使)梅辉立(William Frederick Mayers)拜访总理衙门,联系官员入滇事宜。梅辉立对大臣们说，来自印度的三四位官员将越过滇缅边界，可能来北京或上海，也可能原路回去，请总理衙门在他们的护照上盖章，英方将派翻译往中缅边界。按照1858年签订的中英《天津条约》第9款，"英国民人准听其持照前往内地各处游历通商，执照由领事官发给，由地方官盖印"，则总理衙门盖章的护照可说是最高规格。梅辉立还请总理衙门函知各省大吏，对翻译和英印官员给予协助。此前威妥玛关照梅辉立，切勿暗示探路队的目的，所以梅提到英员可能来京的消息，是扰乱中方视线的烟幕。

7月29日，威妥玛照会总理衙门，已派使馆官员马嘉理任翻译，前往云南，迎接印度派来的英员。他收到加盖印鉴的护照及总理衙门咨行各省大吏的函件后，致函诺斯布鲁克勋爵，阐述对云南边界贸易的意见，指出云南巡抚岑毓英素憎与洋人交往，而且"在英国炮船难以到达的地方，设置英国居民团体或甚至英国事务官"都不适当。但威妥玛支持探索云南，认为"云南幅员辽阔，资源丰富，对于将为有才力的人所使用的各条商业路线进行勘查，不能不起巨大的作用"。³

威妥玛的前任，已经退休回国的阿礼国爵士（Sir Rutherford Alcock）在马嘉理死后曾经诘问：建立缅甸通往中国西部的通商道路，确保英国商人使用这一通道的永久权利，通过陆路边境运送货物与云南建立贸易关系——这些目标为所有外国人所知，但是否有人向总理衙门解释过这些真实目的呢？阿礼国认为，惟一能采取的安全办法，就是与中国政府直接磋商，不再隐瞒或伪装英国的要求，说出英国的真实目的，通过和平手段找到令人满意的解决方案。但在实际上，根本没有人对中国政府说实话。

8月上旬，英国驻沪领事麦华佗爵士（Sir Walter Henry Medhurst）私下告知马嘉理，他将被派往云南出差，要他做好旅行准备。8月15

日早上，马嘉理正式收到威妥玛发出的训令，获知这次探路队的使命，是考察云南边界贸易，目的地是大理，但是切勿对中国官员提起。应避免和天主教神父同行，拒绝他们的款待，以免引发麻烦。不要绘图测量，或于人口稠密的地方打枪猎鸟，以免引起注意。他还收到威妥玛为他准备的护照、总理衙门咨行各省大吏的公函，公函要求沿途照顾马嘉理，并向辖内相关各地县令和官员发出命令，对他予以保护和帮助。威妥玛要求马嘉理每天写工作日志，记录行程，并强调高度保密。

3. 马嘉理前往中缅边境

奥古斯都·雷蒙德·马嘉理，1846年5月26日出生于印度的贝尔高姆，父亲是皇家驻印部队的亨利·约书亚·马嘉理少将（Henry Joshua Margary）。从马嘉理留下的照片看，他上唇蓄着两翼上翘的胡须，颇像一个中年人。而在实际上，他死时还不满二十九周岁。

马嘉理曾在英国布莱顿学院读过中学课程，并在伦敦大学学院听过讲座。二十一岁时经他堂舅，英国驻西班牙公使奥斯丁·亨利·莱亚德（Austen Henry Layard）推荐，参加英国政府海外服务考试，录取为驻华使馆实习生。这位堂舅，是享誉世界的考古学家、楔形文字专家、艺术史专家和旅行家，他以发掘尼尼微（今伊拉克北部）以南的亚述文化遗址尼姆鲁德而闻名于世。现在大英博物馆陈列的令人震撼的人面狮身带翼石像，和镌刻着亚述勇士驾驭着马拉战车弯弓征战的浮雕石板，以及最近在北京中国国家博物馆及上海博物馆展出的"大洪水"记录板，都是莱亚德主持发掘的文物。马嘉理先后在北京的公使馆，以及台湾、烟台和上海的领事馆研习中文并工作。他在北京学习中文的地方，是北京西山的龙泉寺，威妥玛借这里的庙舍办了个汉语学校，有七个外国人在此学习。山深林幽，

ITINERARY.			
Date and Hour of Arrival.		Place.	Distance (in li) from previous place.
Sept.		Hankow	
4	3.30 P.M.	昌武 Wu-ch'ang	20
5	2 P.M.	口金 Chin-k'ou	— [ch'ang.)
,,	Evening	腦瓜孛 Tung-kua-nao	105 (from Wu-
6		洲牌 P'ai Chou	45
7	12.30	欄划小 Hsiao-hua-pai	45
8	Evening	洲心胡 Hu-hsin Chou	60
9	Evening	口溪六 Lu-ch'i-k'ou	60
11		堤新 Hsin-t'i	60
,,	Evening	山螺 Lo-shan	45
20	Evening	山君 Chün-shan	—
21	Evening	— Nan-chai	180
22		— Ni-hsin-t'ang	60
,,	Evening	— Yin-ho Hsiang	40
23	11 A.M.	縣陽龍 Lung-yang Hsien	[Hsiang.
,,	3.30 P.M.	— Liao-ya-tsui	70 from Yin-ho
24	6 P.M.	— Shih-ma P'u	20
25	Evening	府德常 Ch'ang-tě Fu	20
27	3 P.M.	— Ta-ch'i-k'ou	20
28	2 P.M.	縣源桃 T'ao-yuen Hsien	70
,,		渡馬白 Pai-ma P'u	20
,,	Evening	— Shui-ch'i	5
29	Evening	(Small village.)	—
30	Evening	(Small village.)	—
Oct.			
1	—	—	—
2	—	—	35

ITINERARY.			
Date and Hour of Arrival.		Place.	Distance (in li) from previous place.
Nov.			
17		— Yang-shun	—
18		罶安普 P'u-an T'ing	40
19			
20		縣彝平 P'ing-i Hsien	—
21		白水 Pai-shui	— [Chou.
22		— Hai-tzǔ P'u	Halfway Chan-i
,,		州益潞 Chan-i Chou	—
23		州龍馬 Ma-lung Chou	—
24		— Pai-tzǔ P'u	40
,,		司隆易 I-lung Seu	40
25		林楊 Yang-lin	75
26		橋板 Pan-ch'iao	— [lin.
27	Noon	府南雲 Yun-nan Fu	105 from Yang-
Dec.			
2		口鷄碧 Pi-chi K'ou	35
3		州甯安 An-ning Chou	40
4		關雞老 Lao ya Kuan	70
5		縣豐祿 Lu-fêng Hsien	75
6		資栖 Shê-tzǔ	90
7		縣通廣 Kuang-t'ung Hsien	—
8		站腰 Yao-chan	—
,,		府雄楚 Ch'u-hsiung Fu	—
9		州南鎮 Chên-nan Chou	95
10		— Sha-ch'iao	35
11		— Lien-p'eng	95
		Four more stages to Ta-li Fu.	

英文原版《马嘉理行纪》中所附其经过地方的汉英对照地名

景色宜人，龙泉寺的名气却没有后来那么响亮。

8月21日夜间，马嘉理离开上海，乘坐旗昌洋行的双烟囱江船"平度"轮（S. S. Hirado）西行。他在日记中写下三位即将见面的探路队员名字——柏郎上校（Horace Browne）、安得生医生（John Anderson）和额利亚（Ney Elias）。值得注意的是，马嘉理当时就知道，"一队三十名士兵组成的卫队，将陪同他们到达中国边界，然后由我接手，循着我去接应他们的路线原路继续前进。而士兵不进入中国"。[4]这消息应当是威妥玛告诉他的，但后来增加出来的缅甸卫兵，在华英国外交官似乎并不知情。

马嘉理出发前，麦华佗曾向外交大臣德比伯爵（Edward Stanley,

15th Earl of Derby）建议，接应探路队的翻译应从海路去缅甸仰光转曼德勒加入探路队，而不是穿越欧洲人从未到过的内陆去中缅边界，这样更加省时省钱，但这个主意并未得到回应。8月28日，马嘉理抵达汉口，通过英国领事许士（Patrick Joseph Hughes）安排，拜访了湖广总督李瀚章。总督建议他从湖南经贵州前往云南（他原计划是从四川入滇），说这是中国官员通常行走的路线。31日，李瀚章得知他接受了建议，表示将通知沿途官员予以协助和保护。[5]

9月4日早上，马嘉理离开汉口，换乘中式木船继续前行。5日过金口，夜宿冬瓜脑，信使紧急送达一份由麦华佗转来的英国外交部电报，说翻译最好由海路赴缅与探路队会合。并说将致电威妥玛，在收到北京指令之前，翻译应暂缓出发。马嘉理认为，若要接到威妥玛指令还需多日，故回信说将从容慢行，到螺山等待消息。12日，他到达湘鄂交界的螺山，在小镇上等待了一周，却未等到任何消息。天气炎热，住在狭窄的木船上极为难耐。20日，马嘉理重新上路。过岳州、洞庭，溯沅江入贵州，11月27日到达昆明。

马嘉理日记记载：云南巡抚、署理云贵总督岑毓英派人招待他住入官舍，知县派人送酒席，八个巨大木盘，内盛五十六碗菜肴和甜品。岑毓英表示因公务繁忙，这次不安排接见，可待他从永昌府返回时再来相见。

马嘉理了解到，新任布政使潘鼎新将于12月1日到达，接待他的知县同时在为迎接潘的到来而忙碌。他从钱庄里取到许士的来信，说已接到命令，让他走海路去仰光与探路队会合。许士派出的信使一直追到常德，仍然没能联系上他。[6]马嘉理此时不愿再折返，通过知县向岑毓英转交总理衙门信件，请急令永昌府的官员，万一柏郎上校一行提前到达，提供相关帮助。他还申请岑毓英派人护送，并按威妥玛的关照，索要公文，使沿途官员明了他的身份和旅行目的。岑毓英允诺派杨某和候补州判周祥二位委员伴送他前往。"29日,马嘉理在昆明给父母写信说:"县令送来两匹马驮的礼物,有谷物、家禽、稻米、水果、甘蔗、柴火和油。我明天将启程前往大理府,需要朝西北方向走十三天,然后从那里转而向南,走五天山路到达永昌府。""巡抚刚刚送信说要我再待一两天,以便让即将陪同我旅行的两个军官准备准备。沿途之地都已经接到接待我的指令。"

以往研究马嘉理事件的文章,常引用民国元老李根源1935年发表在《国学论衡》杂志上的文章《纪马嘉理案》中的说法,作为事件肇起之缘由。称马嘉理"抵滇垣,谒总督岑毓英,欲用敌体礼(即彼此地位相等,无上下尊卑之分的礼仪),毓英不许,持之坚,许之。语骄謇不逊让,毓英怒,然念中英邦交,乃隐忍以卒送出迤西",并由此结仇。李根源出生于马嘉理事件之后四年,写文章更在五十年后,此说之可靠性需要辨析。马嘉理撰写的日记、书信,在他死后即由英国前驻华公使阿礼国编成《马嘉理行纪:从上海到八莫,及返回蛮允》,详叙其沿途行踪和见闻,也澄清了他和官府交往的诸多细节,最近出版有曾嵘翻译的中译本,是值得一读的重要史料。此外民间还有一种说法,称马嘉理到达昆明时,岑毓英率文武官员前往迎接,躬身迎到的是马嘉理大轿中跳出的一条哈巴狗。这种侮辱行为,激怒岑毓英誓杀马嘉理,在昆明不便下手,就布置下属官员,在前往滇西的途中截杀。我在盈江芒允(旧称蛮允),就听到村委会老主任尹培荣讲述过。尹主任说他母亲活了一百零五岁,这个传说是他祖母讲给母亲听的,可见流传有年,今天看来并无事实依据,但依然被一些文章引用和传播。

在云贵地区,走陆路常常要翻山越岭,极为艰辛。离开昆明

作者访谈芒允村老主任尹培荣（摄于2018年12月）

时，马嘉理有九匹马驮行李，四匹马配鞍随行；一顶轿子，外加四个轿夫。关于轿子，他有三个理由说明万不可缺：一是身份，官员旅行，必须要有轿子；二是拜访当地官员，也必须乘轿；三是坐轿子可以阅读，而骑马无所事事地行军，令人难以忍受。[8]马嘉理还带着一帮随行人员，这干人也有各自的交通工具，所以他的队伍阵容浩大，常常引起老百姓的围观。

1875年1月4日，马嘉理到达腾越，总兵蒋宗汉热情款待他。马嘉理还收到英国驻八莫政务官库克（Cooke）上尉来信，获悉主持本次探路活动的柏郎上校在1月中旬以后启程，要求马嘉理在合适可行的地点与他们汇合。库克建议他在腾越等待，若想继续前进亦可。[9]马嘉理认为到八莫已不遥远，决定前进，11日他到达盏达蛮允。就库克的指令来看，探路队并不急需马嘉理去接应带路。但马嘉理自认"沿途受到热情的对待，我确实留下了友好的种子，并改变了人们原有的错误印象"，前往八莫，是他的主动选择。

马嘉理在蛮允见到李珍国。李珍国是中缅边境上的一位传奇人物，他母亲是缅甸国王麦多默妃之姨，因此他是个中缅混血儿。他在家中排行第四，人称"李四老缅"。杜文秀起事时，他的父母、妻子、伯叔、弟兄均被杀害，他因此参加了镇压的战争。他此时的官方身份，是腾越镇分驻南甸左营都司候补参将，正与克钦族和掸族头人商量货物的捐税问题，尝试达成协议，设立常规的关税制度和收集关税站点，以取代山民对骡队的勒索。马嘉理自认和李珍国交流得很投缘。到达八莫后，他写信告诉威妥玛："著名的李珍国，也被称为李四或李协台，曾经攻打斯赖登探险队，并被称为'土匪'或其他凶悍难听的绰号，现在已经变成一个非常礼貌、聪明和直爽的人。他采取一切手段协助远征队，并且以意想不到的殷勤礼貌来接待我。"[10]

历史上，蛮允是云南通往东南亚和南亚的必由之路，是公元前就建立起来的南方丝绸之路"蜀身毒道"的重要驿站。所谓"身毒"，即古代印度地区。按照近年来中国学者的研究，从腾冲前往缅甸的通道有二十七条之多，主要路线有三条，以西南线即腾冲、梁河经盈江到八莫的路途最短，[11]相当于英方记载中的北路。蛮允就是这条路线距离中缅边界最近的一条街子。蛮允没有城墙环绕，出了街口就是"野人"地界。李珍国后来陈述，他派两名护卫人员将马嘉理送至八莫的英国官员手中。[12]而马嘉理记录，是他的随从刘子林去八莫送信。刘是英国驻沪领馆的通事（翻译），由麦华佗借给马嘉理陪同出差。马嘉理称他为"江湖老手"，可以办到任何事、去任何地方，从来不缺乏主意。他的外号叫"来啦"（Leila），这是中国佣人被召唤时的通常回应，外国人曾以为是他的名字，而他也喜欢这个称呼。[13]几天后，刘子林带回四十个缅兵，将马嘉理和随行人员顺利带过野人山，1月16日平安送抵八莫，与探路队相会。他是史上第一个从上海经内陆旅行，长途跋涉，到达缅甸的欧洲人。

上年 8 月 22 日,马嘉理从上海出发的时候,他想象自己,"一个孤独的欧洲人,站在中国边境的最后一个关口上,焦急不安地透过双筒望远镜紧盯着,期待着印度头盔从西方出现"。五个月后,他来到八莫,他写道:"现在我已翻过野人山,和自己的同胞再度握手了。"[14]

4. 探路队员和护照

英印方面派遣前驻撒亚谬副政务官柏郎上校主持探路队工作。其他成员包括,曾经参加斯赖登探路队的外科医生兼博物学家安得生,担任医官兼采集博物标本;1872—1873 年探测过黄河新道的旅行家额利亚,专管地形研究。额利亚由于在中国经商的缘故,到过很多内陆地区。以探索黄河新河道(1855 年黄河在河南省兰考北部铜瓦厢决堤改道,最后在山东大清河形成新的入海口),获得皇家地理学会的金质奖章。他在 1872 年途经乌里雅苏台,穿过西伯利亚回到欧洲。

柏郎和安得生于 1874 年 11 月从英国来到加尔各答,英印政府建议他们循曼德勒—兴尼路线入滇,因为欧洲人还没有踏勘过兴尼线。但是不久,探路队得到缅甸方面信息,称该线道路崎岖,且不安全,推荐还是走八莫路。他俩遂从加尔各答前往仰光(当时译作蓝贡),又乘船经曼德勒,于 1875 年 1 月 16 日到达八莫,与额利亚会合。由于联系不上马嘉理,担心他不能及时赶到,威妥玛又派使馆另一位翻译阿林格(Clement Francis Romilly Allen,通常又译阿连璧)从上海乘船在仰光上岸,赶往中缅边界。[15] 从阿林格的行程看,沿伊洛瓦底江前往八莫的水路已经很成熟快捷了。

我本来以为,马嘉理千里迢迢从上海赶到云南,是给探路队送护照。但从档案中看到,上年威妥玛从总理衙门申请到护照后,

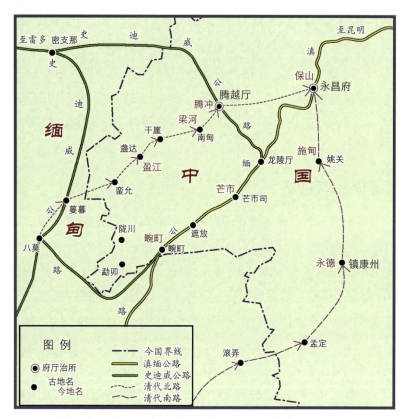

清末缅甸通往云南的南北道路和"二战"期间中缅通道示意图
底图来自国家地理信息公共服务平台"天地图",审图号:GS(2017)1719号

已经寄往印度,[16] 由此马嘉理的使命,仅是为探路队提供翻译和引路服务。

　　近代意义上的护照是一种政府签发的旅行证件,主要是在国际旅行时证明持有人的国籍。英王亨利五世在15世纪发明了西方最早的护照,以帮助臣民在异国他乡证明身份。在中世纪,Passport是指通过城墙大门(porte)的文书,由当地统治者颁发,一般包括持有者被允许通过的城镇名单。19世纪中叶开始,欧洲

没有找到柏郎的照片,图为其在法国尼斯高加索公墓的墓地

的铁路基础设施和财富迅速扩张,导致跨国旅行大量增加,但在欧洲各国过境并不需要护照。第一次世界大战爆发后,欧洲各国政府出于安全原因,引入了边境护照要求,并控制具有技能的本国人移民。英国在 1915 年 11 月 30 日,启用《护照法》来限制旅行。这些措施到战后仍然有效,成为了一个标准程序。

清代护照,早期亦称"路票",是外国人来华旅行、传教和经商时证明身份的文件,按照 1858 年中英、中法、中俄《天津条约》规定,护照由外国公使和领事向中方预领,根据需要填写,并由中国地方官钤印核准。和今天常见的护照不同,它不是颁发给持照人申请入境签证的软面小本子,而是一张填写在类似"告示"的公文纸上的"大路条"。有人解释,中文"护照"之意,为

安得生　　　　　　　额利亚

"保护"和"关照"。柏郎一行使用的护照我没有看到过，但从1875年12月17日（光绪元年十一月二十日）麦华佗颁发给英国海军军官戈勒使用的护照上，后人可以获知端倪：

护　照

大英钦命驻扎上海管理本国通商事务领事官麦为

给发护照事。照得《天津条约》第九款内载，英国民人准听持照前往内地各处游历、通商，执照由领事官发给，由地方官盖印。经过地方，如饬交出执照，应可随时呈验，无讹放行；雇船、雇人，装运行李、货物，不得拦阻。如其无照，其中或有讹误，以及有不法情事，就近送交领事官惩办，沿途止可拘禁，不可凌虐，等因。现据英兵船官戈勒禀称，欲由上海前赴苏松太常镇杭嘉湖八府游历，请领护照前来。据此本领事查该人素称妥练，合行发给护照，应请

大清各处地方文武员弁验照放行，务须随时保卫，以礼

相待。经过关津局卡,幸毋留难拦阻,为此给与护照,须至护照者。

右照给英兵船官戈勒收执

一千八百七十五年十二月十七日 给

乙亥年十一月二十日

大清钦命监督江南海关苏松太道冯　加印　　　限壹年缴销

据我所见,后来担任《泰晤士报》驻华记者的莫理循(George Ernest Morrison)1894年前往湖北、四川、贵州、云南旅行的护照,同年香港西医书院教务长、孙中山的老师康德黎(Dr. James Cantile)前往北京万里长城、明陵旅游的护照,其格式、文字,与戈勒的护照完全相同,由此可知,清末的护照就是如此。

甚至连1939年美国驻厦门领事馆开出的一份护照,亦是援引《天津条约》,要求对美国牧师洪味道予以保护。这份护照,由中华民国福建省政府加盖了印鉴。清朝的护照传统,在抗战时期居然还保留着。

在19世纪70年代,中国尚未建立出入境管理制度。护照不是入境关口的验证文件,只为外国人在中国旅行提供证明。护照上注明了外国人本人名字,却不包括其随行的仆役助手。而当时外国人旅行,无疑都是携带随行人员的。对随行者如何确认,以及他们是否需要身份证件和事先审批,我尚未找到官方规定。

5. 并不存在的"远征军"

柏郎本次探路,就有一支庞杂的辅助团队。

首先,英国人各自带了随从仆役:

马嘉理一路行走,带着师爷游福添(湖北人),通事刘子林(汉口人),跟班听差江永爵(福州人)、李大有(四川人),以及厨子周有

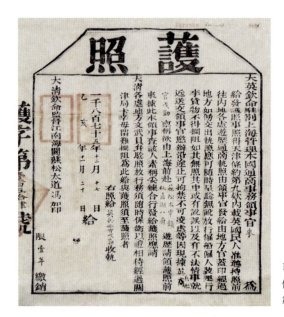

1875年英国驻沪领事麦华佗颁发给英国海军军官戈勒使用的护照

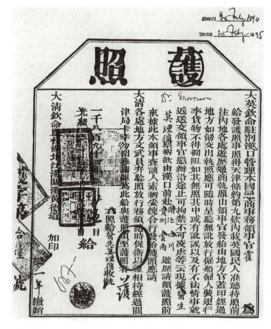

1894年莫理循前往西南旅行的护照

听（汉口人）。[17] 还有一个王秀爽（汉阳人），后来改随了额利亚。[18] 这些人，有的是英国驻沪领馆的雇员，也有马嘉理在前往云南路上雇用的。他们在中国旅行无需护照，在中缅边境进出，同样不使用护照。

阿林格带有两个中国跟班，其中一位叫石雨田，从上海到仰光的路上一直陪着他。

柏郎有三个印度仆人。他还临时在卑谬雇了一个中国人李含兴做翻译。李含兴是李珍国的族侄，常年在缅甸做生意，会说缅语和中文，这次回云南探亲，正好与探路队同行。李含兴本来担心带外国人进入云南会受到处罚，但柏郎向他出示护照，打消了他的疑惑。

安得生带了三个印度仆人和一个缅甸仆人，那个缅甸人会说中文。印度仆人受过一定的教育，可以协助收集植物和地质标本。

额利亚有两个跟班。

此外还有两名印度马夫，负责照料整个队伍的马匹。

柏郎从印度来时，带来十五个持枪的锡克族警察做保卫，其中包括一个带队军官。[19] 另一种说法，是旁遮普步兵第二十八团的十五名士兵。这个人数，比马嘉理在上海启程时听说的三十个人要少一半。他们的使命是护送探路队到达边境，或者按照英国驻缅甸专员的意见，一直将探路队送到腾越。

以上这些英国人、中国人、印度人、缅甸人加在一起，共计四十人。

缅王本不同意探路队携带印度武装士兵过境，但考虑到仅有十五人，也就作罢了。[20] 鉴于探路队要经过中缅边界的野人山，缅政府答应派遣三百士兵护卫他们。柏郎说，后来实际调集到的仅有一百三十人（另一种说法，缅兵总数有一百五十人）。这帮人的装束不像官兵，倒像是临时招募的乡勇。探路队加缅兵，总数约一百七十到一百九十人。

时下中文论著，包括上述马嘉理事件发生地纪念碑，和网络上检索的资料，均称柏郎上校率领一支二百人的武装探路队或远征军，给人的印象，似乎是英国军队从缅甸开进云南，这个说法显然并不准确。探路队成员，柏郎当初都有详细报告，保存在英国议会文件和外交部档案内。此外前述《马嘉理行纪》，以及安得生的旅行记《从曼德勒到腾冲》亦有叙述。该二书，1876年即由伦敦麦克米兰出版公司出版。若不是从原始史料上看清这些细节，连我自己也会产生错觉。锡克卫兵没有写在护照的准入人员名单上，虽说他们具有随行保安性质，也没有事先知会中国，可毕竟不是正规军队。同样，缅甸卫兵也没有写在护照上。当时缅甸是中国藩属，缅王派遣往返中缅边境护送商旅客人的士兵，似乎不需中国政府事先批文。缅兵能把探路队护送到什么位置，很大程度上更取决于当地克钦土司的态度。可以肯定，当年英国派出了探路队，却不存在"远征军"。

再举一例。1906年秋，法国著名汉学家伯希和（Paul Pelliot）来中国，护照上注明除他之外还有"军医员瓦阳及照相生共三人"，那个"照相生"（摄影师保罗·尼达尔，Paul Nidar）甚至连名字都没有标注。他们一行在安集延附近的奥希下火车后组织入境马队，全队共有七十四匹马，其中二十四匹马驮运行李。沙俄地方当局为他们找到了可供雇佣的哥萨克护卫队，卫兵总人数不太清楚，显然没有持有护照。卫队长是芬兰裔男爵马达汉（Mannerheim，此人在1918年芬兰国内战争中担任白军总司令，"二战"期间出任芬兰国防军总司令，1944—1946年担任芬兰总统），有两名哥萨克人最终将伯希和护送到北京。[21]清末出入国境管理松弛，伯希和弄走了大批珍贵的敦煌文

1905年法国汉学家伯希和进入中国的护照（照片由尔东强提供）

物，但从来没有人说，伯希和率领了一支非法入境的"武装探险队"进入敦煌。

清末实施"新政"后，伯希和护照与前引戈勒等人护照有一个不同。不再是外国领事官签发、中国官员加盖核准印鉴，而是由清政府外务部接外方请求后发出，中方为发照主体。其新体例为：

　　　护　　照

外务部为

　　发给护照事。准大法国驻京大臣吕函称，奉本国外务部咨称，兹有翰林院博学色纳尔拟派名士伯希和带军医员瓦阳及照相生共三人，拟于十一月由法起程，取道俄境萨末轼路入新疆龟兹即库车、蒲昌海、沙州等处赴京，沿途考求古迹，请缮给护照等因。本部为此缮就护照一纸，盖印标朱讫，送交大法国吕大臣转给收执。所以经过地方官于该名士柏（伯）希和等持照到境时，立即查验放行，照约妥为保护，毋得留难阻滞,致干查究,切切。须至护照者。

右给大法国名士伯希和收执

光绪三十一年九月二十二日

总之,当年这类中国护照,有点像《西游记》中曾经描写的通关文牒。唐三藏从长安出发,所携文牒仅他一人名字。后来收服孙悟空、猪八戒、沙和尚,这些徒弟随行多国,居然也能顺利过关,文牒上盖上宝象、乌鸡、车迟等国大印。直至西凉国,女国王心细,发现文牒上没有三徒弟的名讳,亲自用笔添上,这样才将"护照"的人员补充完备。

二　入境受到阻击

6. 英方记载探路队受阻情况

柏郎原先想走南路进入中国。这条路从八莫出发,经猛卯(今勐卯)土司管辖的滚弄(Kwotloon),再由遮放绕到腾越。从地图上看绕了一个很大的圈子,但以前英国人没有走过。1月23日,柏郎、马嘉理到达撒瓦底。次日曼德勒传来消息,说缅兵将护送他们至中缅边境或滚弄,而非原先同意的曼西(Mansay)。柏郎考虑到克钦人很倔强,且对锡克人存有恶感,最终确定大队走北路,留额利亚和同行的八莫英国政务官柯克上尉勘察南路,大队人马2月1日回到八莫。

探路队行李辎重甚多,各种贵重礼物就有二百多箱。包括燕窝、珠宝、望远镜、八音盒和银装左轮手枪。两匹名贵的马,一匹是华丽的澳大利亚瓦尔马,另一匹是阿拉伯马,是准备作为礼物送给云贵总督的,一对澳大利亚大型袋鼠犬也加入了探路队。[22]

2月6日，柏郎在马嘉理的陪同下率大队前往蛮允。他们在一个叫七口的地方和克钦头人谈判，确定雇用骡马数量和过山礼（买路钱）的金额。柏郎还将沿途三个村寨土司的儿子扣作人质。18日，探路队到达中缅边境的南崩河畔，过路的克钦人说，有盗匪在前往蛮允的路上抢劫。缅官害怕，不愿前行，全队在边界止步。马嘉理不以为然，表示他刚从云南过来，没有不安全的感觉。次日，他率领幕友及跟役共五个汉人，外加翻译李含兴，先行前往探路。[23]

马嘉理出发后不久，有克钦人从蛮允带来消息，说中国官员聚集多人准备拦截探路队。20日，柏郎接到马嘉理从扎赖用铅笔写的便条，报告路上平安，他将直接前往蛮允。柏郎随即率队涉过南崩河，进入中国境内的莽莽群山。这里是高黎贡山的西南余脉，道路崎岖险峻。大队夜间在5000英尺高的山上露宿，东距蛮允仅12英里，柏郎打算下一天赶到，与马嘉理会合。他们在这里遇到从前方返回的李含兴，听闻扎赖头目对过山银两的金额感到不悦。李含兴发现扎赖头目是李珍国的好友，建议应当给其礼物。柏郎让他明天将礼物送去。[24]

21日，柏郎等人在锡克士兵护卫下出动，扎赖的头目殷勤款待柏郎，但柏郎获知被质押作人质的扎赖头目儿子从七口逃走了，当即决定停止前进，返回露宿的山区。

22日清晨，英国人看见许多携带武器的人在宿营地后面排成纵队前进，柏郎命令准备战斗。此时，克钦族的桓冈头目传来消息，马嘉理和他的随从昨天在蛮允被害，腾越集聚四千人，意图歼灭探路队。一会儿，子弹从探路队前后右三面射来。进攻者装备很差，有些人只是用戈矛、月锸做武器，他们从丛林中对英国人进攻，但被锡克士兵的射击所阻止。英国人听到攻击者呐喊，他们是李协台的亲侄叔君部下。又有人招呼缅人宜速退避，弃洋人于死地。当晚，探路队退回缅甸。

安得生观察，拦击探路队的人大部分是扎赖和盘西部落的克钦人，跟他们在一起的有中国"暴民"或士兵。他回想起来，1868年4月随斯赖登探路队来云南时，也在这个地区受到过阻击。[25]

23日，同行的缅官收到缅甸驻蛮允司棉官转来的两封信函。第一函称21日中国人杀害了马嘉理；第二函称腾越厅官派三个官员面令他警告伴随柏郎的缅官，在23日（正月十八日）切勿允许缅人护送英人一路同行，或离开回返，或避去五六里之遥皆可。因为夜里会有三四千中国人袭击英夷。缅人或跟役若被击伤，切勿归怨中国人。[26]柏郎随即讯问了送信缅人，缅人称中国兵队带同克钦土人将至南崩河西岸，将英国人杀灭。柏郎带队继续后撤，26日返抵八莫。同时他草拟了一个短简速送曼德勒，拍电报到仰光。这个电报随即传到加尔各答、伦敦和北京的英国公使馆：

> 2月22日在扎赖和盘西西边六英里麻如山，探路队被袭。战斗由上午八时延续到下午四时。中国人勇敢进攻，但是锡克兵士的来福枪使他们愕然吃惊，击退了他们。以后整天是长距离射击。死伤数字，我们这边三个轻伤，中国损失尚不知道，相信有七个被杀死了。袭击我们的人是奉腾越厅官命令来歼灭我们的一支三千人部队的前敌队伍。关于这点，没有疑问。暴徒是李四侄儿的部下。深堪悲痛地报道，马嘉理及其宾从五个中国人在蛮允被害，首级悬挂在蛮允城墙上。[27]

安得生说，他们想尽办法了解马嘉理被谋杀的细节。尽管有不同版本，但无法收集到凶手和具体情形的证据。比如有种说法是，21日上午，有人邀请马嘉理去看温泉，当他出了镇子，就把他从马上打了下来，并且刺死了他。后来师爷、听差和其他两个侍从也被杀害了。

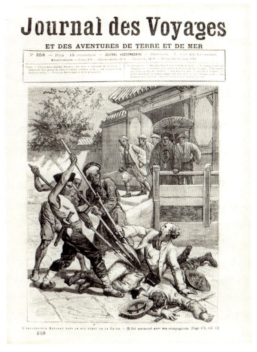

法文画报上马嘉理被杀的封面

与此同时,留在南路的额利亚和柯克2月15日行至猛卯,他们见到李珍国带三百名防兵在此驻扎。李说前路危险,建议他们另择他途,额利亚向李珍国索要护卫被李拒绝。16日,额利亚代表柏郎,赠送李珍国一支来福枪作为礼物,李珍国将礼物退还。晚间,额利亚又派随从王秀爽再次送来。李珍国因其情意殷殷,再退不恭,是以收下。18日,额利亚离开猛卯。由于没有找到驮畜,队伍行进缓慢,至27日,有土司头目送来八莫领事信件,告知马嘉理已经遇害,柏郎也受到阻拦,要他撤回八莫。[28]而按李珍国后来在清政府对其审讯时的供词,额利亚一行十余人是2月19日到猛卯司城住宿。至24日雇备船只,由李珍国用马匹驮送洋人

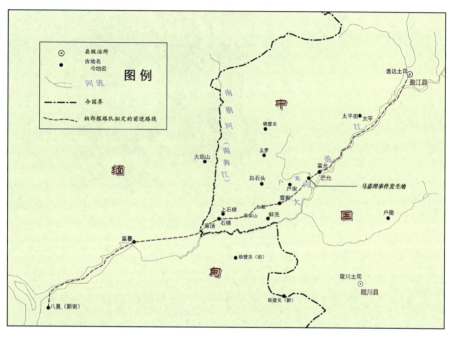

马嘉理和柏郎探路队行进路线

底图截取自国家地理信息服务平台"天地图",审图号:GS(2017)1719号

货物下船，送至南坎缅官处。李珍国说："差竣后，闻得正月十七日（2月22日）马洋官由缅来滇，行至户宋被害。又闻洋官柏副将于正月十七日在南崩被匪人拦劫开仗折回之事。其时我正在猛卯差次，有英官伊来雅士（即额利亚）等与我日日相见为凭。况猛卯距蛮允六百余里，距南崩八百余里，相去遥远，我无从串通阻击。"[29]

李珍国说法与英方记录有差距，关键在于额利亚何日离开猛卯，这对于确定2月21日马嘉理被杀和22日探路队被阻击时他在何处十分重要。

回到八莫后，额利亚认为探险受阻，是"缅甸政府和李珍国共同秘密布置的一个圈套"。[30] 英国人推断：当初探路队三人走北路，额利亚走南路，遇见李珍国，令其改走北路，因为北路已有华兵阻挡。柏郎认为，袭击探路队虽是腾越部队，但主要责任在缅甸政府。英印政府对缅甸的侵略扩张，一直为缅王所仇恨。关于马嘉理被杀，柏郎虽然没有证据，但他作为探路队负责人，有现场的直接感受。柏郎说，国王和八莫缅官充分知道即将发生的事情。他们对探路队被消灭曾感到极大的欣慰。[31] 当时印度报纸还报道截获了缅甸国王和八莫总督的信及其他证据，证明其谋划袭击了柏郎一行。[32]

7. 马嘉理之死讯息的传播

19世纪中后叶，信息传递速度因为电报的发明而加快。中国最早的国际电报线路，是1871年由丹麦大北电报公司敷设的香港至上海、长崎海底电缆。与此同时，大北公司又把从恰克图、海参崴经长崎的电报线接至上海，这样，北可经日本与俄国通报，南可经香港与欧美通报，中国与世界各地的电信联络正式开始了。

此时中国内陆尚未建立电报系统，北京使馆使用电报，要由往来津沪的轮船中转，再由京津段的人工递送。清政府不用电报，仍然依靠古老的驿马传递公文。因此，外国人获悉中缅边境发生马嘉理被杀消息，要比清政府更为快捷。

3月3日，总理衙门收到威妥玛来信，说从印度方面得知马嘉理顺利到达缅甸，沿途除在贵州镇远府遇到居民滋事外，在云南境内无不安静，并受到款待，专函感谢。

5日，《泰晤士报》报道了柏郎探路队遭到攻击及马嘉理被杀的新闻。中国海关驻伦敦办事处主任金登干感到事件重大，当即用电报和信件两种方式向赫德报告。[33]

13日，总理衙门收到英国使馆发来的照会，称接印度总督电报，2月22日，云南腾越一大员调遣兵勇三千人，将马嘉理及随同华人数名杀戮。前来攻击兵勇之统领，系南甸首员李某之亲侄。照会说，印度总督已将此事电报英国首相，使馆目前正在等待进一步指令。中英之间就马嘉理之死（当时称作"滇案"）的交涉就此开始。

在国际交往中，外交官被杀害是严重事件。总理衙门对事件毫不知晓，云南地方官员没有急报任何信息。19日，威妥玛与总理衙门商谈滇案，向中方提出六点要求，限四十八小时答复：一、中国政府派人前往腾越调查滇案，英方将派人参加；二、英印政府将另派探路队入滇实现柏郎探路队的目的；三、交付英方十五万两银子作为赔偿款；四、恭亲王与他商定实施《天津条约》第四款的办法（即英使和随员可任便往来，收发文件，行李不受检查）；五、恭亲王与他商定如何免除英国商业缴纳关税和子口半税以外的捐税；六、立即补偿历年来中国官员因办理未妥、应当补偿英商的款项。[34]

21日，总理衙门将滇案上奏两宫皇太后，认为"各国使臣遇事用兵恫吓是其常技，惟此案如果确实所戕系该国官员，非寻常人命可比"。他们预想了事态可能的发展走向，指出英法两国关注滇中已非一朝一夕，且法国已窃据越南各省十之六七，英国也谋划从印度历西藏至滇蜀，复与缅甸立约通商，中方应预筹对策。请饬下云南巡抚岑毓英将此案确切查办，勿得稍涉含糊，并请酌派明白事理之员遴带得力弁兵前往驻扎，借弹压土司为名，暗杜彼族不测之谋。[35]

同日，清廷颁布上谕谓：

> 英国翻译官马嘉理等，于本年正月间由缅甸至滇，行抵永昌府属盏达副宣抚司城西南五十里远之城镇，猝被官兵戕杀。该国现有集议后即咨会照办之语。英国注意云南等处已非一日，现欲借此开衅，以为要挟之计，亟应加意筹防。着岑毓英将此案确切查办，并着刘岳昭迅即回任，会同该抚持平办理，毋得稍涉含糊。一面遴派明干之员弁，带领得力弁兵，前往就近驻扎，借弹压土司为名，暗杜彼族不测之谋。或腾越一带本有兵勇屯戍，即由该督抚相机密筹，不可过事张皇，亦不可稍涉疏忽，总期边衅可息，后患无虞，方为妥善。[36]

23日，赫德电令金登干探询英国政府对滇案的态度，是正式交涉，还是发动战争？两天后金登干回复：迪斯累利首相（Benjamin Disraeli, 1st Earl of Beaconsfield）说，政府在收到威妥玛的报告之前，不能决定行动步骤。[37]但赫德又从其他途径获知，首相在议会上将马嘉理之死，称作"国家的灾难"，并说已指示威妥玛，要求中国彻查。赫德将消息转告清政府，以此来配合威妥玛，增添紧张气氛。

4月6日，上海《申报》以《缅甸来信》为题报道滇案。此后还对马嘉理之死做了追踪和评论，遥远的中缅边界发生的事件，开始引起公众的关注。

8. 中方初报马嘉理之死情节

5月10日,岑毓英关于滇案的第一个奏折以及他写给总理衙门的信件送达北京。岑表示对事件毫不知情,他说:"该翻译官从前经过腾越,文武各员款待甚优,并无嫌隙,岂有调兵生事之理?""查盏达土司距省二千数百里,距腾越千余里,僻处遐荒,夷情顽梗,然虚实均应彻底根究,以免英人藉口。"他报告已派官员驰往永昌、腾越,督同地方文武到边境查勘马嘉理行抵何处,因何启衅,被何项匪徒戕害。[38]当日上谕同意其处置,还要求增加调查:英使照会中提到的马嘉理头颅是否在腾越城镇悬挂?前来攻击之统领即南甸首员李某亲侄是否确有其事?这位李某究竟何人?其亲侄系何名字?

然而又出奇事。英国人在缅京曼德勒看到了李珍国。英国政务官斯讨拉尔说:"国王和这个头目有亲密的关系,而且和他有颇大的商务往来。……没有疑问,李四大爷好像既是一个中国官员,又是一个缅甸官员,或者更多的是一个缅甸官员。他大概和缅甸政府勾结得很紧密。"[39]经向缅王询问,获知他竟是作为清政府的代表前往缅甸,致送光绪皇帝登基诏书,这更使李珍国身份扑朔迷离。英国使馆向总理衙门发出照会,询问"马翻译被害众论指李姓唆使,该员是否派往缅国",总理衙门回答不上,只能再派信使骑上快马奔赴云南,向岑毓英讨回答。

7月14日,岑毓英上奏滇案的调查结果,把马嘉理被杀定性为"野人"抢劫。

岑毓英称,英国照会提到南甸首员李副将亲侄领兵截杀马嘉理。查腾越无李姓副将(协台即为副将的别称),仅有卸署腾越分驻南

安得生旅行记《从曼德勒到腾冲》中的插图：1875 年的腾越古城

甸左营都司候补参将李珍国。经传李珍国研诘，据称上年 12 月马嘉理道经南甸，该员曾款待酒食，护送出关，并无嫌隙。马嘉理去后，本地传闻洋人数十来腾通商，又有洋兵二三百人携带军火，欲借通商为名，袭据腾越，绅民无不惊惶，共议齐团（召集民间武装）防堵。曾两次致函李珍国，嘱联络土司同御外侮。李珍国本有防边之责，且籍隶腾越，桑梓情殷，遂于 1 月 13 日至 14 日同厅属十八练各绅民暨土司人等会团一次。2 月 27 日闻距南甸五百余里之野人山有洋人被野人劫抢，往探已无踪迹，马嘉理于何日由缅来滇未获知会，也无从接护。李珍国子侄从未带兵，亦不干预公事，英使所言实系冤诬，恳请详查。

岑毓英又奏，所派调查马嘉理被戕官员于 5 月 27 日抵盏达，29 日到蛮允，分别传唤土司和居民盘诘。据称马嘉理 2 月 19 日夜间到达蛮允，在缅佛寺住宿，随带跟丁五人，马二匹，铺盖食物二驮，又带有"野人"招呼驮子。20、21 两日未外出，闻系等候英国官兵。2月22日早饭后，马嘉理说我国官兵将到，遂骑马领从人由来路前去迎接。午后忽有数十"野人"闯入缅佛寺，将马的铺盖食物抢掳而去。又听得"野人"同洋兵开仗，未见马嘉理折回。后数日，闻"野人"界内户宋河边血迹甚多，前往查看，不见尸身，料系"野人"杀害，弃尸河中。又闻马嘉理到缅甸，约同印度新来洋官洋兵来滇，恐遭打劫，先办礼物托缅人往送"野人"头目；并雇"野人"骡马驮运什物。该"野人"见财起意，遂纠众拦路劫抢，先将带路的马嘉理及随从四人杀死，走脱一人。调查官员亲往户宋河，勘得该处距蛮允十余里，河对岸山林即系"野人"地方，界连边界，纵横数千里，山深林密，该"野人"各霸一山，出没无常。此案凶犯诚恐此拿彼窜。必得许以重赏，宽予限期，购线严拿，方免漏网。[40]

这里提到的"野人"，是指居住在中缅边境一带的克钦百姓（在云南今称景颇族）。总理衙门认为，无论马嘉理被谁所杀，均应彻底确查。滇省"野人"虽居铁壁关外，其地属于中国，不得谓非中国管理。若此案非"野人"所戕而诿诸"野人"，或谓"野人"非王法所能及，势必如上年台湾番社一案，洋人即派兵自办，攸关大局。上年日本以琉球船民遇风漂流到台湾，被当地土著杀害，当时日方向总理衙门交涉，总署大臣说杀人者为尚未开化的"生番"，无法管束，结果引发日本派遣军队入侵台湾，当时威妥玛还参与了调停。现在岑毓英以为推托"野人"可以摆脱责任，而总理衙门明白，若无过硬证据，这种解释无法结案。

岑毓英将李珍国参与当地绅民齐团和马嘉理被杀害分割成两个没有因果关系的独立事件。关于前者，他强调齐团是闻说洋兵要来侵占腾越。腾越自咸丰年间回民起事，厅城失守，难民誓不从"贼"，共举李珍国等为首，毁家纾难，齐团固守，与

安得生旅行记《从曼德勒到腾冲》中的插图：克钦男子和克钦妇女

"贼"血战十数年。至一年半前，随同官军攻克厅城。正欲休养生息，忽传洋人来滇通商、洋兵来占腾越之信，激于义愤，聚而防堵。关于后者，他将其看成边境治安事件，说马嘉理明知"野人"以抢掠为生，还要厚赂雇佣，纯属慢藏海盗，祸由自取。岑毓英将李珍国齐团之事抛出来也不排除是老吏断案的逆向伏笔。英国人既然怀疑李珍国，他似乎也将事件的起因暗暗指向李珍国。

7月31日，总理衙门将岑毓英上奏所称"野人"杀害马嘉理的调查照会英国公使。

9. 李珍国协送诏书和抓捕凶犯

那么，李珍国赴缅甸送诏书又是怎么回事呢？

原来，当探路队正在中缅边界做着各种入境准备的时候，北

李珍国

京紫禁城里出了大事。1月12日（同治十三年十二月初五日）同治帝载淳因患天花龙驭宾天。2月25日，嗣皇帝载湉登基，年号光绪。清廷颁往藩属国缅甸通告此事的宝诏送达昆明后，由布政使潘鼎新派员赍送至永昌府，永昌知府朱百梅派员赍送至腾越厅，再由腾越同知吴启亮、署腾越镇总兵蒋宗汉委派官员郑定材、杨名声送赴缅甸。郑、杨行至南甸，闻前方野人时出抢掳，不敢前行，以李珍国熟悉赴缅路径，商请一同前往。在李珍国带领下，使者顺利到达缅甸，[41] 可见李珍国在中缅边界是个很有能量的人物。

李珍国回国后，正逢云南方面奉旨调查马嘉理被杀。岑毓英派提督杨玉科、永昌协副将和耀曾前往腾越办案，李珍国又奉命前往蛮允一带捉拿"野人"。当时排定的凶手，是蛮允之西户宋山一带山民，7月24日，李珍国先带兵攻打哇椒碉，抓住九人（其后有二人因伤去世）。搜出千里镜、洋枪等赃物。9月1日黎明，蒋宗汉、李珍国指挥兵丁攀藤附葛，攻破云岩硐，打死四人、擒获八人，还在山洞中搜出马嘉理的二匹坐骑和各种赃物四十八件。9月18日，李珍国与和耀曾、蒋宗汉等官员，押解人犯行走一千七百余里前往昆明，接受审讯。[42]

当初滇案刚报到北京之时，英使威妥玛就认为云南官方策划了捕杀行动，在柏郎的报告中，"李协台""李四老爷"即李珍国又有重大嫌疑。所以这行人马跋山涉水的时候，昆明的大员已在考虑如何审讯。一到昆明，李珍国、蒋宗汉就被撤任革职，拘进大牢，成为本案中最关键最重要的阶下囚。[43]

10. 中方再查马嘉理案

滇案发生后，北洋大臣李鸿章认为署理云贵总督岑毓英有重大嫌疑。

早在4月10日，李鸿章就告诉总理衙门，新上任的云南布政使、前淮军部属潘鼎新2月20日给他写信，提到"英使由缅境内入，携带兵将三百余名，腾越、永昌纷纷警报，沿途散勇皆欲借端蠢动。彼不过遂其抢劫之私，并非能知华夷之义，岑帅已严檄禁止，不知能平安抵省否等语"。[44] 马嘉理被杀是在21日，即潘鼎新写信后之翌日。昆明距中缅边界千里之远，为何先获外人带兵入境的消息？李鸿章从潘信中读出的氛围，显然与岑毓英所称一无所知的陈述有很大不同。

6月21日，李鸿章在给李瀚章的家信中又说，接潘鼎新5月19日来信，"马嘉理被戕实情及现在岑公张皇掩饰情节历历如绘"。该信原文迄今未见公布，但其意是指控岑毓英参与谋划、李珍国实施操作。所以李鸿章将潘信分别抄寄李瀚章和京中的丁日昌，转送总署大臣文祥、沈桂芬阅看。他对兄长说："岑公跋扈著名，边境文武皆其腹心爪牙，既有密谋在先，势不能不死力袒护。"⁴⁵ 他又对丁日昌说：滇事由于岑毓英始谋不慎，事后不得不节节回护，"起事缘由，概可想见"。

岑毓英，字颜卿，广西西林人，1851年太平军起义，他在家乡办团练起家，后又募勇入滇，是镇压云南回民起义而崛起的地方实力派大员，向以跋扈著称。朝廷既要维护他的权威，不愿意捅破这层窗户纸，又要有人与他周旋。6月26日，决定派湖广总督、李鸿章的大哥李瀚章作为钦差大臣赴滇，会同岑毓英秉公讯结马嘉理被戕案。后又增派前侍郎薛焕帮同办理。11月13日和20日，李瀚章、薛焕分别抵达昆明。

首先提审李珍国。李珍国交代了1月12日在蛮允接待马嘉理的情形，称马持有总署护照，自己对他优礼相待，最后派人送其至八莫。又称收到腾越十八乡团练公函，因担心洋兵来腾，受其欺凌，约李回去共齐团练，自保身家。他本人因奉差在外，不敢擅自回去。事后听说十八乡绅士在腾越清查局议事一次，各团又在本乡亮团一次，这些都和他没有关系。李珍国又说，他2月在猛卯与额利亚见面，无法分身六七百里之外。自己既不杀额利亚，岂会去杀马嘉理？"与他无仇无冤，实没串杀的事"。还说曾有两个侄子皆已去世。惟有族侄李含兴，从小避乱，往缅甸学做生意，这次随洋人回来，显然不能又去带兵打洋人。⁴⁶

然后提审李含兴。李含兴早年因杜文秀造反，腾越无法生活，逃往缅甸谋生，十余年间稍积银钱，娶缅女为妻，去年听到腾越地方渐渐平静，遂想回国看望老母，在船上遇见柏郎，因会讲缅语、识缅字，且也是前往腾越，英人遂约其同行。李含兴重复了18日他随马嘉理先行探路的故事。19日行至雪列，他见路人形迹可疑，劝马不要前行。马嘉理认为他胆小，就将他留下，自己继续前行。次日他与柏郎会合，因后续行李未到，洋人又折返回去。留他与阿林格的随从石雨田在雪列听讯。21日，他看见好些人牵着马嘉理的马，手拿刀枪蜂拥而来，意识到马嘉理出事了，遂与石雨田分路逃命，后被土人抓获，他两次设法逃走，最后讨饭回到腾越。他声明自己不叫叔君，也无兄弟。李含兴的供词与柏郎等外国人的记叙是一致的。

李含兴还在供词中形容了马嘉理随从的形象：幕友余先生（似乎是指师爷游福添），年四十余岁，穿长衫马褂，矮矮身材，微须；刘先生（指通事刘子林），年四十余岁，有须，穿短打青袄套裤，高长个子；程某，年约三十来岁，无须，蓝衣短打；马夫李大有，年三十余岁，蓝衣短打，矮胖子，无须；厨子（周有听），年三十左右，有须不多，面麻。[47]

在审讯中，主犯而通凹供词详述了杀害马嘉理的过程：

> 我是哇椒硐的人。我们是不记年岁。父母俱故，并没兄弟、妻子。本年正月间，听说有洋人从缅甸来，要过我们山界，驮得有货物，到云南地方去。我起意到云岩硐邀了腊都，各带了两硐的人，裴小陀、而排腊、蔺小红、施奶们共二十三人，各带刀枪，同去拦阻讨要过山礼物。那日到了户宋河边黄果树下，遇着骑马的洋官，又走路的四个汉人拉着一匹驮马。我们就堵住要过山礼物。他们不肯，骑马的洋官就开枪乱打。腊都、蔺小红上前用刀砍他，洋官下马，腊都又砍了两刀。我们大家一起动手，把他跟来的人一概杀死。拉得马二匹，我分了一匹，腊都、蔺小红同分一匹，其余抢得物件，两硐的人均分。腊都听说后面尚有洋人驮得有货物，邀我们再去拦抢，我要送东西回硐，不肯去。腊都就带了他们硐内的人走了。后来听说腊都遇着洋人打架，被洋兵伤了

几人，没有抢着物件。到了六月间，有官兵前来，把峒围了。我们抵敌不住，被官兵把裴小陀们杀死，又把我同陆滥们拿住，并搜出峒内所藏的马匹、物件缴案。

另一个云岩峒头目腊都的供词也大同小异：他说而通凹拉他去打劫，杀了马嘉理和他的随从后，把尸首抛在户宋河内。他还赶到南崩去抢洋人大队，结果洋人放枪把他手下的阿弄打死了，又伤了两人。[48]

此外，腾越同知吴启亮也被革职，他的供词提到，马嘉理被杀后，没有被斩首，更没有被悬首。[49]

11. 再次踏访马嘉理事件的案发现场

2014 年 1 月，我再次前往云南，打算完整地沿着柏郎探路队入境及马嘉理被杀的路线，进行一次田野考察。

傍晚到达边陲县城盈江住下。次日清晨，我和朋友驱车西行，探访芒允——也就是从前的蛮允。云南的 1 月并不寒冷，一件毛衣加一件外套就能对付。户外的空气中，带着一点湿润的薄雾，太阳还没有升起。我在越野车上忽然想起，一百三十九年前，马嘉理就是在同样的时节和气候中，第一次走进腾越和蛮允的。

从前云南有些地名，带有歧视性的"蛮"字，新中国成立后都改用"曼"或"芒"字替代。到达芒允时，意外地发现，路边树立着一座镌刻着"蛮允街"字样的石碑，使我在时空感上和光绪初年产生了穿越。芒允是个村的建制，但纵横交错的街巷、鳞次栉比的老屋和青石板铺就的街道，总使我感到这是个古镇。芒允村镇聚落形成的历史，据说可以上溯到元代以前。

我在芒允找到一座奘房，旁边建有佛塔。所谓奘房，源于缅

芒允街道上的"蛮允街"石碑

语,是佛教徒拜佛和修行的地方,也是村寨活动中心和集会商量重要事情的场所。芒允奘房建筑面积1478平方米,房面阔五间,进深三间,重檐干栏,集傣、汉建筑艺术风格为一体。据说从前是茅屋建筑,民国年间失火后重建为砖瓦房,前几年又集资整修。我冥冥中觉得,它似乎就是岑毓英奏折中提到的马嘉理借住的缅佛寺。问了当地人,没人能说清楚。

然后出芒允,西行约1.5公里,再次来到"马加里事件起源地"。此时,太阳的光线正透过薄雾洒向大地,我却对两块石碑树立的地点产生了怀疑。根据审讯记录,马嘉理是在户宋河畔黄果树下被杀的,并被抛尸河中。而这里一马平川,与户宋河距离较远。

于是再往西去户宋河,大约1公里,汽车驶过河上的水泥桥后停了下来,我沿着河岸踏勘。户宋河是大盈江的支流,河面宽约三四十米,河床较深,水面较浅,河底的石块都裸露在外。查

作者在芒允奘房前（摄于 2014 年 1 月）

阅资料，其枯水期流量 4 立方米 / 秒，1986 年 7 月 24 日的洪峰流量达到 522 立方米 / 秒。1、2 月份是旱季，当年若也是这种径流，抛尸河中，大约尸体不会很快被冲走。当地人告诉我，他们小时候，户宋河的河水是很丰沛的，他们常在河中游泳，当然那是在夏季。蛮允距省城路途遥远，待到清廷派人调查，已是数月之后，早已没有尸体，现场完全被破坏了。

　　李珍国的供词说：户宋河"大水时很深，水浅时也有齐胸的水，水流甚急。下通南崩河"。关于水之深浅，百年间之变化尚能理解，但说下通南崩河，则不准确。李珍国还说："缅佛寺离蛮允约十几里，离户宋河也有十几里。"这个方位我不知如何确定，若说缅佛寺在蛮允村外，位于户宋河与蛮允之间的话，则两个"十几里"与我的现场感觉是不符合的。地理上的细节错误，昆明城里的大官不会注意，但后来英国又派外交官格维讷去现场探勘时却发现了，使得中方的审讯记录漏洞频出。[50]

我们行驶的公路线渐渐贴近大盈江。经过勐俄，进入大盈江的末段，江面渐窄，河床坡度陡增，落差悬殊。公路顺着河岸一起进入峡谷，江的对岸就是缅甸。两侧是茂密的热带雨林，越野车在山路中不断盘绕，奔腾的江水拍打着江中巨石，发出震撼的吼声。从2004年起，沿江3公里河段，建起四座梯级水电站，装机46.55万千瓦，据称是"举世罕见"的超级开发。最后，我们到达37号界碑，大盈江与南奔江交汇之处，这里就是马嘉理出境以及柏郎探路队入境的地方。

南奔江，又叫南崩河、红蚌河，是大盈江在中国境内的最后一条支流。和大盈江的深水激流不同，南奔江水很浅，水流亦很缓慢。过往的商队，都从这里涉水过江，往来滇缅。当年没有公路，过河后要攀上大盈江背后崎岖险峻的山路，经过扎赖、石梯、雪列（今雪梨）等山寨下山，抵达蛮允，途中要在山上过夜。现在修建了盈（江）八（莫）公路，沿江而行，第四级电站到盈江县城也就50公里，大约一个多小时车程。而渡江去八莫，路途也不遥远。

由于水电开发，两江交汇处形成了一个小小的集镇。老百姓在这里安居。如今中缅经贸连通的口岸甚多，大盈江南奔江一带并不是主要方向。但大盈江流入缅甸克钦邦的河段上，大唐集团建成了第一座境外投资的太平江一级水电站（大盈江在缅甸称太平江。水电站装机容量24万千瓦，距离中缅37号界桩下游约2公里），使得这条河道的梯级电站达到五座。伴随着"一带一路"建设，这里将为中缅交往和共同繁荣发挥作用。

从户宋河畔到伦敦

枯水期时的户宋河

大盈江峡谷,对面是缅甸。在没有修建公路前,商队要在这样的原始森林中走山路到蛮允

南奔江（南崩河）江水较浅，当年马嘉理从这里过河进入云南

从前在南崩河渡江后，要走两天山路才能到达蛮允

三 究竟谁杀了马嘉理？

12. 李鸿章对滇案的看法

处理马嘉理事件过程中，总理衙门与李鸿章保持密切联系。由于京津距离近，李鸿章还有自己的特殊人脉渠道，所以总理衙门也从他那里获取各种信息和洋人过津时的谈话记录。

李鸿章私下判断，马嘉理案与岑毓英有某种关系。他认为岑毓英心术多诈，眼界狭小，不宜久令治滇。念其平定杜文秀起义战功，必须保全，以顾国体。李珍国本非善类，须设法羁縻，讯供确实后解刑部议罪。[51]李瀚章处理滇案，即按这一策略行事。

清廷处理滇案，前台派出钦差大臣李瀚章，幕后就商于北洋大臣李鸿章，李家兄弟完全卷入进去。在19世纪六七十年代，官场和民众中普遍存在排外情绪，激愤于西方列强在中国扩张势力和传播宗教，却找不到合适的反抗方式，在行动中就常常过激、陷于盲动，爆发过许多教案和冲突，其中最著名的是1870年6月的天津教案。该案起始于民间误传外国修女以育婴堂为幌子，绑架杀害孩童，挖心挖眼以作药材之用。数千群众包围教堂，法国驻津领事丰大业（Henri Victor Fontanier）要求三口通商大臣崇厚派兵镇压，没有得到满意的结果，当场向崇厚开枪，继而又向知县刘杰开枪，打伤其仆人。民众激愤之下打死了丰大业及秘书西门，之后又杀死了十名修女、两名神父、两名法国领馆人员、两名法侨、三名俄侨和三十多名中国信徒，焚烧了望海楼天主堂和领事馆。直隶总督曾国藩受命处理此案，经调查确认育婴堂并无诱拐伤害孩童，遂在法国要求下，决定处死为首杀人的十八个天津民众，充军流放二十五人，天津知府张光藻、知县刘杰均被革职充

李瀚章、李鸿章（左）兄弟晚年合影

军发配黑龙江。曾国藩因而被舆论指斥为汉奸，声名受到很大影响，自感"外惭清议，内疚神明"，一年后即去世了。

　　毫无疑问，19世纪六七十年代，英国就在考虑探出一条连接印度—缅甸—中国云南的陆地通道，从地缘政治和商业角度而论，这是深谋远虑、很有战略眼光的。英国人认为，为避免在漫长危险的马六甲海峡及东印度群岛航行，直接将缅甸的货物和富饶的云南、四川物产交换，这样的回报，付出任何代价都是值得的。他们秉承大航海时代开启的传统，其海外利益拓展，一直是和近代地理学及多种博物学科相联系，同修路、通商的评估相伴随的。而探险家、科学家，甚至传教士、外交官，都是维多利亚时代海外扩张的先行者。更广泛地说，缅甸方向通往中国的通道，只是英国人全球战略布局中的一个节点，从南亚、东南亚和中亚寻找进入中国腹地的通道,从而搞清中国西部的地理、矿产、动植物、风土民俗的情报。不仅英国人,还有法国人、俄国人、德国人都在不畏艰险、挑战极限、前赴后继。同步推进的还有新疆方向、西藏方向、广西方向。我在非洲津巴布韦,看到过一位更著名的传教士利文斯通（David Livingstone）的铜像,他在1854年9月沿赞比亚河的探险过程中,发现维多利亚瀑布。他用一年八个月的时间从大西洋到达印度洋,成为第一个穿越非洲大陆的欧洲人。在近东和中亚,在中美洲和南美洲,在太平洋、印度洋中的岛屿,甚至在北极和南极,都有无数探险家、旅行家的活跃身影。他们的所作所为,自有欧洲人的价值观,从控制海权,到控制陆权,从而完成全球扩张。他们把自己的逻辑当成是"普世"的,将一切原住民乃至各个区域早已存在的文明古国,看成不开化、待征服或待用基督福音教化的。而欧洲的工业家、商人和金融家,都在等待着他们传回的消息。

　　此时,地处边隅的云南百姓乃至各级官员,对于英国势力的渗透,虽然带有种种不准确的传言,行动中带有一定的愚昧盲动,但他们世世代代居住于此,有自己数千年的传统信仰和文化。也有自己的农耕和商贸。出于本能,他们对欧洲人的疑虑和抵制,是对殖民势力东来的直接抗拒。而在北京,官员和知识分子对于世界的变化仍是懵懂无知,依然沉浸于天朝自大和朝贡体制的自满之中,将洋人看成蛮夷和戎狄。直接处理对外事务的官员,被两次鸦片战争中洋人的坚船利炮和圆明园上空的硝烟震撼过。他们知道洋人惹不起,恐惧再次兵临津沽和京城。他们一方面开始接受学习西方"洋务"的主张,一方面也在混日子,害怕地方上排洋引起的教案和杀死洋人的冲突。一旦这类事件发生,就是推诿、蒙混、搪塞,然后处死疑似的"凶手"并追究地方官员,引起士大夫和老百姓的更大不满。

处理马嘉理事件的难处，在于这次入境事前得到清政府批准，死者又是一个外交官。就总理衙门而言，其实既不知晓英国人探路的图谋，也不知道事件背后的真相。就云南地方官而言，或许是他们组织了抵制，或许是默许了杀戮，却并没有从国家全局的角度去思考西风东渐背景下的中外关系，这场简单的排外阻击，使国家在外交上陷于被动。

现在追查案件，如果最终找不出凶手，英人不能答应；若是查处凶手，惩办官员，可能又会激起民愤和舆论的指责。这使李家兄弟必须反复考虑、审慎行事。李鸿章叮嘱大哥："兄到滇后应先将原派查办不实各员摘顶，树之风声，俟定谳时再分别奏参，是亦津案办法。但欲避汉奸之名，绚官绅之誉，则必办不到，而案也必不能结，且恐掣动大局，望三思百思而行。看威使愈逼愈紧，中朝何足当之，恐有决裂之一日。相隔万里，审慎操纵而已。"[52]

13. 各说各话的罗生门

经过五个月的审讯，1876年4月20日，李瀚章、薛焕、岑毓英联名向朝廷上奏结案报告，确认李珍国是阻击行动的指挥者。他们说李珍国接到士绅来信后，"竟自居间发难，布置截阻，挥霍犒金，欲为摊索资费地步。赍函绅众，极力铺张，绅等力难禁遏"。言下之意李珍国抗英是为了搂钱。报告以腾越士绅给李珍国的两通去信和李珍国的回信作为证据。李珍国在信中说道：

> 弟自接诸公来函，即将诸山野贯一律调齐，大加犒赏，取具刀标木刻为凭令，并各司出具印结，均交蛮允收存。惟查洋人之事，弟又由腊撒、陇川、章凤街三处，传聚诸路野

贯,以牛马银物按数给之,亦各欢喜,各于要隘堵截。但此番大事,较之发匪(按指太平天国)甚于十倍,关系阃厅。弟念切桑梓之邦数万生灵起见,昼夜筹划,费尽心力,断绝阴谋大患……一路赏耗用去银一二千金。

李珍国信中还说他于1月30日到达猛卯司署,接报洋人羽党数十在该司坝尾驻扎,雇脚夫往硐洞方向运送货物。他令各路山贯努力截杀,适遇野夷将货物抢去数驮,洋人听说他带兵在猛卯驻扎,畏惧兵威,已经折回八莫,意欲仍由蛮幕(曼暮)经过。他令雪列官蔺小红令各路山贯堵截各口,谅洋人难以逃脱。[53]

李瀚章还另派湖南绥靖镇总兵李胜改装易服,单独取道四川赴腾越、蛮允查访。[54] 李瀚章说,参考李胜密报,结论是"各路之布置皆李珍国一人之主谋","凭证昭然,已同铁案"。[55]

虽称"铁案",除了李珍国与腾越士绅的通信,李瀚章并没有拿出更多证据。潘鼎新当初告诉李鸿章的秘密,结案奏折中也没有提及,或许是为了切割与岑毓英的干系。李珍国本人坚决否认指控,强调"实无写过书信与地方绅士齐团的事,亦无使人阻截洋人"。[56] 不仅李瀚章到滇后的历次审讯都不承认,甚至在六年之后(1882年),英国探险家柯乐洪(A. R. Colquhoun)见到他时依然继续否认。[57]

李瀚章审案的犯人供词也相互矛盾。比如李珍国之信落款为同治十三年正月初二日,所叙命各路山民截杀洋人,在时间和地点上存有明显漏洞。再有他称蔺小红为雪列官,而云岩硐的头目腊都的供词说,"蔺小红本是汉人,被我们掳在硐里的",且是砍杀马嘉理的主要动手者。[58]

但李瀚章一定要把责任摁到李珍国身上。他在奏折中提出按照"众供确凿即同狱成"之例,给予应得之罪。查《大清律例》

署理云贵总督、云南巡抚岑毓英　　英国驻华公使威妥玛

规定:"内外问刑衙门审办案件,除本犯事发在逃,众证明白,仍照律即同狱成外,如犯未逃走,鞫狱官详别讯问,务得输服供词,毋得节引'众证明白即同狱成'之律,遽请定案。其有实在刁健、坚不承招者,即具众证情状,奏请定夺,不得率行咨结。"也就是说,清代刑律注重被告口供。断罪必取所获供词,只有案犯在逃,方可在旁证确凿的情况下定谳。而本人拒绝认罪,要按"众供确凿(众证明白)即同狱成"定罪,必须上奏,故李瀚章在奏折中也提请刑部审核。

李瀚章的用意,清廷完全明白。翁同龢在日记中记载,他从李鸿藻处获悉滇案详情,"尽归罪于李正(珍)国"。[59] 只是这种做法,英国人未必相信。李鸿章也意识到,李珍国拒绝认供是本案软肋,故力主将他回复绅士的信函交给威妥玛阅看,以钳其口。李鸿章私下说:"大家皆思糊弄鬼子,要知鬼比人更伶俐耶。"[60]

早在上年岑毓英调查报告出来之后,威妥玛就向李鸿章明确表示不能接受:"凶案出至半年,查办四月之久,乃诿之野人劫杀。此案既无办法，一切中外交涉事件均无办法！"他威胁说："我并非着急生气，总是和局要紧。从1861年到现在，中国所办之事越办越不是，就像一个小孩，活到十五六岁，倒变成一岁了。我这次进京，打算住一个月，与总署商议，看他们怎么个办法。如果还没有成事的把握，我只好再出京，把云南的事交给印度总督去办，把各口通商的事交给海军提督去办，这叫作物极必反！"[61]

威妥玛也拒绝李瀚章的调查结论。他在回复总理衙门的照会中说："此次所陈案由，据称马翻译官被害始末，如何计杀柏副将，一举造意者，果系李珍国，并声明造意之事原出何故云云。本大臣若据所陈案由为确凿真情，无非蒙蔽本国朝廷，咎属难辞，至案内所录一切证据，互相抵牾，不足凭信。"[62]他怀疑所谓腾越绅众与李珍国的往来信件根本就是事后补作，要求出示这些写信者的姓名。[63]他认为滇案中李珍国是奉上司命令，岑毓英是奉旨，因为中国怀有攘外之心。他坚持要将岑毓英和各官各犯提京审讯，质疑李珍国策划拦截探路队和"野人"抢劫马嘉理的关系，中方给他的解释是称拦截柏郎者，既有本地山匪，又有内地逃出"汉奸"和回民起义羽党，"起意并不同谋，击阻适在同时"。[64]

滇案调查了一年，关于事件之由，至此形成四种说法：

第一说是缅甸国王的部署，第二说是"野人"抢劫，第三说是云南地方官员的行动——即李珍国谋划，第四说是清政府策划。

前面提到，最初探路队的柏郎上校认为，袭击是缅王筹划的，但英国人后来不往这条线索上深究，因为最起码，缅王派出的卫队，没有背叛他们；中方认为缅甸是藩属国，也不朝这个方向去推诿。岑毓英将事件归于"野人"，李瀚章将事件归于李珍国。而威妥玛，却抓住机会，要将事情扣到岑毓英乃至中国政府头上，去取得马嘉理事件之外的更多东西。

严格说来，从马嘉理离开柏郎探险队，到传出他被杀害的消息之间，两天里发生了什么，局外人并不清楚。威妥玛是报案者，岑毓英、李瀚章等人是办案方，在彩云之南极为遥远的边境上发生的刑事案件，可能破案，也可能破不了案。威妥玛私下曾对英国外交大臣德比伯爵坦承："如果不是中国官方毫不犹豫地承认马嘉理遇害，我们到目前为止，只有若干缅人的信札和供词作为控诉狙杀的证件。而且详细审查这个问题，犹如在英国审查这类问题，我不由地感到困惑不安，……在老贝列（the Old Bailey，伦敦中央刑事法院），它可能被认为只是没有充分证据所支持的说法。"[65]

马嘉理事件成了一出各说各话、扑朔迷离、难以厘清真相的罗生门。

14. 中国通威妥玛

我们回头来说大名鼎鼎的威妥玛。

威妥玛是著名的汉学家和语言学家，名副其实的中国通。他曾就读剑桥大学，1838年二十岁加入英国陆军，三年后随军来华，参加鸦片战争，以后在中国工作生活达四十余年。他1847年退伍，转为外交官。1854年英、法、美三国取得上海海关控制权后，被委任为首任外国税务司。1856年前后，威妥玛提出了英国译员培养计划，以更好服务于英国政府。从税务司离职后，他全力投入到该计划中，1858年任英国全权专使额尔金的翻译，参与中英《天津条约》《北京条约》的签订活动。1861年任使馆参赞。他高度重视英国外交官学习中文，改革学习模式，规范课程，定期考试，改善师资。1867年出版《语言自迩集》，主要讲解通行于北京官场的汉语口语，用作西方人的学习教材。没有读过这本书，就无法想象威妥玛对于中国语言、北京官话和土话俚语掌握得如此之深。1868年，他发明威妥玛式拼音，用罗马字母标注汉语发音系统，在欧美广为使用。时至今日，绝大多数威妥玛拼音都已被汉语拼音取代，但还有不少成为英文外来语中的华语人名地名的专用词汇，仍以威氏拼音的方式出现——比如"Kungfu"（功夫）、"Kungpao Chicken"（宫保鸡丁）、"Tsingtao"（青岛啤酒商标上的青岛地名）等等。前些年，有学者将蒋介石的英文名字Chiang Kai-shek翻译成常凯申，是不熟悉威氏拼音闹的笑话。1869年，威妥玛升任中英建交后第三任驻华公使。据说海关两任总税务司李泰国和赫德学习中文都受过他的指导，马嘉理也是他培养的一位翻译。

从1793年英国派出马戛尔尼出使中国，寻求建立通商关系，因觐见乾隆皇帝时就下跪行礼一事拒绝让步而致谈判破裂，至1840年爆发鸦片战争，英国用坚船利炮打开中国大门，迫使中国五口通商，再到1858年和1860年第二次鸦片战争，英法联军在大沽口登陆，逼迫中国签订《天津条约》《北京条约》，将外国驻华使节送进北京，增设各地领事馆，允许教士自由传教，增开通商口岸，允许外国人进入内地旅行，获得领事裁判权和片面最惠国待遇，修订关税，外国人一方面用丛林法则的枪炮开道，另一方面又力图将西方"普世"的商业规则和外交理念推行到中国，建立所谓"平等"的条约关系。而在中国这端，内心依然认为自己是凌驾天下的中央王朝，认为各种外交和通商都是高压逼迫下做出的屈辱让步。所以公使们虽然入驻北京，在同治朝前十二年中，不能觐见皇帝（理由是皇帝尚未成年），不能觐见皇太后（因为她们是女人。还有一种对外解释，是要照顾两位年轻寡妇的感情，他们会被留着胡子的外国人吓坏的），没有递交国书（关键是外国人拒绝向皇帝下跪，尤其皇帝刚登基时仅是个未满六岁的儿童），不能与总理衙门大臣以外的官员交往（大臣们也不愿与戎狄禽兽般的洋鬼子打交道）。中国也不向邦交国

1858年6月28日,桂良、花沙纳与额尔金签订中英《天津条约》

派出常驻使节(推托没有外交官)。英国历史学家季南形容:"北京的外交生活同欧洲使馆的精雅、舒适的环境之间,形成了显著的对比。那里所需要的,仍然是拓荒者一般刻苦耐劳的精神。在那里听不到歌剧,看不到王妃命妇,觐见不到皇帝,工作条件简直不配称为外交。"[66]直至1872年皇帝大婚,不仅不邀请使节出席婚礼,还照会各国使馆,要求约束本国国民,不准在大婚的日子去观看娶亲的队伍。1873年,同治皇帝亲政,英法德美使节联合要求觐见,双方再次就跪拜礼仪展开争论。最后,同治帝在中南海紫光阁接受各国公使站立着递交的国书,而外国人事后发现还是中了圈套:紫光阁是历代皇帝接见藩属国使节的地方。

1866年4月,当时还是使馆参赞的威妥玛撰写过一篇《新议略论》,分析中国所面临的内外形势,力主引进西方技术,加强同列强的外交联系。他说天下各国，分为东西。东国之间，中华实属尊崇。四面邻邦，无非向化。个别国家即便不畏军威，亦服文教，三千年来皆是如此，而与泰西各国并未联系。如今西方各国，若论科学，不亚中华，若论兵力，似觉稍胜。中华果至终衰之时，列强难免不会干预。"试问将来中华天下，仍能一统自主，抑或不免分属诸邦？"他建议中国派出外交使节，学习西方技艺，各省开通铁路、电报，开采五金煤炭，军队进行西式操练，医学各项设馆学习，财政不足可向外国借贷，海关若能掌握规则，亦可除去洋员，自理税务。英国公使阿礼国将此文向总署推荐。恭亲王奕䜣又将威文连同海关总税务司赫德所撰《局外旁观论》一起，向皇帝进呈，认为两文议论相同，而威措辞更加激切。窥其立意，似目前无可寻衅，特先发此议论，以为日后借端生事预留地步。若不通盘筹划，先事图维，恐将来设有决裂，仓促更难措置。恭王将威文核心概括为两点：一曰借法自强，二曰缓不济急。根据恭王建议，将这两篇文章转发沿海沿江口岸督抚大臣阅看讨论。

讨论没有结果，中国依然以天朝自居。虽已意识到不能被动地等待突发事件出现再去应付，没有突发事件的时候却不做主动变革，不冒风险，日子便歌舞升平地打发过去。驻京的洋人外交官如同栖息在汪洋中的孤岛之上，与生活在周边的中国人很少交往，每天无聊地看着自己的胡子长起来，其实他们就是在平静中等待突发事件，来与中国政府交涉和算账。

马嘉理被杀正是个绝好的突发事件。作为职业外交官，威妥玛显露出强横而富有技巧的特征。他看准清政府的颟顸自大、信息不灵和不承担责任等诸多软肋，把解决滇案肆意延伸，恰如历史学家马士所说，"抓住了袭击一个英国代表和杀害一个英国官员的机会，强迫要求对两国政府间的一切显著问题做一种有利的解决"。[67]

15. 威妥玛究竟要什么？

有个例子可以说明威妥玛究竟要什么。

某天威妥玛独自在街上行走。有人向这个洋鬼子扔了块石头。他转身追去，头上又挨了一棒。总理衙门一个官员正好路过，拘捕了肇事者，打算施以最严厉的刑罚。先是笞杖，再披枷戴锁。威妥玛让把肇事者放了，作为补偿，他要求付清拖欠汉口英商的若干债务。[68]

1875年8月8日，梅辉立在天津拜访李鸿章，借反对岑毓英对滇案的奏报，代表英方提出六项条件，要求中国政府允诺，才能了结滇案，久保和局：

一、中国须速派一二品钦差大员至英国通好和说明滇案。

二、遣使必请明发谕旨，使中外共知。不能像崇厚1870年因天津教案赴法致歉，不登《京报》。

三、云南地方官调兵阻击柏郎、戕害马嘉理，显违总署护照文函，事先失防，临事失察，请明降谕旨，分别议处。

四、遣使赴英时，应顺道从印度都城经过，与印度总督会晤，说明滇事。

五、滇缅交界道路须任英人通行，请中国使臣过印度妥商边界贸易章程。

六、各国公使除与总理衙门商议交涉事件外，请准与各部院大臣交接酬应，共敦睦谊。[69]

8月10日，威妥玛拜会李鸿章，继续交涉滇案。威妥玛说：中方7月31日照复说系野人所为，其实我3月间已料及必是以此搪塞。总理衙门向来办事含混敷衍，无论何事都是往返商量多日，到现在尚无一句实语，我实不敢相信。从前马嘉理由滇省往蛮谟携有总署护照，一路行走并无错处；此时欲令柏郎由滇回缅，总署便有风俗刁悍、民情顽梗、勿稍勉强等语，是此路断不许外人行走？我已令柏郎由海道回印度，听凭印度总督办理。[70]

8月13日，李鸿章致函总署，呈交威妥玛会谈后派参赞格维讷送来的节略——他与李鸿章交谈后，正式起草书面文件，阐述英方要求。其索要条件略作调整，一为须准京内外中外大员互相来往；二为令通商口岸和内地各处遵守条约，通商要改变法则；三为派格维讷往滇观审，要有恭亲王出具的保护凭据；四为印度派人到滇亦要护送凭据；五为请降旨诘责岑毓英为何六个月无详细情况奏报；六为遣使臣赴英道歉；七为遣使驻英，上谕必须公开登在《京报》上。[71]这些要求，和梅辉立8日所提基本一致。

由此看出，威妥玛借解决滇案提出条件，要把事情搞大，解决许多与滇案无关的其他问题，甚至不惜以断交撤使相威胁。

李鸿章报告清政府，威妥玛"语甚决绝，非赖大力主持，不能斡旋危局也"。而其要求亦非皆不可行。关键是"尊处若再虚宕，该使势必扬帆离津，届时即令鸿章等从旁转圜，彼亦必不肯将就，岂非徒多转折"？[72]

北京则继续拖延。8月23日，威妥玛在与李鸿章的会晤中说："我早料商议不成，看总署诸位语气，仍是敷衍游移，恐和局必不能保。我于19日已发电告知英国朝廷，谓总署视此事如儿戏。又告知印度，叫他预备兵队。""我今已定个主意，不日当进京与王爷及总署大臣面商，能行则立即施行，否则我即率同所属官员一齐出京，并令英人在京津两处者悉数南下，我即到香港暂住，听凭水师提督及印度大臣如何办理。那是必要失和、必要动兵了！"

威妥玛还威胁道：总理衙门莫非还在等天上掉下个好事情？要知道天津教案时正赶上普法战争，法国战败，这种机会，此时不会再有了！我在京年久，哪样事看不到底？恐怕一定要绝交了！"[73]

30日下午，威妥玛真的离开天津，去烟台与英国驻华舰队司令赖德将军（A. P. Ryder）会商下一步的行动，准备率驻京使馆人员撤退至上海，在北方河海封冻之前，天津、牛庄的英国领事和侨民也一律南下，必要时断绝与中国政府的外交关系，退往香港，而将监督领事以及与中国政府的通讯交给赖德，甚至准备发动对中国的军事打击。

16. 清廷的让步，英国的"课业"

李鸿章8月24日再次向总理衙门建议妥协。

李鸿章说："此案其曲在我，百喙何辞。威使气焰如此张大，断非敷衍徇饰所能了事。《语》云毒蛇螫手，壮夫断腕，不断腕则毒螫不能消也。本案紧要关键所在，尊虑难于措手，自恐有大吏失体之处。然若朝廷为其所累，致坏全局，则失体更甚，孰重孰轻，高明必思之熟矣。"他认为一旦决裂开战，不但滇边受害，通商各口先自岌岌莫保，南北兵力皆单，断不足以应大敌。威妥玛"屡有绝交动兵之语，盖深窥我国时势之艰"，方敢如此，主张"酌允一二事，俾得转圜"。[74]

在洋人威逼下，清廷被迫让步。所谓"酌允一二事"，一是同意派出驻外使节，二是同意外国公使与北京官员往来。

今天看来，邦交国相互在对方首都设立使馆和派遣外交代表是天经地义的。1858年中英《天津条约》确立两国建交，"约定照各大邦和好常规，亦可任意交派秉权大员，分诣大清、大英两国京师"。"大英钦差各等大员及各眷属可在京师，或长行居住，或能随时往来"，"至在京师租赁地基或房屋，作为大臣等员公馆，大清官员亦宜协同襄办"。[75]1860年英法联军攻占北京后，英、法两国分别在东交民巷的梁公祠、纯公府建立使馆。但清政府依然以中央王朝自居,任凭谁来劝说,绝不把使馆设到伦敦、巴黎去,继续自我孤立达十五年之久。

8月28日,上谕命福建按察使郭嵩焘以侍郎候补,与直隶候补道许钤身充任出使英国钦差大臣。亦即代表中国皇帝前往伦敦,向维多利亚女王道歉,同时设立驻英使馆。次日,李鸿章将消息透露给威妥玛。郭嵩焘在当年上层官员中,属于观念开通者,这个人选是李鸿章向总理衙门推荐的,威妥玛也略知其人,对他表示欢迎。[76]

经历滇案周折,中国人要向西方国家派出常驻外交官了。威妥玛认为,这是迫使中国接受西方外交规则,和外国建立"平等"外交关系的重要一步。美国历史学家何伟亚(James L. Hevia)指出:"英国外交官和商人们关于自由贸易的信念,最终被用来证明对清朝使用武力的正当性,并且导致了中国和其他国家之间的'对外关系'新秩序的确立。"缔造这一新秩序的主要工具是条约,通常用促进"和平、友睦、通商"的言辞来表达。通过这些法律文件,清政府被迫将西方人想在中国得到的大量权利给予他们。而真正能够贯彻条约的,是共同的话语体系的认同。何伟亚将其称作一项"教育计划",是"英国的课业"(English Lessons),如果清政府接受了欧洲形式的外交实践,就是承认自己世界地位的改变,已经不再希望整个世界都接受它的至高地位了。[77]

到了年底,总理衙门还奏请向美国、西班牙、秘鲁派遣使节,以保护美洲的华工。[78]

在工业文明带来的第一次全球化浪潮中,中国至此已经无法视而不见了。中国自我孤立和躲避在外数十年,终于被迫进入西方人建立的体系。到欧洲的中心伦敦设立使馆的直接起因,源自

设在东交民巷的英国驻华公使馆

云南边境杀死了一名英国外交官。不管杀手是谁,他都没有料到这次户宋河畔蝴蝶翅膀的扇动,会产生如此深远的结果。

变革被威妥玛的倒逼推动着前行。30日上午,威妥玛趁热打铁,又向李鸿章提出:按国际惯例,各国使节可同驻在国皇室成员及高级官员联系。中国以往看不起外国,所以除总理衙门大臣之外,官员和外交官不相往来。若要真心和好,京中尚书、侍郎等,均应与各公使交接。李鸿章答称,依中国规矩,人臣无私交,不敢不遵守。威妥玛说,既要改变为和好之心,岂能尽拘旧例?[79] 又说各部院大臣都疏远外国人,无怪老百姓更不尊重外国人。双方还就遣使上谕是否"发钞"(即公开发布)又争论了两个小时。[80] 次日,恭亲王上奏,称驻京使节与部院大臣往来礼节未便置之不议。[81] 一个月后又奏,请由总理衙门制定交往方案。[82] 到了年底,总署建议在新年期间组织外国使节和各部院大臣拜年，彼此往来即从1876年开始。[83]

那会儿，北京人对外国人不叫"老外"而叫"鬼子"。某天有个外国人到总理衙门大臣恒祺家拜访，恒祺儿子当场大呼"鬼子来了"，弄得客人很是尴尬。后来，赫德把这个故事讲给另一位总理衙门大臣宝鋆听，宝鋆劝他想开些："每个人都得听任人家起绰号：汉人叫我们'臊鞑子'，我们叫他们'汉蛮子'，而轮到你们——"赫德只得点头说："我们是洋鬼子（Yang Kwei-tze）。"[84]

总理衙门大臣的儿子管外国人叫"鬼子"，这听起来有点唐突失礼，但这反映出上层人士对于外国人的蔑视。"洋鬼子"就是"外国妖魔"的意思。再追溯到1860年，地位尊贵的恭亲王因为与英法联军谈判议和及接触洋务，还被北京人暗送了一个"鬼子六"的诨名。

次年2月4日（光绪二年正月初十日）下午，总理衙门组织了史上第一次各部院尚书、侍郎与外国使节的拜年活动。这天是立春，微寒有雪意。总理衙门里设了十桌果席，恭亲王率总理衙门大臣坐在中间，各部大臣坐在两侧。京师同文馆总教习丁韪良写道："亲王殿下被七八十名满洲贵族和汉族高官包围着，这是我所见到的最耀眼的清朝官员集合，简直是皇宫的缩影。"[85]八个国家的外交官分批进入，中外宾主分别介绍姓名。皇帝的师傅、内阁学士翁同龢在日记中记录："终日未交一言，未沾一滴一脔，饥寒交迫。"他本来不想来参加拜年，上一日军机大臣李鸿藻专门上他府上邀约。此时他所看到的洋人，"威妥玛最况鸷，赫德最狡狯，余皆庸材也"。他对威妥玛还有形象描绘："年近六十，无游词，阴险之至。"[86]

翁的观察和心态，在当时的官僚士大夫阶层中，有着普遍的认同。而消除这种内心的蔑视，转而建立对洋人的敬畏、尊崇、

总理衙门大臣宝鋆（左）和恒祺（照片由徐家宁提供）

谄媚，对中国文化与传统的自卑、自贱，最后形成官僚阶级与外国的勾结、融合，以及知识分子在价值观和知识体系上的重构，恰恰就是"英国课业"所要达到的效果。

四 《烟台条约》与倒逼开放

17. 以提审岑毓英为要挟

中英之间的谈判还在艰难地进行。

对于清政府的局部妥协，威妥玛并未满意。只要清政府不愿承认滇案是岑毓英授意，他就一步步地提出新条件。

1875年9月6日，梅辉立代表威妥玛在天津向李鸿章提出在谕旨中遇到"英国"字样的抬写问题（清代官方文书及臣下奏章中，遇到皇室、陵寝及天地等字样，必须另起一行并超过顶格线之上一格或二三格书

从户宋河畔到伦敦　63

写，以示尊敬），认为若不抬写就是轻慢英国，抬写乃是"改心"凭据，以使老百姓皆知两国平行。李鸿章当即予以拒绝。梅辉立又说滇案中云南巡抚岑毓英确有不是，应令其来京听候查办，李鸿章答须俟结案再定。梅辉立还说威妥玛认为"各口岸厘局实碍洋商生意，应议裁改，并请添湖北宜昌及湖南口岸，俾轮船畅行"。

李鸿章回答："此万不能允之事，且与滇案无关，我们为此案费尽多少心力，威大人尚未满意，又要陆续增添，得一步进一步，未免太令人为难了。""总之，你若有意挑衅，再添多条亦听尊便，若顾全和好，应仍照从前七条商议。"[87]

7日和8日，李鸿章与威妥玛有两次会面，双方无法谈拢。8日下午，威妥玛前往北京。他气势汹汹地威胁，到京后半月内必要谈妥，否则他将率全体外交官和商人撤退上海，"由电信报知本国，由本国另派大臣来华。那时兵端必开，再议新章断不止此数条"！[88] 威妥玛还告诉清政府，倘若这些事情没有弄明白，中国的使节不用急着派往伦敦去。[89]

威妥玛在北京与总理衙门谈判，将大臣们弄得焦头烂额；在天津与李鸿章谈判，也将他弄得唇焦舌敝。这种方式，或许是他的性格使然，但更像是一种交易策略。在谈判的时候，他会扯头发、握拳头，给中国人的印象是无能的怒火，他们厌恶这类表演。由于威妥玛要经常用电报向伦敦请示汇报，他希望住到距离电报局最近的上海。但离京前，他又常常给谈判提出最后通牒作为威胁。恭亲王奕䜣说，威妥玛"无理取闹，一不遂意即悻悻然出京，更恐难于就范"。[90] 李鸿章说："外国人性情向多狡变，威使尤极躁戾，一语不合，动辄拍案，从前未甚共事，其所称敬重及愿与商办之语，全是应酬空套。"[91] 李瀚章说："威妥玛满腹奢望，特以滇案为波澜。"[92] 总理衙门大臣崇厚也说："威妥玛的谈话是不能当真的——一会儿这个，一会儿那个——今天说是，明天又说否。……暴怒、愤恨、咆哮、任性而发，使我们只好不理。"[93]

不理就是拖延。这案子一转眼就拖到1876年的春天。4月22日，岑毓英因继母去世，回籍守制，朝廷派四川布政使文格继任云南巡抚，正好解了岑毓英的围。而威妥玛这边，也将议办条款增添至八条：一、总理衙门上奏惋惜马嘉理被杀案，及英使不允惩办中国钦差大臣查究的犯人，因为按英国律例，有关证据尚难定谳。二、保护洋人谕旨张贴全国各城市两年，允英国派员随时前往查看。三、今后中国有伤害英人案件，准英国派员观审。四、颁布谕旨，命云南选派官员会同英员调查边界贸易情况。五、英国派领事驻大理和重庆，查看云南、四川内地贸易。六、请总理衙门照会各国公使，承认洋货进口贴上子口税单，免征通过税。开放奉天大孤山，湖南岳州，湖北宜昌，安徽安庆、芜湖，江西南昌，浙江温州，广东甲子、水东、北海。中国若同意进口货物在口界内交完正税，免抽厘金，领取半税单后豁免一切通过税，英国公使将利用缔结国际协定的办法，允许中国在某种情况下增加关税。七、以上六条解决后，中国使节携带国书前往英国，国书要对滇案表示惋惜。八、赔款数目由英国政府决定，包括马嘉理及跟丁家属的抚恤。

威妥玛表示，如果中国接受条件，他就电告本国，滇案已经完结；如果拒绝，他将依然坚持提岑毓英到京审讯。如果这也被拒绝，他将撤退使馆人员并建议英国政府如同1860年那样，索取赔款。[94]

从年初开始，威妥玛还多次致电外交大臣德比伯爵，要求增派舰队进行武力威胁。"我必须为各种逃避责任和无礼做好准备"，他说，"即使在舰队增援之前我将各种问题都解决了，派遣强大的增援也会证明我们曾经是认真的。这会最好地保证未来。"

双方继续争执。6月15日，威妥玛又一次发飙，用李鸿章的话说，"一语睚眦，幡然出京"，前往上海。赫德私下曾做评论："作为一个英国人，我想威妥玛不可能再想出更好的要求，并且我愿意让他坚持这一要求；但作为海关总税务司，我知道中国宁愿干别的什么，朝廷宁肯垮台，也不愿不战而同意这一要求——而在战胜之后，岑和所有其他人则宁肯自杀也不愿被带到北京去讨好洋人的。"[95] 此时赫德同意参与调停，7月10日，他奉总理衙门之命赶往上海，劝说威妥玛继续谈判。途经天津时他告诉李鸿章，威妥玛去年说，滇案不结，使节未便前往，其实是为了蔽隔两面起见，英国对于中国情况皆不深知。[96] 这个提醒也使中国官员有茅塞顿开之感。他们决定，如果与威妥玛再无法沟通，不妨自行遣使出发，直接与英国政府沟通。

18. 烟台谈判和《烟台条约》

7月22日上午，津海关税务司马福臣（A. MacPherson）单独求见李鸿章，转递赫德发自上海的英文密信，并当场口译成中文，李鸿章亲笔记录。赫德告知，威妥玛不久将赴烟台休假，建议李鸿章前往，最终谈判解决滇案。

赫德说："看今日光景，中国只有两条路：一是中国派钦差赴英国理论，一请李中堂奉旨赴烟台。第二条路实在尤为妥当，更可成功。""此次到烟台要办结滇案，李中堂权柄必须十分大、十分宽。"[97]

7月28日，清政府批准李鸿章为全权大臣，便宜行事，即赴烟台，与威妥玛会商一切事务。[98] 这是李鸿章从事对外交涉后，第一次被外方点名邀约，参加正式谈判。李鸿章不在总理衙门兼职，以北洋通商大臣名义处理外交。他观念上比较开放，也能与洋人沟通。此后在多次重要的对外交涉（如马关议和、庚子议和）中，洋人都点名要他参加。而这些谈判，大多数以中国的屈辱退让、赔款割地为结局，最终也就形成李鸿章"汉奸卖国贼"的历史形象。但李鸿章的开通，在某些方面又体现出他在同代人中所具有的世界眼光，比如在马嘉理案中一些中外关系的调整，客观上有利于加强中国与世界的沟通理解，融入国际社会，李鸿章也是在因势利导，借英人之口，潜移默化中做引导推动工作。

此时天津城里却出现谣传，称李鸿章到烟台，可能会像1857年第二次鸦片战争时期的两广总督叶名琛，被英国人绑上军舰运走。7月31日，街头到处出现《告白》：

> 公启者：李中堂自到任以来，爱民如子，代谋衣食，无微不到。连年水旱大灾，救活百姓无数。百姓赖以活命，不可刻离。今闻要往烟台，百姓何所依靠？凡我天津绅民，定于本月十二日（即8月1日）未刻在大王庙齐集，同赴院门禀留，扳辕卧辙，各宜踊跃，以维大局。此启。阖津郡绅民公启。⁹⁹

次日傍晚，有士绅带领千余商民赴北洋大臣衙门递禀挽留李鸿章。8月2日，数十位士绅前来表示，倘若李鸿章前往烟台，商民士庶愿意随同前往，听受驱使。3日，天津各书院执事、举贡、生童，各街铺民两千余人又分递公呈，声称必定卧路攀辕予以挽留，否则即与洋人滋闹。各种流言，以讹传讹，在坊巷中流传。¹⁰⁰洋人则另有说法，认为这些劝阻行动，其实是李鸿章夫人鼓动的，"她担心她的老爷的安全"。¹⁰¹李鸿章旋派道员许钤身等前往烟台，邀请威妥玛来天津商议，五十位绅耆作为后援团随行。这行人马到烟后发现，威妥玛抵达的日期其实尚未确定。——当然，威妥玛也不同意来天津谈判。

北洋大臣李鸿章

如同京剧主角登场开唱之前,乐队先紧锣密鼓地演奏一段过门作为铺垫,接着,李鸿章冒着风雨雷电,[102] 于 8 月 21 日乘招商局"丰顺"轮来到海滨城市烟台。按照 1858 年中英《天津条约》,确定山东登州为通商口岸。外国人最初看中的地点在蓬莱。后来又嫌蓬莱滩薄水浅,遂另择烟台。1862 年 3 月,登莱青道由莱州移驻烟台,兼管山东全省关税的东海关正式开始运营。到本次中英谈判时,烟台已有十一个欧美国家设立领事馆,是中国北方仅次于天津的通商港埠。同时在北戴河兴盛之前,也是驻京外交官夏季首选的避暑度假地。

李—威会谈在位于海关街 8 号的东海关官署进行。这是一幢二层楼的青砖建筑,如今保存完好,依然属于海关。2018 年夏日,我曾前去探访,借此感受历史的气息。当时中国海关的美籍洋员、后来成为历史学家的马士写道:

> 这场戏现在是演到最后一幕了。中国方面由他的大总督

和首席代表大学士李鸿章出面；他有中国四十年中对外关系的顾问赫德，及作为这位总督随后二十年中的亲信顾问德璀琳备他咨询。英国方面有威妥玛爵士，他于北京把自己表现得极坏之后，而在芝罘（即烟台）却又表现得极好；有海军上将雷德尔（Admiral Ryder），他指挥着在中国的英国海军，还有海军上将兰波特（Admiral Lambert），他指挥着所派遣的舰队。其他人等也感到在这个有平软黄沙的海滨浴场来消磨他们的夏日是合宜的，其中包括俄国、德国、美国、西班牙、法国和奥匈帝国的外交代表们。[103]

8月30日（七月十二日）恰逢慈安太后四十大寿。李鸿章中午设宴，七国领事和两位英国海军上将应邀出席——这两位将军率领着常驻的和特遣的舰队，是来向中方施压的。上菜顺序采用西式，先后有汤、主菜、点心和水果。李鸿章手持香槟酒杯发表演讲，大谈中外友好和交流。这对中国高级官员来说是前所未有的。威妥玛宴会后私下向李鸿章试探，说将岑毓英提京问询是众人的议论，英国朝廷也有此意。"我却不是必要办到这里。但中堂若欲商妥，须想出一个切实办法，不要敷衍。我明日即要报知本国，不能再迟。"他们约定次日下午再谈。[104]李鸿章马上向北京通报："仿照西例，酒阑，各以吉语相互赞颂，兼欲激射英事，群情欢洽。席罢，威使独留絮语，似稍活动。"李鸿章还建议，此类外事招待，总理衙门"能否每年酌照办理一次，或亦优待中小节目也"。[105]

又经过争吵和讨价还价，李鸿章与威妥玛在9月13日签订了中英《烟台条约》。条约共分三大部分十六款，并附有"另议专条"。

第一部分为昭雪滇案：中方关于滇案结案的奏折，事先要与威妥玛阅看会商；奏明奉旨发抄，交各省各地公开告示两年，英方随时派员查看张贴情形；云南当局与英国官员商订滇缅边界来往通商章程；英国派官员在云南大理府或其他地方驻寓，察看通商情形，并斟酌订期，开办通商，英国保留由印度派员赴滇之权；中国偿银二十万两，作为被害人员家属恤款；中国派出使大臣带国书前往英国，对滇案表示"惋惜"。

第二部分为优待往来：制定中外官员往来礼节章程；从前《天津条约》中文本规定"英国民人有犯事者，皆由英国惩办"，英文本规定"由英国领事官或他项奉派干员惩办"，须予修订并具体制定承审章程；凡内地各省地方或通商口岸有英人命盗案件，由英国大臣派员前往该处观审；中国各口审断交涉案件，视被告者为何国之人，即赴何国官员处控告。

第三部分为通商事务：各口租界为免收洋货厘金之处，增开宜昌、芜湖、温州、北海四处为通商口岸，并设领事馆，准许英商船在沿江之大通、安庆、湖口、武穴、陆溪口、沙市等处停泊起卸货物；新旧通商口岸尚未划定租界者都要划定界址。

此外还有另议专条，英国明年派员由北京启行，前往甘肃、青海，或由四川入藏，探访路程，以抵印度。所有应发护照，知会地方大吏暨驻藏大臣公文，由总理衙门妥当办给。[106]

李鸿章次日上奏，称李瀚章原办案件，李珍国为案内要犯，按律可以定罪，但威妥玛认为照英律尚难定谳。李鸿章本拟将李珍国及而通凹等请旨减等发落，威妥玛必欲改为宽免罪名，坚称此案系腾越官绅怂恿李珍国为之，而官绅又系秉承岑毓英意旨。今既不惩办岑毓英和腾越官绅，断不可专办李珍国与"野匪"。威妥玛透露，李珍国的眷属其实就在英国驻八莫领事馆留养，因此本案巅末固所深悉。李鸿章奏请对已经革职之署理腾越镇总兵蒋宗汉、腾越厅同知吴启亮毋庸再予处分。已革都司李珍国及而通

四、腊都等十一名犯人,均宽免罪名。同时宣示中外,今后对于各国持有护照往来内地之人,妥为保护。李鸿章说,滇案办理年余之久,威妥玛忽请提京,忽请免罪,反复要挟。建议朝廷吸取教训,以后若再发生涉外人命案件,应立即查处,严缉凶犯,避免此次为了维护岑毓英,造成外交被动,只能在开放口岸、治外法权上让步,真正损失的是国家主权。李鸿章还报告,威妥玛私下告知,英国将暂缓开办滇缅边界通商,但恐中国将来失信,在结案谕旨中还要带及。17日奉上谕,所请各条,予以允准。[107]

从《烟台条约》条款看,主要部分均为扩大英国商业利益和治外法权,尤其是扩大了领事裁判权。威妥玛对马嘉理案当事人的处理,并不在乎简单的惩处复仇。他看重两年内在各地张贴告示,借机强调保护洋人进入中国内地后的生命安全,同时争取到许多与案件完全无关的权益和机会。

在李鸿章和威妥玛签约的时候,另一位三十三岁的英国探险家吉尔上尉(William John Gill)旅行经停烟台。他在旗昌洋行的"直隶"轮上远远望见李鸿章大人乘轿前往码头乘轮船离去的场景:轿前有人打着巨大的红伞,四十名护卫穿着蓝色上衣、红色裤子、肩扛步枪组成卫队。吉尔上尉次年1月23日从上海出发,沿着长江,上行至宜昌、重庆、成都,而后北上理番(今四川理县)、松潘、龙安(今平武),再回成都至雅州(今雅安)、打箭炉(今康定)、理塘、巴塘,南下阿墩子(今云南德钦县升平镇)、大理、腾越,沿着马嘉理走过的路线,到达八莫,成为第一个到达川西北,又到滇西南的欧洲人。他去蛮允马嘉理遇害之处凭吊,认为是马嘉理之死和《烟台条约》给了外国人在中缅边境安全通行的权利。这个吉尔,有着英国情报部门的背景,曾去过波斯、印度、巴尔干、土耳其。他写的中国西部旅行记《金沙江》,获得过英国皇家地理学会和巴黎地理学会的金质奖章。他从打箭炉到阿墩子的行程,连李希霍芬（Ferdinand von Richthofen, 德国地理学家,最早提出"丝绸之路"概念的学者）都很感兴趣。后来吉尔又去北非收集情报,1882年在西奈被当地人杀死。他和马嘉理、柏郎上校一样,是当年许许多多英国探险家中的一个。

19. 郭嵩焘出使道歉

9月16日,李鸿章乘船从烟台回到天津。

码头迎接场面极为热烈,"船尽扯旗,兵曹列队,人皆望之而色喜",[108]似乎李—威谈判避免了一场中英战争。回津之后,李鸿章收到新任云贵总督刘长佑和布政使潘鼎新来信,获知岑毓英离任后,案犯全部翻供,与威妥玛所查情节一一吻合。李鸿章在给朋友的私信中透露:"滇案原讯情节,家兄未到时,人犯、供证已齐,又奉旨会同岑中丞查办,实未知其中装点过多,且彼族早已廉得实迹也。"足见岑毓英"手眼神通,能障蔽家兄等之耳目,而几贻国家之大祸"。他责备潘鼎新:"家兄与觐翁（薛焕）驻滇数月,又有执事从中查探,何以未能廉得实情,而必待事后翻供？是当局耳目皆装糊涂,足下明察有所偏蔽欤。"从李鸿章回信体察,案情显然与岑毓英有关。由于威妥玛掌握内情,坚持要将岑毓英提京观审,而朝廷绝不同意提京,"举世曲护岑彦卿一人",致使谈判在其他方面被迫让步,"使各省皆受其累"。李鸿章说:"此案自始至终,错已成铁,徙薪曲突之无人,而鄙人乃不能不焦头烂额与为补救,可胜慨叹。"[109]现在刘长佑、潘鼎新原信未见公布,相关细节尚不清楚,有待学术界进一步发掘和研究。

滇案派生出的另一项后果,郭嵩焘出使之行也开始推进。上年,郭嵩焘奉派出使英国,又被任命为总理衙门大臣,他在12月初上折参奏岑毓英，指斥其调查马案意存掩护，又不查明肆杀情由，据实奏报，而一诿其罪于野人，请交部严加议处。[110] 是滇案处理期间惟一公开批评岑毓英的官员。郭因此受到京师士大夫訾毁，被目为"汉奸"。早在1861年，郭嵩焘就批评中国官员在对外事务中"一味怕""一味诈""一味蛮""一味蠢"，"不能知其情，而欲以刚相胜，以急撄其怒，其祸速而大"。[111] 郭嵩焘独特的世界眼光和敢言风格，当年无人能出其右。

1876年3月6日，两宫太后召见郭嵩焘，询问起驻京外交官。郭嵩焘说："威妥玛性情暴急，以刚胜；森有礼以柔胜。其坚强狠忍，遇事必要于成，却是相同。"

太后说："他们系简第一等坏人来中国作哄。"[112]

这是当时中国最高统治者对于英、日使节的基本看法。

10月21日，郭嵩焘出国之前觐见请训。太后特别提到："汝心事朝廷自能体谅，不可轻听外人言语，他们原不知甚么。"

郭嵩焘答："不知事小，却是一味横蛮，如臣家于此已是受惊不小。"[113]

此后郭嵩焘买舟上路，1877年1月21日，使团抵达英国。2月7日，偕副使刘锡鸿赴白金汉宫觐见维多利亚女王。事前郭嵩焘派翻译张德彝和英籍参赞马格里（他是马戛尔尼家族的后代）询问正在伦敦休假的威妥玛相关礼仪，威妥玛答以不知。又询典礼官西摩爵士（Francis Seymour），亦含糊作答。中方认为英国人故意考察他们对于西方外交礼节的理解，遂依照同文馆副教习联芳、庆常翻译的《星轺指掌》[即德国人查尔斯·马顿斯（Charles de Martens）所撰《外交手册》]，行三鞠躬礼，女王亦鞠躬还礼。然后郭嵩焘双手捧国书诵读，马格里翻成英语，国书全文如下：

大清国钦差大臣郭嵩焘、副使刘锡鸿谨奉国书，呈递大英国大君主、五印度大后帝：上年云南边界蛮允地方，有戕毙翻译官马嘉理一案，当饬云南巡抚查报。嗣经钦派湖广总督李瀚章驰往会办，并将南甸都司李珍国拿讯。又经钦派大学士直隶总督李鸿章驰赴烟台，与贵国钦差大臣威妥玛会商办理。威妥玛以宽免既往、保全将来为词，一切请免议。中国大皇帝之心，极为惋惜。特命使臣前诣贵国，陈达此意，即饬作为公使驻扎，以通两国之情，而申永远和好之谊。敬念大君主、大后帝含宏宽恕，仁声义闻，远近昭著，必能体中国大皇帝之意，万年辑睦，永庆升平。使臣奉命，惋惜之辞具于国书，谨恭上御览，并申述使臣来意，为讲信修睦之据。[114]

国书是派遣国元首为派遣或召回外交代表向接受国元首发出的正式文书，相当于派出使节的介绍信。中国近代外交官第一次正式向邦交国元首递交的国书，却是一份不伦不类的道歉信，如此屈辱，宛若战败之国。国书中不仅写入李瀚章、李鸿章、李珍国的名字，还赞誉威妥玛的宽恕，这份文件是按威妥玛意图所撰，显示清廷为了结滇案的无奈。美国历史学家何伟亚指出，《烟台条约》沉重打击了清帝国的主权，而中国外交官在伦敦的礼仪动作，使得清朝君主从至高无上的地位跌落下来，被改造成向有史以来最伟大的君主——维多利亚女王致敬的东方君主。这也是"英国课业"的重要部分。

20. 有关滇案的纪念遗址

滇案议结后，上海的洋人筹划给马嘉理建立纪念碑。

1877年9月3日，英租界工部局董事会上讨论了一项议案：马嘉理纪念委员会要求在外滩苏州路口建立马嘉理纪念碑，但董事会未予批准，认为该碑将成为这一地点的交通障碍。此外不能

马嘉理纪念碑（图左侧）设在上海外滩和苏州路的交叉处，右面是外滩公园

马嘉理纪念碑近景

从户宋河畔到伦敦

将租界公用马路的任一部分划归私有。[115]1879年4月30日，工部局董事会再次讨论，同意把纪念碑安置在外滩和苏州路的交叉处，外白渡桥南端。但继续有纳税人反对，为此专门召集了纳税人特别会议进行辩论。

1880年5月6日，马嘉理纪念碑奠基，这天是中英《烟台条约》在英国伦敦互换正式文本的日子。6月10日建成揭幕，纪念碑为哥特风格，用大理石雕凿而成。1909年租界拓宽道路时将其移进外滩公园（今黄浦公园）东南角。1942年太平洋战争爆发之后被日本占领当局拆除。随着岁月流逝，风轻云淡，如今几乎很少还有人记得马嘉理纪念碑，它只存在于泛黄的老照片中，存在于一些历史爱好者的电脑硬盘里。

云南的马嘉理事件遗存，除了芒允村外的纪念碑外，在腾冲南面，有一个古老的下绮罗村，李珍国的后代，就居住在这个村的大人巷12号。他们建立了李珍国故居，前些年还在街口设立过售票处，现在不对外开放了。

读者应当记得，马嘉理事件发生后，李珍国本人坚决否认戕杀案与他有关，李瀚章却将组织杀马的责任加在他的头上。威妥玛则提出依英律无法定罪，对李珍国也不加追究。当年凶杀案，在具体责任人的认定上不了了之。1935年，云南著名的老同盟会员李根源在《国学论衡》上发表《纪马嘉理案》一文，将事件描述成马嘉理到达昆明后欲以敌体礼仪会见岑毓英，造成岑的不悦。李珍国收到当地绅民来信后，派人专报岑毓英，请杀马嘉理和柏郎，岑毓英回密信同意。后来朝廷追凶，岑毓英微服去狱中见李珍国，试图要回密信。李珍国将密信缝在衣絮里不肯交出，又言绝对不会连累岑毓英。岑毓英旋在李瀚章等审案时作假等。此时滇案已过去六十年，又经历二十年代大革命的反帝宣传和日本即

腾冲下绮罗村大人巷口的李珍国故居售票处

将对华发动全面侵略,整个舆论界的语境发生了巨大变化。杀死代表外国殖民主义"武装入侵"的马嘉理,变为正大光明的英雄举动。从此,在各种历史文章和著作中,李珍国就渐渐变成了"民族英雄"。

我曾三次到下绮罗村李珍国故居探访,其中有一次进入。故居中悬挂着许多对联,也编纂了李珍国生平介绍。称其"脸削黝黑、口能容拳、垂手过膝、目光如炬、武艺超群、忠肝义胆"。此外诸如"官至副将(秩正二品)、受皇封'匡勇巴图鲁'(大英雄之意),诏授配剑钦差、钦命头品顶戴、拜'大清国相'(被婉拒)"云云,都离史实甚远。又说其婚配缅王蒲甘曼之四公主,遂得别号"李四老缅",则是将李珍国升格为缅甸驸马,更是离题万里。

关于马嘉理案,王绳祖、郭大松等学者做过严谨深入的研究,但似乎很少被关注,简单化介绍事件的文字至今仍广为流行。马嘉理案在中国近代史上是一个重要事件,故本文再做一次前后梳理,以厘清来龙去脉。

2014—2017 年 6 月初稿
2018 年 6 月二稿

---

1 麦金德:《民主的理想与现实:重建的政治学之研究》,第 54 页。

2 王绳祖:《中英关系史论丛》,第 66 页。

3 《威妥玛致讷茨布罗克》,1874 年 8 月 7 日,F.O.17/675。转引自王绳祖:《中英关系史论丛》,第 85 页。

4 *The Journey of Augustus Raymond Margary: From Shanghae to Bhamo, and Back to Manwyne*,p. 101. 该书的中文译本作《马嘉理行纪》,曾嵘译,中国地图出版社 2013 年出版,本文参考和引用了其中的译文。

5 *The Journey of Augustus Raymond Margary: From Shanghae to Bhamo, and Back to Manwyne*,p. 118.

6 *The Journey of Augustus Raymond Margary: From Shanghae to Bhamo, and Back to Manwyne*,p. 238.

7 《英钦差威妥玛详述英柏副将在滇省被中国官兵拦击及马翻译官被害之情形照会》,光绪元年七月二十日,《英翻译官马嘉理在滇被戕案》,《〈文献丛编〉全编》,第 6 册,第 297—298 页。周祥名字,见《滇督岑毓英奏英员马嘉理在缅滇交界被戕一案现在拿办情形折》,光绪元年六月十二日,《清季外交史料》,第 1 册,卷 1,第 32 页。

8 *The Journey of Augustus Raymond Margary: From Shanghae to Bhamo, and Back to Manwyne*,p. 285.

9 Mr. Margary to Mr. Wade,January,18,1875. *Correspondence Respecting the Attack on the Indian Expedition to Western China, and the Murder of Mr. Margary, British Parliamentary Papers*,vol.41,p. 581.

10 Mr. Margary to Mr. Wade,January,18,1875. *Correspondence Respecting the Attack on the Indian Expedition Western China, and the Murder of Mr. Margary, British Parliamentary Papers*,vol.41,pp. 581–582.

11 黄玲:《道之生生:线路遗产视域下的道路景观——以滇缅通道和顺古镇为考察对象》,《青海民族研究》,2017 年第 4 期,第 83 页。

12 *The Journey of Augustus Raymond Margary: From Shanghae to Bhamo, and Back to Manwyne*,p. 107.

13　John Anderson, *Mandalay to Momien*, p. 386.

14　*The Journey of Augustus Raymond Margary: From Shanghae to Bhamo, and Back to Manwyne*, pp. 102, 307.

15　John Anderson, *Mandalay to Momien*, p. 386.

16　关于探路队护照系先期寄往印度，威妥玛称："柏副将乐文、安医生达森、游客额姓并阿翻译官林格共四员名，合执去岁所发本大臣寄送印度之护照一纸。"见《英钦差马嘉理详述英柏副将在滇省被中国官兵拦击及马翻译官被害之情形照会》，光绪元年七月二十日，《英翻译官马嘉理在滇被戕案》，《〈文献丛编〉全编》，第 6 册，第 299 页。英文见 Mr. Wade to the Prince of Kung, August, 20, 1875, *Correspondence Respecting the Attack on the Indian Expedition to Western China, and the Murder of Mr. Margary, British Parliamentary Papers*, vol.41, p. 613。

17　马嘉理随行人员名字，见《缅甸蛮允各棉司给新街首官信件译文》，《马嘉理案史料》（三），《历史档案》，2006 年第 4 期，第 10 页。其原文说明："以上人名音同，未知字同否。"又，在光绪二年正月初八《英钦差威妥玛知照办理滇案中随同遇害中国幕宾恤金事照会》，出现游福添、刘子林、周有听、石雨田四个中文名字，与前面文件相符，见《英翻译官马嘉理在滇被戕案》，《〈文献丛编〉全编》，第 6 册，第 320 页。而在安得生的英文记录中，马嘉理的师爷叫 Yu-tu-chien，与李含兴供词提到"余先生"相似。见《总理衙门存审讯滇案供词》，载《马嘉理案史料》（一），《历史档案》，2006 年第 1 期。刘子林，安得生记为 Lu-da-lin，马嘉理记为 Lin；江永爵、李大有和周有听，安得生记录为 Ch'ang-yong-chien, Li-da-yu, Chow-yu-ting。安得生和马嘉理的英文记载，见 John Anderson, *Mandalay to Momien*, p. 418；*The Journey of Augustus Raymond Margary: From Shanghae to Bhamo, and Back to Manwyne*, p. 134。现皆录之备考。

18　关于王秀爽，见《英钦差威妥玛详述英柏副将在滇省被中国官兵拦击及马翻译官被害之情形照会》，光绪元年七月二十日，《英翻译官马嘉理在滇被戕案》，《〈文献丛编〉全编》，第 6 册，第 306 页。

19　柏郎探路队中的锡克族卫兵，威妥玛的英文照会表述为："Our people proposed to take also a guard of fifteen Indian policemen, armed and drilled like soldiers, with an officer to command them. These Sikhs were to be sent back either from Manwyne or from any point farther inland at which a Chinese authority might be found ready to assure the security of the Mission."见 Mr. Wade to the Prince of Kung, August, 20, 1875, *Correspondence Respecting the Attack on the Indian Expedition to Western China, and the Murder of Mr. Margary, British Parliamentary Papers*, vol.41, p. 614。当时官方译文作："本国官员酌带印度官役十五名，此项官役本系仿照官军教练，按名持有洋枪，并有差弁一员带领，拟俟行抵蛮允或他处不等，既有中国官员可保无虞，即将前项官役遣回。"见《英钦差威妥玛详述英柏副将在滇省被中国官兵拦击及马翻译官被害之情形照会》，光绪元年七月二十日，《英翻译官马嘉理在滇被戕案》，《〈文献丛编〉全编》，第 6 册，第 299—300 页。按照现代中文，可翻译为："我们的人建议带上一支十五人的有长官指挥的印度警察队伍，这些警察是按士兵的标准来武装和操练的。锡克警察将在到达蛮允，或者中国内陆某个可由当局确保探路队安全的地方后返回。"

20　John Anderson, *Mandalay to Momien*, p. 347.
21　伯希和等著，耿昇译：《伯希和西域探险记》，第 8 页。
22　John Anderson, *Mandalay to Momien*, p. 348.
23　John Anderson, *Mandalay to Momien*, pp. 405–406.
24　John Anderson, *Mandalay to Momien*, p. 423.
25　John Anderson, *Mandalay to Momien*, p. 434.
26　《缅甸蛮允各棉司给新街首官信件译文》，《马嘉理案史料》（三），《历史档案》，2006 年第 4 期，第 10 页。
27　《斯讨拉尔日记》，I.O. 卷 775。转引自王绳祖：《中英关系史论丛》，第 93 页。
28　《英钦差威妥玛详述英柏副将在滇省被中国官兵拦击及马翻译官被害之情形照会》，光绪元年七月二十日，《英翻译官马嘉理在滇被戕案》，《〈文献丛编〉全编》，第 6 册，第 306—307 页。
29　《总理各国事务衙门存审讯滇案供词》，光绪元年十月二十八日，《马嘉理案史料》（二），《历史档案》，2006 年第 2 期，第 10 页。
30　《额利亚致柏郎》，1875 年 2 月 24 日，英国议会文书，1876 年，第 56 卷。转引自王绳祖：《中英关系史论丛》，第 94 页。
31　《柏郎致艾登》，1875 年 3 月 13 日，I.O. 卷 775。转引自王绳祖：《中英关系史论丛》，第 100 页。
32　《金致赫电报第 24 号》，1875 年 5 月 5 日，《中国海关密档》，第 8 卷，第 40 页。
33　《金致赫电报第 10 号》，1875 年 3 月 5 日，《中国海关密档》，第 8 卷，第 34 页；《金登干致赫德函》，1875 年 3 月 5 日，《中国海关密档》，第 1 卷，第 214 页。
34　*Memorandum Forwarded to the Tsung-li Yamen*, March, 19, 1875. *British Parliamentary Papers*, CHINA, No.1,（1876），p. 562. 译文见王绳祖：《中英关系史论丛》，第 111 页。
35　《总署奏英员马嘉理被戕一案英使词意叵测请加意边防海防折》，光绪元年二月十四日，《清季外交史料》，第 1 册，卷 1，第 24—26 页。
36　《上谕》，光绪元年二月十四日，《光绪宣统两朝上谕档》，第 1 册，第 50 页。
37　《赫致金第 4 号》，1875 年 3 月 23 日；《金致赫第 14 号》，1875 年 3 月 25 日，《中国海关密档》，第 8 卷，第 36 页。
38　《滇督岑毓英奏英员马嘉理被戕一案派员查办折》，光绪元年四月初六日，《清季外交史料》，第 1 册，第 28—29 页。
39　《斯讨拉尔日记》，1875 年 5 月 9 日至 22 日，F. O. 17/745。转引自王绳祖：《中英关系史论丛》，第 102 页。
40　《滇督岑毓英奏英员马嘉理在缅滇交界被戕一案现在拿办情形折》，光绪元年六月十二日，《清季外交史料》，第 1 册，卷 1，第 32—33 页。
41　《滇督岑毓英奏英员马嘉理被戕一案已获凶犯赃物折》，光绪元年八月十六日，《清季外交史料》，第 1 册，卷 3，第 64 页。
42　《滇督岑毓英奏拿获凶杀英官案犯并赃物折》，光绪元年九月二十四日，《清季外交史料》，第 1 册，卷 4，第 70—71 页。
43　李珍国、蒋宗汉以及腾越同知吴启亮正式革职的上谕，见《鄂督李瀚章等奏遵谕严切查讯片》，《清季外交史料》，第 1 册，卷 4，第 84 页。

44 李鸿章:《致总署 论滇案》,光绪元年三月初五日,《李鸿章全集》,第 31 册,第 187 页。

45 李鸿章:《致李瀚章》,光绪元年五月十八日,《李鸿章全集》,第 31 册,第 253 页。

46 《总理各国事务衙门存审讯滇案供词》,光绪元年十月二十八日,《马嘉理案史料》(二),《历史档案》,2006 年第 2 期,第 9—10 页。

47 《总理各国事务衙门存审讯滇案供词》,光绪元年十月二十八日,《马嘉理案史料》(二),《历史档案》,2006 年第 2 期,第 11 页;《总理衙门存审讯滇案供词》,光绪元年十一月初三日,《马嘉理案史料》(三),《历史档案》,2006 年第 4 期,第 4 页。

48 《总理各国事务衙门存审讯滇案供词》,光绪元年十月二十八日,《马嘉理案史料》(二),《历史档案》,2006 年第 2 期,第 11—12 页。

49 《总理各国事务衙门存复讯滇案供词》,光绪二年二月初四至初六日,《马嘉理案史料》(四),《历史档案》,2007 年第 1 期,第 16 页。

50 《与威使问答节略》,光绪二年七月初三日,《李鸿章全集》,第 31 册,第 456 页。

51 李鸿章:《复丁雨生中丞》,光绪元年五月二十日夜,《李鸿章全集》,第 31 册,第 256 页。

52 《李鸿章未刊书札四通》,光绪元年七月初四日,《近代史资料》,总 117 号,第 5 页。

53 《川督李瀚章等奏查明英员马嘉理在滇被戕情形折》所附《李珍国致绅众原信照录呈览》,光绪二年三月二十六日,《清季外交史料》,第 1 册,卷 5,第 100 页。

54 《鄂督李瀚章奏赴滇查办英员马嘉理被戕一案途次筹办情形折》,光绪元年八月二十九日,《清季外交史料》,第 1 册,卷 3,第 67 页。《与梅正使问答节略》,光绪二年三月十六日,《李鸿章全集》,第 31 册,第 377 页。

55 《川督李瀚章等奏查明英员马嘉理在滇被戕情形折》,光绪二年三月二十六日,《清季外交史料》,第 1 册,卷 5,第 98—100 页。

56 见《总理各国事务衙门存审讯滇案供词》光绪元年十月二十八日、《总理各国事务衙门存审讯滇案供词》光绪元年十月三十日,《马嘉理案史料》(二),载《历史档案》,2006 年第 2 期,第 10—11 页、第 13—15 页。《总理衙门存审讯滇案供词》光绪元年十一月初三日、《总理各国事务衙门存审讯滇案供词》光绪元年十一月初九日、《总理各国事务衙门存审讯滇案供词》光绪元年十一月十七日,《马嘉理案史料》(三),载《历史档案》,2006 年第 4 期,第 3—4 页、第 7 页、第 8—9 页、第 13—15 页。《总理各国事务衙门存复讯滇案供词》光绪二年正月十四日、《总理各国事务衙门存马嘉理案案犯招供册》光绪二年二月,《马嘉理案史料》(四),载《历史档案》,2007 年第 1 期,第 15 页、第 19 页。

57 A. R. Colquhoun, *Across Chryse: Being the Narrative of a Journey of Exploration through the South China Border Lands from Canton to Mandalay*. London: S. Low, Marston, Searle and Rivington, 1883. p. 254. 转引自史晖:《岑毓英部将李珍国与英国探险家科乐洪的一次会见》,《句町国与西林特色文化》,第 583 页。本书中李珍国画像亦引自该论文。

58 《总理衙门存审讯滇案供词》,光绪元年十一月初三日,《马嘉理案史料》(三),载《历史档案》,2006 年第 4 期,第 6 页。

59 《翁同龢日记》,光绪二年四月初二日,第 3 册,第 1235 页。

60 李鸿章:《致李瀚章》,光绪二年四月初五日,《李鸿章全集》,第 31 册,第 390 页。

61 李鸿章：《与英国威使晤谈节略》，光绪元年七月初三日，《李鸿章全集》，第31册，第279—280页。

62 《英钦差威妥玛知照关于滇案之李钦差折内所具各词及滇省提案碍难视为妥协照会》，光绪二年四月二十日，《英翻译官马嘉理在滇被戕案》，《〈文献丛编〉全编》，第6册，第337页。

63 《英钦差威妥玛请将滇案之岑毓英折文及李珍国等禀词等件一并抄示照会》，光绪二年五月初四日，《英翻译官马嘉理在滇被戕案》，《〈文献丛编〉全编》，第6册，第338—340页。

64 《总署奏英使对于办理马嘉理案均不同意折》，光绪二年五月二十七日，《清季外交史料》，第1册，卷6，第110页。

65 《威妥玛致德比》，1875年12月15日，F.O.17/746。转引自王绳祖：《中英关系史论丛》，第103页。

66 季南：《英国对华外交（1880—1885年）》，第11页。

67 马士：《中华帝国对外关系史》，第2卷，第324页。

68 丁韪良：《花甲忆记》，第292页。

69 李鸿章：《致总署 述威使要求六事》，光绪元年七月初九日，《李鸿章全集》，第31册，第282—283页。

70 李鸿章：《与威使问答节略》，光绪元年七月初十日，《李鸿章全集》，第31册，第284—285页。

71 李鸿章：《照译威使送来洋文节略》，光绪元年七月十一日，《致总署 请酌允威使一二事》，光绪元年七月十三日，《李鸿章全集》，第31册，第286—288页。

72 李鸿章：《致总署 论滇案势迫》，光绪元年七月十一日，《李鸿章全集》，第31册，第285—286页。

73 李鸿章：《与英国威使晤谈节略》，光绪元年七月二十三日，《李鸿章全集》，第31册，第292—293页。

74 李鸿章：《论滇案不宜决裂》，光绪元年七月二十四日，《李鸿章全集》，第31册，第293—294页。

75 王铁崖编：《中外旧约章汇编》，第1册，第96—97页。

76 李鸿章：《偕丁抚院与威公使晤谈节略》，光绪元年七月二十九日，《李鸿章全集》，第31册，第296页。

77 何伟亚：《英国的课业：19世纪中国的帝国主义教程》，第154—169页。

78 《总署奏请派员出使美日秘国保护华工折》，光绪元年十一月十四日，《清季外交史料》，第1册，卷4，第77页。

79 李鸿章：《偕与丁抚院同威公使晤谈节略》，光绪元年七月三十日，《李鸿章全集》，第31册，第297—298页。

80 李鸿章：《会商滇案折》，光绪元年八月初六日，《李鸿章全集》，第6册，第369页。

81 《总署奏驻京使臣与部院大臣往来礼节未便置之不议片》，光绪元年九月初一日，《清季外交史料》，第1册，卷3，第62页。

82 《总署奏陈中外交际往来情形请旨明白宣示折》，光绪元年八月二十九日，《清季外交史料》，第1册，卷3，第66页。

83 《总署奏各国驻京使臣新年拟与各部院大臣互相道贺片》，光绪元年十二月初十日，《清季外交史料》，第 1 册，卷 4，第 82 页。

84 布鲁纳、费正清、司马富编：《赫德日记——赫德与中国早期现代化》，第 421 页。

85 丁韪良：《花甲忆记》，第 293 页。

86 《翁同龢日记》，光绪二年正月初十日，第 3 册，第 1217—1218 页。

87 李鸿章：《偕丁中丞与英国梅正使晤谈节略》，光绪元年八月初七日，《李鸿章全集》，第 31 册，第 305—306 页。

88 李鸿章：《偕丁中丞与威公使晤谈节略》，光绪元年八月初九日，《李鸿章全集》，第 31 册，第 309—310 页。

89 李鸿章：《复丁雨生中丞》，光绪元年十一月初一日，《李鸿章全集》，第 31 册，第 326 页。

90 《总署奏请饬李鸿章在津与威妥玛商办滇案片》，光绪元年七月二十八日，《清季外交史料》，第 1 册，卷 3，第 56 页。

91 李鸿章：《致总署 议酌允威使各节》，光绪元年八月初一日，《李鸿章全集》，第 31 册，第 300 页。

92 《川督丁瀚章侍郎薛焕奏陈英员马嘉理被戕情形折》，光绪二年五月初三日到，《清季外交史料》，第 1 册，卷 6，第 107 页。

93 马士：《中华帝国对外关系史》，第 2 卷，第 327 页。

94 参见《总署奏英使对于办理马嘉理案均不同意折》，光绪二年五月二十七日，《清季外交史料》，第 1 册，卷 6，第 110 页。王绳祖：《中英关系史论丛》，第 135—136 页。

95 赫德：《致金登干》，1876 年 6 月 27 日，《中国海关密档》，第 1 册，第 415 页。

96 李鸿章：《致总署 复议赫德条议并请速遣使》，光绪二年闰五月二十日，《李鸿章全集》，第 31 册，第 435 页。

97 《译六月初二日赫总税司致津关马税司信》，光绪二年六月初六日到，《李鸿章全集》，第 31 册，第 446 页。

98 《光绪二年六月初八日上谕》，《光绪宣统两朝上谕档》，第 2 册，第 224 页。

99 《钞录本月十一日天津四路告白》，《李鸿章全集》，第 31 册，第 450 页。

100 李鸿章：《致总署 述津人攀留》，光绪二年六月十五日，《李鸿章全集》，第 31 册，第 450 页。

101 马士：《中华帝国对外关系史》，第 2 册，第 329 页。

102 《李伯相到烟台情形》，《申报》，1876 年 8 月 25 日。

103 马士：《中华帝国对外关系史》，第 2 册，第 330 页。

104 《与威使叙谈节略》《邀请各国公使宴会仪节》《宴会酬应说话》，光绪二年七月十二日，《李鸿章全集》，第 31 册，第 461—462 页。

105 李鸿章：《致总署 述烟台二次三次会议》，光绪二年七月十三日，《李鸿章全集》，第 31 册，第 462—463 页。

106 《烟台条约》，《中外旧约章汇编》，第 1 册，第 346—350 页。

107 李鸿章：《请出示保护远人折》《请饬官吏讲求条约片》《请宽宥李珍国等片》，光绪二年七月二十七日，《李鸿章全集》，第 7 册，第 155—157 页。《致总署 述烟台第四次会议并论外交》，光绪二年七月十四日，《李鸿章全集》，第 31 册，第 466 页。

108 《李伯相回津》,《申报》,1876 年 9 月 25 日。
109 参见李鸿章:《复云贵刘制军》,光绪二年八月十二日;《致潘鼎新》,光绪二年八月十四日;《复丁稚璜宫保》,光绪二年八月二十六日;《复沈幼丹制军》,光绪二年八月二十七日,《李鸿章全集》,第 31 册,第 483—485 页、第 489—490 页。
110 郭嵩焘:《奏参岑毓英不谙事理酿成戕杀英官重案折》,《郭嵩焘奏稿》,第 348 页。
111 《郭嵩焘日记》,咸丰十一年七月十二日,第 1 卷,第 469 页。
112 《郭嵩焘日记》,光绪二年二月初九日,第 3 卷,第 14—15 页。
113 《郭嵩焘日记》,光绪二年九月十五日,第 3 卷,第 60—61 页。
114 刘锡鸿:《英轺私记》;张德彝:《随使英俄记》,第 79、318 页。
115 《工部局董事会会议录》,第 7 册,第 611 页。

天上的彗星和人间的政治
光绪七、八年清廷朝野对异常天象的反应

1881年出现的彗星

光绪七年（1881）五月，军机大臣左宗棠奉旨察阅北京周边地区水利状况。他出京去涿州，二十三日抵达天津，会见多年未见的老对头、直隶总督李鸿章。两人把盏言欢，似乎从前种种龃龉，都付笑谈挥去。二十五日分手，左宗棠乘舟沿大清河西去，二十七日抵赵北口。二十八日（1881年6月24日）清晨，在换轿返回涿州的路上，忽然看到一颗明亮的彗星自北指南，划破宁静的天际。

我们今天知道，彗星是星际间物质，是进入太阳系内亮度和形状会随日距变化而变化的绕日运动天体。当彗星离太阳较远时，只有一个暗而冷的彗核，当它接近太阳的时候，才在太阳引力的作用下，由头部喷出物质，形成彗尾。英文 Comet，是由希腊文演变而来的，意思是"尾巴"或"毛发"，也有"长发星"的含义。而中文的"彗"字，则代表"扫帚"。由于古人对彗星缺乏科学理解，作为一种异常天象，彗星往往被暗示着兵灾、饥荒，或者重要人物死亡、国家动乱，也预示上天对人间帝王施政行为的警示。正因这种神秘力量，每当一些持续时间较长的彗星出现后，必然引起统治阶层的高度关注和敬畏。左宗棠后来把这个观察写信告诉李鸿章,并说:"占者言人人殊。特诏修省,以儆天戒,想荧惑退舍,亦不远矣。"[1]

住在北京的人们,观察到这颗彗星是在次日。张之洞说:"二十九日夜间,彗星见于参、井之分。"[2](参、井为二十八宿中的星名)六月初一日,翁同龢在日记中写道:"破晓醇邸书来,云彗星见于西,其光可骇,盖家人辈亦于是夕亥初见之矣。"显然,醇亲王奕譞也将彗星的出现视作大事,漏夜写信与翁师傅沟通情况。初二日,翁同龢继续记录:"亥初彗星见于西北,其光白,长丈余,乍明乍晦,因有云气也。北斗直北,约在井宿分,恨窥天不识耳,闷甚愁甚。"他向光绪帝反复陈说"星变可畏,上意悚然"。[3]

彗星拖着长长的尾巴每天都在天穹出现,引起国家上层广泛的不安和焦虑。初四日,翁同龢发现,慈禧太后"因星变兢惕,串凉热,痰中血沫,筋骨软,健忘更甚"。[4]初七日,翁同龢在李鸿藻家,听到来自天津的访客刘文锦讲,彗星已入紫微,光指北极,不由"中怀如捣"。他还记载贝勒奕劻说,街上路人聚观天象,流传着各种谣言,"闻之心悸"。[5]

李鸿章的幕僚薛福成也观察到彗星。他在十一日日记中写道:

五月廿八、九夜,彗星见于北方,光芒约长二丈内外,在紫微垣西北内阶、八谷之间,其余芒似已射入垣内。厥后连夕阴云遮蔽,至初七日夜,则见彗星已移入垣内,长不过三四尺,与右垣上卫一星相近,其芒尾所指约在勾陈、天枢之间。若以甘、石家言占之,或宫门内有变,或近臣有灾,或后宫有忧,三者或有其一,应在一半年内。[6]

六月初九日,清廷发布上谕:

数日以来,彗星见于北方,仰维上天示警,祇惧实深。

方今时事多艰，民生未遂，我君臣惟有交相儆惕，修德省愆，以冀感召祥和，乂安黎庶。尔在廷诸臣，其各勉勤职守，力除因循积习，竭诚匡弼，共济艰难。各省封疆大吏，务当实事求是，认真整顿，访察闾阎疾苦，尽心抚绥，庶几日臻上理，用副朝廷恐惧修省，应天以实，不以文至意。[7]

彗星引发的官场斗争

初十日，刚刚越级提升内阁学士的张之洞上奏《请修政弭灾折》，指出自古以来遇到灾变警示，不外乎修德修政。他认为今日修政之要，包括用人、言路、武备、禁卫数端。关于用人，建议"内而部院卿寺各堂官，外而督抚将军诸大臣，其有蠹国害民、旷官废事、昏庸鄙劣、物论不孚者，择尤请旨，立予罢黜数人，以儆其余"。小人革去，长官换贤，才"可以讲求自强之略，储材之道，察吏之方，理财治军之策"。关于言路，他说四月初二日曾有上谕，命诸臣对用人行政各方面剀切指陈，不可稍有避忌。然数月来言者寥寥，台谏失责，各种信息无法上达，应当申谕有言责诸臣，对于臣僚贤否、时政遗阙，直言无隐。"言而当者奖之，不当者容之，则谠言日至矣。"[8]

全国正处在热丧之中。此前不久，三月初十日，慈安太后突然崩逝，灵柩停在景山观德殿，各种丧礼都还在如仪进行，彗星成了敏感话题。聪明的张之洞，在奏折后面夹进一个《星变修省勿过忧虑片》，他安慰慈禧："星辰变异，正由上天仁爱人君，因事垂象，俾得早为之备。"又说这次彗星，较之前数次所见大有不如。光淡气薄，亦无芒歧，所出所经部位，亦非要地。且逐日递减，未犯垣中。他引用《春秋传》中典故，齐国出现了彗星，晏

外国人观察到的1881年大彗星情形，观测于6月25日至26日凌晨1点30分

子说：君无违德，何忧于彗？又说彗星是用来扫除污秽、澄汰不职的。涤荡积弊，就是除秽；登进贤良、奋发振作，就是布新，不加儆惕豫防则为祸，增修政事、益臻治安，则转可为福，实非不解之灾。太后闻星变之后，过于忧焦，寝食不怡，必须保重身体，早臻康复。近年中俄因收回伊犁交涉棘手，沙皇却自薨了（其实是俄国民意党人3月1日将亚历山大二世暗杀），"中华安如磐石，是天之眷顾中国，福祚我朝，信而又征"。[9]

六月十一日，右庶子陈宝琛奏《星变陈言折》，指出今月以来，彗星夜见，经旬不减，致烦圣虑。彗星之警，断断不在君上，而在臣下。建议选择职任最重而衰庸不职者斥退一二，以答上天谴告之心，振作臣下奋勇之气。陈宝琛选了四人供朝廷选择：一是大学士军机大臣宝鋆，称其近来年齿渐衰，暮气太甚，诸事不理，在危疑扰攘关头屡次请假，望朝廷念其前劳，许其休息，以礼赐告，曲全老臣。二是左副都御史（相当于监察部副部长）程祖诰，性既昏庸，人亦猥琐。称其见一尚书、侍郎，卑躬屈体，有同属吏。志节风骨，均不足以表率谏台同僚。请即行退休致仕。三是吏部尚书万青藜，曾三次被参劾，依旧腼然居六部之首，最为舆论不平。兼管京尹（北京市长）二十年，北京吏治日益败坏，皆啧啧人口。整顿部务，必自吏部始，甄别部臣，必自万青藜始。四是两江总督刘坤一，谓其嗜好（吸食鸦片）过深，广蓄姬妾，日中始起，稀见宾客，公事一听藩司梁肇煌所为，又纵容家丁收受门包。昏惰颓靡，不可收拾。前在两广总督任上，海防漫无布置。所筑炮台，一经霪雨，尽行坍塌。其用人姑息，任事苟且，必致贻误封疆。请寄谕彭玉麟，请其将上述各节详查条复，是非一明，去留可决。[10]

这道奏折为朝廷提供了"扫除污秽"的具体方案。最高层踌躇两日，十三日颁布上谕："陈宝琛奏星变陈言请斥退大员一折，所奏甚为剀切，然亦不无过当之处。大学士宝鋆在军机大臣上行走，宣力有年，襄办诸事尚无过失。陈宝琛谓其畏难巧卸、瞻徇情面，亦不能确有所指。……该大学士受恩深重，精力尚健，自当恪矢公忠，勉图报称，不得稍涉懈怠。""吏部尚书万青藜，办理部务有年，尚无贻误，惟屡经被人指摘，众望未孚，着开去翰林院掌院学士。都察院左副都御史程祖诰，才具平庸，着以原品休致。"又谕彭玉麟按照刘坤一被参各节，据实查明具奏。[11]这个决定，保全了宝鋆，免去万青藜的一个兼职，而程祖诰则躺枪，成为彗星出现后的第一个牺牲品。

这几天，主掌天象观测的钦天监也有数奏，先说彗星现，主女主出政令。十三日奏，彗星出紫微形垣的六甲，主水主刀兵。

也有人趁机弹劾左宗棠袒护道员,有人奏两江总督刘坤一不能胜任,如此等等。[12]讲到用人问题,其实不外乎除旧布新。光绪初年主持大清日常政务的军机大臣,除恭亲王奕䜣之外,另有满人文祥、宝鋆和汉人沈桂芬、李鸿藻,沈、李分别以籍贯而被视作南北两大官僚派系的领袖。光绪二年(1876),文祥去世,增补景廉入枢,而宝鋆与沈桂芬走得较近。光绪三年,李鸿藻丁忧,沈桂芬援引同是南人的王文韶进入军机处,南派势力大盛。光绪五年,李鸿藻服阕后重新入枢,运用新近崛起的"清流"力量与南派抗衡。光绪六年除夕(1881年2月17日)沈桂芬因病逝世后,军机处里李鸿藻的话语权大增。在当年,他被认为是理学家,但敢于引用"清流"打击政敌,也敢于拔擢"清流"做自己的班底,开一时风气。因为"清流"是以清正敢言、批评贪腐庸碌、主张对外强硬的形象出现在世人面前的,而彗星带来的"天意示儆"就成为了一个好理由。七月十一日,陈宝琛补授翰林院侍讲。八月十七日,吴大澂补授太仆寺卿。八月二十八日,张佩纶补授翰林院侍讲。到了年底,还任命张之洞为山西巡抚,这些都是李鸿藻启用新人的安排。张之洞二十六岁考中探花,其后宦途并不顺畅。当了十八年中下职位京官。但他受到李鸿藻信任,本年二月,授翰林院侍讲(从四品),六月一日,超擢内阁学士兼礼部侍郎衔(从二品),不到半年竟外放疆圻,使得官场人士大跌眼镜。李鸿章私下对前福建巡抚丁日昌说:"近日建言升官,大半高阳(李鸿藻)所汲引,亦可明其去取大端矣。"[13]两江总督刘坤一对陕甘总督谭钟麟抱怨:"当今所谓清流,均系读书明理、知古今治乱者,何复如此标榜,如此排挤,以蹈前代覆辙?"[14]而张佩纶也向吴大澂坦承:"高阳秉政,颇采清议以为治,孝达(张之洞)超迁阁学,阁下就拜奉车,北极库仓,南至台湾,将吏亦颇得人。"[15]

到七月上旬,这颗彗星渐行渐远。

1882年彗星与李鸿章"夺情"复出

转眼一年过去,光绪八年八月十三日(1882年9月24日),彗星再次出现在北京上空。那天五更时分,僧格林沁的儿子科尔沁亲王伯彦讷谟祜亲眼看到,有长星现于东南。次日拂晓,彗星再次划过东偏南的空域,"芒长一二丈,熊熊可畏"。[16]二十日早上,翁同龢注意到彗星在东南,"行甚速也,其光如长刀,头微弯"。[17]二十一日,张佩纶致函李鸿章说"妖星又见"。[18]李鸿章复函也提到"妖星光芒甚炽,未知何祥,深为焦虑"。[19]二十七日,派充江西乡试正考官转任江西学政的陈宝琛致函张佩纶询问:"彗孛飞流,光甚前岁。观台占测,当有所闻。比来朝局何似,长春(慈禧太后)起居如何?"[20]九月十五日,张佩纶又对李鸿章说:"十日来,妖星行次渐进,十一日并有流火,彗孛飞流,层见叠出,恐非平静气象。"他还说:"恭邸疾,已服补剂,若仍无起色,殊可岌岌。"[21]二十九日,他再次对友人黄国瑾说:"恭邸病危,恐应星相,朝局不堪设想矣,闷甚。"[22]

八月二十四日,清廷再次为彗星出现颁布上谕:

> 上年彗星见于西北,降旨令内外臣工,各勤职守。本月中旬,彗星复见于东南,此必用人行政,时多阙失;间阎疾苦,未尽上闻,以致昊苍屡次示警。深宫循省,兢惕难安。……尔在廷诸臣,各宜共效公忠,力戒因循积习。各直省督抚,均有察吏安民之责,务当实事求是、力图振作,属员中有不职者随时参办,毋得稍事姑容。并就各地方情形,悉心访察,认真筹度,以期利无不兴,弊无不除。朝廷考察督抚,惟视该省吏治

民生以为殿最。其各力挽颓风,毋稍玩忽。庶几官方整肃,百姓乂安,迓天和而消沴厉,用副遇灾修省至意。[23]

这个时期,清政府主要关注两大问题:对外是朝鲜"壬午兵变"和由此带来的对日外交,对内是云南报销案和由此引发的将王文韶革出军机处的角逐。

这年三月初二日,李鸿章母亲故世,李鸿章丁忧回籍奔丧。六月初九日(7月23日),朝鲜汉城的士兵因为一年多未领到军饷,以及对由日本人训练新式军队的反感,聚众哗变,大量市民也加入起义队伍。他们攻入王宫,杀死亲日大臣和日本人,推戴国王本生父兴宣大院君李昰应上台执政,隐操朝政的闵妃在暴动

1882年10月17日大彗星掠过巴黎上空的情形

时化装成宫女逃走。起事者还焚毁日本公使馆，日使搭英舰撤离，回国率军舰返韩问罪，形势骤然紧张，史称"壬午兵变"。"清流"中与李鸿章关系密切的张佩纶便借机为李策划"夺情"复出，以图拉拢掌握兵权的洋务大佬对付日本。他给李鸿藻写信说："合肥（李鸿章）如此可出矣。"[24]清廷命署理直隶总督张树声派兵迅赴朝鲜，并着李鸿章立即驰返。张树声派将领吴长庆、丁汝昌率水陆两军平定事变，出发前他们与朝鲜派在天津的使节金允植商量情况，金判断兵变可能是大院君李昰应策动，故吴、丁到朝后就设法将李昰应扣留，解送中国，安置于保定，以消除"麻烦制造者"。七月二十三日，李鸿章回到天津，重归政治舞台的聚光灯下。

"清流"谋划对日作战

当时朝鲜刚刚对外打开锁闭的国门。国王李熙，有点类似光绪帝载湉，由旁支入承王位，先是其生父大院君李昰应摄政，李昰应其实是亲华守旧而不谙世界格局变化的，被称作"事大党"。李熙亲政后，闵妃鼓励他采取开化政策并引入日本势力。闵妃及其外戚闵氏家族对朝政有很大操控权，与大院君形成对立。这个闵妃，后来在韩剧中称作"明成皇后"，但在清朝，藩属国君主的正妻只能称"妃"，没有"皇后"的称谓。

在处理"壬午兵变"时，朝鲜大臣与日本公使花房义质签订《济物浦条约》，允许赔款五十万日元，并派使谢罪。张佩纶对此不满，他要求李鸿章与日本交涉，修改条约，否则将发起军事行动。同时，另一位"清流"健将邓承修上《朝鲜乱党已平请乘机完结琉球案折》，建议派大臣驻扎烟台，厚集战舰，责日本光绪五年（1879）擅灭琉球之罪。张佩纶自己上《请密定东征之策折》，请南北洋大臣简练水师，广造战船，治精兵，蓄斗舰，分军巡海，绝关绝市，召使回国，责问琉球之案，驳正朝鲜之约，使日本增防耗帑，再大举乘之，一战定之。又上《条陈朝鲜善后六事折》，称"星象主兵，请修德讲武，以应天文而靖藩服"。他说：

> 近者彗星柄在张度，芒指西南，九月甲午，流星陨于东北……臣以理测之，彗端甚其锐，兵象也。流星如火，亦破军象也。随彗星所指而击之者胜，视流星所向而攻之者亦胜。吾之西南，则今越南也。吾之东北，则今日本也，东之西即西之东，吾之东北，日本之西南，则今朝鲜也。越南既有亡征，朝鲜亦萌乱象，二国之存亡治乱，系中外之强弱安危，是以上天重之，垂象以儆我。[25]

李鸿章高度重视并花费了很大心机，来经营同张佩纶—李鸿藻的这条秘密政治渠道。不过在对日作战问题上，他不理会张佩纶的招呼，上奏称中国海军实力难以作战。张佩纶随即去信，说你是以金革（打仗）为名复出的，现在若无金革之事，难道要把这个说法翻掉吗？

张佩纶还告诉李鸿章，其丁忧期间，文华殿大学士的位置还保留着。协办大学士李鸿藻没有依缺递补，是李鸿藻"让贤逊位"，也是朝廷"笃旧褒功"，这是一份人情。李鸿藻大让无名，诸事从中调护，亦欲结平勃之欢以利国家。你若以大故之后，凡事颓唐，西洋主和，东洋亦不主战，则人人能之。"一二知己于公善则扬之，过则隐之，恐天下之人爱公，远不尽如吾辈二三人耳"。[26]

张佩纶前后连写五封密信，强调"朝鲜屡王奡国，恐有乱萌。来教以为过计，然天文家言，均以星指西南，日本实得高句骊之柄。鄙人不免杞忧，辄陈六事，聊谢缄默之咎。"[27] 但李鸿章不为所动，上奏称："日本步趋西法，虽仅得形似，而所有船炮，略足与我相敌。若必跨海数千里与角胜负，制其死命，臣未敢谓确有把握。"[28] 张佩纶对此竟也无可奈何，军事行动无法推进。

彗星与"云南报销案"

与此同时，另一条战线也在悄悄准备。

先是在七月二十三日，"清流"干将、山西道监察御史陈启泰弹劾军机章京、太常寺卿周瑞清包揽云南报销财政支出，指控该省派出粮道崔尊彝、永昌知府潘英章到京活动，并汇兑银票、贿赂关税。朝廷派尚书麟书、潘祖荫查案。八月二十四日，江西道御史洪良品又奏，称云南派人到京报销，户部官员索贿十三万两银子，因新任尚书阎敬铭马上就要到任，旋将贿额减至八万两，户部尚书景廉、侍郎王文韶均受贿巨万，余皆按股朋分。这样就将矛头指向中枢。王文韶是沈桂芬在浙江主持乡试时录取的门生，在湖南巡抚任上被沈调入北京，担任军机大臣，他的本职是户部左侍郎。年初，户部汉尚书董恂被"清流"弹劾去职，由他署理，因此要对户部报销案承担责任。洪良品指出：景廉久历军务，王文韶历任封圻，皆深知此种情弊。天变之兴，皆由人事之应。未有政事不阙于下而灾告屡见于上者也。现在彗星复出东方，形如匹练，尾长数丈，直扫西南。日将出时，其光莹莹，几与争曜。臣虽不谙占验之术，然博观载籍，皆云政失于此，而后变见于彼。还说景、王皆枢垣重臣，以此二人管利权而舞弊如此，遂使天象警示不止，不是他们又是谁的过错呢？朝廷以此事关乎重臣名节，加派惇亲王奕誴和翁同龢确查。并专门颁布上谕，要求在廷诸臣和地方大员,以彗星再出为警惕。但户部报销案所涉关键人物潘英章、崔尊彝未曾到案,调查进展缓慢。

九月初一日,给事中邓承修上奏,谓景廉素称谨伤,王文韶赋性贪邪。现在王文韶枢柄未解,麟书、潘祖荫难以办案。请将其先行罢斥。奏上,无结果。十月十五日至二十七日,张佩纶连上三折一片,请求罢斥王文韶。张佩纶与王文韶是姻亲(张和王文韶儿子王庆祯是连襟,他们分别娶了前大理寺卿朱学勤的两个女儿),私下交往也很频繁,但他认为:"报销案起,洪、邓两作,一蟄一空,弹劾贵近岂能如此容易?调停了事,已费无限斡旋。……鄙人寂无一言,后世必有遗议,自处亦甚难也。"他还对李鸿藻说:"从来为小人者未有无才者,此公岂真有为国之心、为公之意哉?"[29] 经张佩纶强烈弹劾和王文韶本人多次陈情辞职,虽未查证到受贿证据(次年结案,亦排除景、王受贿的指控),太后仍批准王文韶开缺,回籍陪伴老母颐养天年。

从现有史料看,弹劾王文韶并非李鸿藻直接指使,但通过这场斗争,李鸿藻在军机处的对手被清除了。其后,在云南报销案引发的人事处分中,巡抚杜瑞联被免职,而张佩纶大力推荐,刚从四川建昌道擢升为云南布政使仅仅一年的唐炯,被任命为云南巡抚。这个唐炯,是张之洞的大舅哥。"清流"在引荐自己人的时候从不手软,只是后来,唐在越南对法作战中大败而被革职,张佩纶也被追究"滥保匪人"的责任。

同文馆总教习、美国传教士丁韪良在回忆录中提到,某天,王文韶前来拜访,请求解释他上朝时偶见一颗彗星陨落的凶兆,他因大祸临头而忧虑不安。丁韪良百般宽慰,也不能使他开怀,果然三天之后,他因涉嫌谋财欺诈而被告发,这更使他确信彗星预示了他的倒台。[30]

"彗星已入紫微,光指北极"

在西方天文学传入之前,中国人很早就对彗星进行过观测和记录。《春秋》记载:鲁文公十四年(公元前613年)"秋七月,有星孛入于北斗"。[31]《左传》进一步解释:"有星孛入于北斗,周内史叔服曰:不出七年,宋、齐、晋之君皆将死乱。"[32]前者是世界公认的关于哈雷彗星的首次记录,后者则带有强烈的天人感应的天命观。我们回到本文开头,翁同龢在李鸿藻家听人说道"彗星已入紫微,光指北极",这同古人所说"有星孛入于北斗"的天象是一样的,恐怕这正是引起恐惧的重要原因。

中国古代为认识星辰和观测天象,把若干颗恒星组合起来,一组称作一个星官。众星官之上,再划分中宫和二十八宿。中宫是北极附近的星空,又分为三垣(紫微垣、太微垣、天市垣),其中紫微垣居于北天中央位置,是天帝居住的地方,类似地上皇帝居住的紫禁城。除了天帝之外,皇后、太子、宫女也都在此居住。从星图上可见,紫微星垣由紫微左垣和紫微右垣的十五颗星拱卫着,星垣里面,包括北极、勾陈、四辅、六甲、大理等星官。以北极五星最为尊贵。北极一星为太子,二星为天皇大帝,三星为庶子,四星为后宫,五星为天枢。勾陈为后宫,即大帝正妃,又主天子六军。四辅,是环抱北极的四星,是天帝之四邻。六甲,可分阴阳而配节候,故在天帝旁布政教、授农时。大理,在宫门内,主刑狱。这些名字,都是人间皇室和官府在天上的投射。按照古代星相学的观点,彗星出现在这样的核心区域,或预示将有重大动乱变故出现。

所以翁同龢日记中提及彗星时,往往还伴随对其他天象的记录。比如他在光绪七年六月十三日写道:"钦天监连衔封奏。……闻司天言星出六甲紫微垣内,主水主刀兵,前奏谓主女主出政令。"

十四日记，都察院左都御史童华来谈，"云同治年间两次彗入紫垣，不过大臣伏法（何桂清、胜保）。又云留则不可，穿则可"。十七日记："彗星初二在八谷东，尾指上丞、少卫二星间，行黄道实沉、鸦首、二宫间。初三，其尾指勾陈大星。十二，子正坐六甲，光过四辅，尾指勾陈二三星之间，光芒比前较减。十三，仍坐六甲，尾正指勾陈第三星，长阔较初旬减三分之一。"[33]等等。

更有趣的是，翁同龢在日记中亲手绘制了两幅插图。2016年11月7日，上海图书馆举办《琼林济美——上海图书馆翁氏藏书

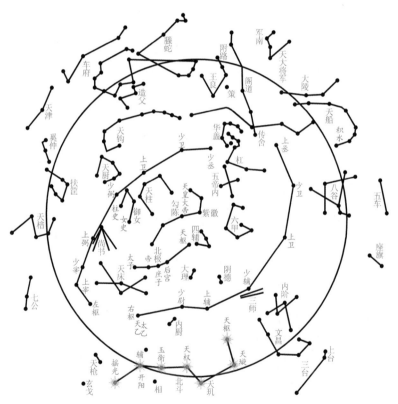

中国传统的紫微星垣

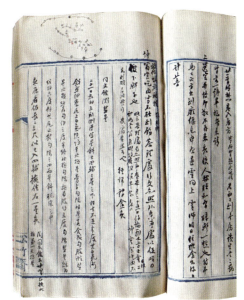

《翁同龢日记》近年由翁同龢旅居美国的后人翁万戈先生捐赠上海图书馆

手稿中的星图，亲手抚之更可感受当年气息

注意此时正处慈安太后丧期，故日记本页面丝栏从通常的红色改成蓝色

翁同龢手绘彗星进入紫微星垣中四辅星宫的情形

图中黑色部分及红色彗星为原稿上标识，蓝字和绿字为笔者所加，以便读者阅读

翁同龢手绘彗星离开北极星宫的情形，红圈、蓝字和绿字为笔者所加

与文物精品展》，在翁氏后人翁以钧先生的帮助下，我得以调阅《翁同龢日记》手稿，发现翁还用朱笔画出穿越四辅的彗星位置，并认真地记录了彗星的移动轨迹：

> 同文馆测彗星：二十一日亥初三刻，测得彗星斜出四辅二星之下，相去不足半度，其白气渐敛，然细察尾上白气隐约至北极星旁，与勾陈明星若合成勾股形，彗星北极距为勾约三度半强，北极勾陈距为股约五度，勾陈彗星距为弦约六度余，其尾正对勾陈三、四两星斜弧线之中。
>
> 是夜看仍长二三尺，似已入四辅，掩住左一星矣。闻同文馆云廿四日正掩北极第一天枢星。[34]

这段佶屈聱牙的文字是说，同文馆观测到红圈箭头所示意的彗星已闯过四辅二、三星之间，即将掩向四辅一星，并于六月二十四日掩住天枢星。我不懂星相学，但从星图来看，这是一个惊险的局面，似乎天上有闯宫者，已经突破层层保卫，在天帝居住的核心区域晃悠，无怪乎地上的人们要忧心忡忡。

七月初六日，翁同龢又记录："测彗星距北极十度二十七分三十八秒，距大理八度五十六分。近因彗星距北极日远一日，故昨夜以远镜窥，其光尾甚为暗淡，其长约二度有奇，又测得现在彗星距地一万三千二百万里，距日二万二千二百万里，距日愈远则光尾愈暗，故后二三日彗星当不见也。"[35] 从第二幅插图看，彗星似受到顽强阻击，已经离开北极星宫，且渐行渐远。

西方天文学的彗星观察

古代西方的宇宙观，是古希腊哲学家亚里士多德建立起来的。其基本观点是"水晶球"体系，即以地球为中心的诸天体（包括月球、太阳、五大行星和众恒星）附着在各自所属的球层上，被携带着运转；这些球层由不生不灭、完全透明、坚不可入的物质构成；整个宇宙是有限而封闭的。月球轨道以上部分，是万古不变的神圣世界，只有"月下世界"，才是会腐朽的尘世。按这种理论，彗星、流星、新星爆发等天象，都只能是大气层中的现象。

在亚里士多德看来，彗星的元素是火，是大气中的燃烧现象。全体火元素，和大多数在它下面的气元素，都被旋转的天体带动着。同时，西方人也把各种灾害和不祥的事件与彗星相联系。古罗马人记载，恺撒遭暗杀当天，彗星活动频繁。在英国，黑死病的爆发与哈雷彗星的到来有关。

丹麦天文学家第谷（Tycho Brahe）研究 1577 年大彗星时发现，它比月球遥远得多。彗星在行星际空间运行，毫不费力地穿越那些先前被认为"完全透明、坚不可入"的天球。这使第谷明白，原来"水晶球"并不存在。

之后，天文学家和业余天文爱好者们不断地探索彗星的种种特性，笼罩在彗星身上的神秘面纱终于被揭开。开普勒（Johannes Kepler）1609 年指出彗星是一个天体，否定了以前关于彗星是空气散发的观点。人们陆陆续续观测发现了 1600 余颗大大小小的彗星,而这仅仅是庞大的彗星家族中的沧海一粟。随着牛顿发现万有引力,后来发现彗星循椭圆形轨道运行,牛顿的好友哈雷通过计算,成功预测了 1758 年哈雷彗星的回归。

在西方天文学看来,光绪七到八年出现的彗星其实是两颗。前者称作"1881 年大彗星"(编号 C/1881 K1),1881 年 6 月 1 日,天文学家特巴特(Tebbutt)首次观测到它的彗尾。11 日,在南半球首见彗星。22 日,在北半球观测到彗星。朱尔斯·詹森(Jules Janssen)使用干版底片,第一次拍下彗星的照片。后者称作"1882 年大彗星"(编号 C/1882 R1),1882 年 9 月 1 日清晨,南半球的好望角与几内亚湾有多人独立观测到它。第一位发现 1882 年大彗星的天文学家是开普敦皇家天文台的芬利(William Henry Finlay),他在 9 月 7 日格林尼治标准时间 16 时观测到,并测得彗星的视星等为 3 等,有 1 度长的彗尾。这些观测,都比中国人看到的更早些。1882 年大彗星 9 月 17 日通过近日点,距离太阳表面仅 30 万公里。德国天文学家克鲁兹(Heinrich Kreutz)研究后提出,这颗彗星是一颗更大彗星的一部分,它在先前通过近日点时分裂了。目前天文学界认可 1882 年大彗星是 1106 年大彗星(在宋徽宗崇宁五年出现过)的碎片,它和其他一些彗星都是克鲁兹族彗星的一部分。公转周期是 772±3 年。由于彗星本身的光芒较弱,只有运行到离太阳很近的地方才有可能被观测到。而恒星距离太阳系都十分遥远,远到以光年计算。进入近日点的彗星在恒星间的穿越其实只是视觉上的重合,在实质上没有任何关系。更何况各种星宫本来就是人类对遥远天体编造出来的童话,并且中国和西方对于星宫星座的组合与命名还各不相同,彗星会带来地球上的灾难和人事变迁,其实都是无稽之谈。

近代彗星知识 19 世纪中后期较为广泛地传入中国,如美国传

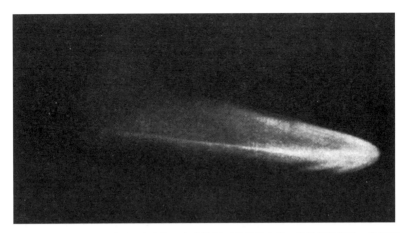

1881年大彗星造访地球时,朱尔斯·詹森拍摄下了世界上第一张彗星的照片,使用干版底片,曝光30分钟

教士哈巴安德(A. P. Happer)所著《天文问答》(1849)、英国传教士合信(B. Hobson)所著《天文略论》(1849)、美国教习赫士(W. M. Hayes)编译的《天文揭要》(1849)、英国人伟烈亚力(A. Wylie)与李善兰合译的《谈天》(1859)等。这些著作,有的简洁明了,通俗易懂,有助于开拓普通民众眼界;有的则是专业性相对较强的天文学家著作,最有代表性的是《谈天》,该书供有一定天文或数理基础的人阅读,激发感兴趣者进一步了解和研究天文知识。此外,光绪七年彗星出现后,六月初六日(1881年7月1日)的《申报》头版发表《彗星论》,指出"彗星绕日旋行,迟速不一。有三年一次者,有五年一次者,有七十五六年一次者,有数百年一次者,亦有仅见一次,而不复再见者。因其轨道有长短,故其来去有迟速也"。对于灾异和天人感应,作者认为"中国历代相沿卒不以为非者,正以天象以为修省之道","彗星本不足异,而人君不可不以此为恐惧修省之道",巧妙地将传播科学知识和中国统治者加强自我修省结合起

1881年7月1日上海《申报》发表的《彗星论》

来。光绪八年彗星出现后,《万国公报》发表了美国传教士潘慎文（A. P. Parker）的连载文章《彗星》,进行科学扫盲。由此可见,这一时期中国人对于彗星的了解,已经进入了两种话语体系。

天象与政治斗争

最后,我自己还有两个问题需要进一步研究。

一是清廷钦天监和总理衙门办的京师同文馆已经掌握一定的西方天文学知识和工具（天文望远镜），其对彗星的表述与传统星相学说是怎样的关系？从现有史料看来，显然还是中学为体，天文仪器的观察是为古老迷信服务的。但同文馆诸多洋教习内部的看法是什么呢？

二是中国官员，尤其"清流"干将，他们在内心深处是否真的相信天人感应这套理论？这点我缺乏完整的资料，但是我读到过张之洞写给张佩纶的一封信：

> 适间露坐，偶一仰观，彗星已掩四辅，犯北极，指勾陈第一第二星之间，光气尚长尺余。鄙人素不信占候，安得天下人尽如鄙人坚持天远人迩之说，力扫术士陋谈乎？台官如晓事，不以此摇惑人心则善矣。[36]

从函中看出，此时星相正是翁同龢画下的场景，而张之洞本人，其实并不相信彗星引起灾变的说法。只是"清流"们仍以此为理由，作为政治斗争的武器，令人感慨不已。

2016 年 11 月

1　左宗棠：《答李少荃伯相》，《左宗棠全集》，第 12 册，第 703 页。
2　张之洞：《请修政弭灾折》，光绪七年六月初十日，《张之洞全集》，第 1 册，第 77 页。
3　《翁同龢日记》，光绪七年六月初二日，第 4 册，第 1619—1620 页。
4　《翁同龢日记》，光绪七年六月初四日，第 4 册，第 1620 页。
5　《翁同龢日记》，光绪七年六月初七日，第 4 册，第 1621 页。
6　《薛福成日记》，光绪七年六月初八日，上册，第 361 页。
7　《清实录》，光绪七年六月己亥上谕，第 53 册，第 886 页。
8　张之洞：《请修政弭灾折》，光绪七年六月初十日，《张之洞全集》，第 1 册，第 77 页。
9　张之洞：《星变修省勿过忧虑片》，光绪七年六月初十日，《张之洞全集》，第 1 册，第 78—79 页。

10	陈宝琛：《星变陈言折》，光绪七年六月十一日，《沧趣楼诗文集》，下册，第798—802页。
11	《清实录》，光绪七年六月癸卯上谕，第53册，第888页。
12	《翁同龢日记》，第4册，第1622页。
13	李鸿章：《复丁雨生中丞》，光绪七年七月二十一日，《李鸿章全集》，第33册，第69页。
14	刘坤一：《复谭文卿》，《刘坤一遗集》，第4册，第1952页。
15	张佩纶：《致吴清卿太仆》，《涧于集·书牍》，卷1，第70页。
16	《翁同龢日记》，光绪八年八月十四日，第4册，第1721页。
17	《翁同龢日记》，光绪八年八月二十日，第4册，第1722页。
18	《张佩纶致李鸿章》，光绪八年八月二十一日，《张佩纶家藏信札》，第2册，第547页。
19	李鸿章：《致张佩纶》，光绪八年八月二十六日，《李鸿章全集》，第33册，第168页。
20	《陈宝琛致张佩纶》，光绪八年八月二十七日，《张佩纶家藏信札》，第15册，第8642页。
21	《张佩纶致李鸿章》，光绪八年九月十五日，《张佩纶家藏信札》，第2册，第559—560页。
22	《张佩纶致黄国瑾》，光绪八年九月二十九日，《张佩纶家藏信札》，第10册，第5403页。
23	《清实录》，光绪八年八月丁丑上谕，第54册，第129页。
24	《张佩纶致张鸿藻》，《张佩纶家藏信札》，第7册，第3760页。
25	张佩纶：《条陈朝鲜善后六事折》，光绪八年九月十六日，《涧于集·奏议》，卷2，第63—66页。
26	《张佩纶致李鸿章》，光绪八年八月十八日，《张佩纶家藏信札》，第2册，第532—537页。
27	《张佩纶致李鸿章》，光绪八年九月二十日，《张佩纶家藏信札》，第2册，第565—566页。
28	李鸿章：《议复张佩纶靖藩服折》，光绪八年八月二十二日，《李鸿章全集》，第10册，第89页。
29	张佩纶：《复陈弢庵学士》《致李兰孙师相》，《涧于集·书牍》，卷2，第16、18页。
30	丁韪良：《花甲忆记》，第212页。
31	见《春秋左传注·文公十四年》经文。
32	见《春秋左传注·文公十四年》传文。
33	《翁同龢日记》，光绪七年六月十三至十七日，第4册，第1622—1623页。
34	《翁同龢日记》，光绪七年六月二十三日，第4册，第1625页。
35	《翁同龢日记》，光绪七年七月初六日，第4册，第1629页。
36	《张南皮集外书札节录》，《花随人圣庵摭忆》，第1册，第514页。

眼看他起朱楼，眼看他楼塌了

光绪九年金融风潮和胡雪岩的破产

大约三十年前，台湾作家高阳（许晏骈）的小说《胡雪岩全传》刚在大陆红火起来。某天我去北京出差，朋友与我聊起这书透露的"商道"。我说，不就是胡雪岩常说的"花花轿子人抬人"吗？不就是"前半夜想想自己，后半夜想想别人"吗？他笑笑说，老弟你看浅了，高阳这书的真谛是"四通"。

"四通"是当时流行的中文电子打字机品牌，这和胡雪岩扯得上关系吗？朋友神情诡秘地伸出四个指头比划道：

"通官、通商、通匪、通夷！"

在此之后，以胡雪岩为主题的各种小说和普及性励志作品不知出版了多少，却未见有人提炼出这样的金句。而细想胡雪岩的勃兴和失败，确实却与这几点息息相关。

胡雪岩的本名叫光墉，雪岩是他的字。他是近代浙江最著名的商人，年轻时任钱庄伙计，传说他用追讨回来的一笔"死账"，资助落魄朋友王有龄赴京投供补缺。后来王有龄发迹，胡雪岩获其提携，承揽官款兴办钱庄。王有龄官至浙江巡抚，率军抵御太平军攻打杭州，胡雪岩从上海运粮米接济。城破，王有龄自缢，左宗棠继任浙抚。左至浙初，听旁人言论，欲对胡加罪。及见面，对其大加赏识，军需之事，一以任之。胡雪岩投靠左宗棠，为其筹措给养和军费，办理赈务和善后。清军克复浙江后，大小军官将所掠钱财存入胡系钱庄。胡以此为资本，从事贸易，在各市镇设立商号，广泛涉及典当、丝、茶、药诸业，利润丰厚，短短几年，家产超过千万。胡雪岩为左宗棠办洋务，无论创建福建船政局、兰州织呢局，还是订购西洋军火，都有他的身影。他还为左宗棠筹集"西征"经费，尤以借外债而出名。他是时势造就、顺势应变、手腕灵活之人，最后官至江西候补道，衔至布政使，阶至头品顶戴，服至黄马褂，被称作"红顶商人"，在晚清被看作异数。

清末的大官僚身边，都有长袖善舞的亲信为其理财，或是提供各种资金帮助，用今天的话说，就是做他们的"皮夹子"。比如李鸿章用盛宣怀，左宗棠用胡雪岩，就连书生张之洞，当了几年山西巡抚，转署两广总督时，也带着平遥"百川通"票号的人手一路南行，到广州后，公私业务都让其代理了。

诡异天象

光绪九年十月初五（1883年11月4日）起，杭州天气奇坏，连绵下雨。老天像水桶漏了底一样，无日无夜连续下了一个月，仅有十六日一天放晴。[1]

而上海却是另一番景象。从十月初一日起，每当夕阳西下，便有红光现于西方，灿烂直至夜间。后来，黎明之前，东方也出现同样景象。[2]甚至在小雨中，红光也展露身影。

《申报》报道说：

> 初七日夜微雨，红光伏于云中，几同不夜之城。行人可勿持灯也。初八日晨不见，日入后满天红黄之色，觉详明而愈显，是红光因阴雨而日长也。……十五日晨，红光如前晚，

其红愈甚，月光不能夺也。十六日寅正，月落参横，红光徐起于东方，鸡不过初鸣而已。而红光煌煌然如炬火高悬，照至半天，月为失色，顿作惨白之光，照地无影。而向东之粉墙白壁，俨若涂朱也。……十一月初三日，日入后太白初见于尾箕而红光稍减。初四平旦，红光群聚于东方，冲至满天，遂西方亦赤色鲜明也。良久，满天坐惨绿淡黄之色，路人咸觉不寒而栗，苍苍者天本为正色，今变为此色，亦属罕睹也。初五日平旦亦如之，论者谓惟此二日之晨，冲到满天，是红光之最盛者。尤可异者，太白昏，见将入地之时，处于西南方，太白亦成红色，是红光高于月而低于太白也。红光可谓猛之至矣。至本月廿三日晨，红光尚未隐，午正视日之南尚有红光隐隐随日不散也。……红光之初见也，每有黑云如大舟之状，如大人之形，或三四或五六，都从西北来。浮荡于红光之中。又或如群猪如群羊奔腾于红光之下，且有如大鲤鱼大蛟龙，其数二三四不等，横亘于红光之内。凡如此形者，皆黑云之所为也。有时红光伏于苍黑云中，向西望之，云中露出之隙，或一二或三四，都成金黄之光，人以为二日并照，又疑四日并出，且有烟雾腾腾之形，并有烟火勃勃之致。凡若此形者，皆红光之所为也。[3]

这种奇葩天象，最早见于福建，后来出现在更多地方。比如住在北京的翁同龢记载，十月十四日"黎明日未出时，东方天赤如火"。二十二日，"黎明仍有红气如火，照窗皆赤"。二十三日，"天明时赤气半天，吁，可怕也。黄昏时，西方亦赤"。这样的状况持续了一个多月，至十一月初七日，"早晚天赤，晚尤重"。十日，"晚赤色极盛如火"。十三日，"早晚赤霞如昨而加甚"。

"天赤如火"的"红光"是个什么鬼？有人猜测是在潮湿的气

象条件下,阳光经过含有大量水滴的云层,蓝、紫系光均被滤去,留下的是波长最长的红色。这是从特殊区域角度分析阳光与水雾的气象关系,是否准确,希望方家教我。试想隆冬的京沪,寒风凛冽,早晨四点来钟,忽然满天大红,那情形何等诡异,这也引起饱读史书的大臣们普遍忧虑。南宋时吴曦叛乱之前,就见"是夜,天赤如血,光烛地如昼"。[4]翁同龢在日记中揣测:"臣以为非吉,但不敢实以占验书耳,《宋史》南渡后屡有此。"总理衙门章京袁昶说:"连日有赤气随日出入,占验家云:赤气随日,军行有忧。"[5]他担心越南前方的军事行动。御史吴峋以日色赤如血,责诸枢臣皆疲老瘦累,请派醇邸赴军机处稽核,别简公忠正大、智略果敢大臣充枢密云云。入对时,恭王及军机大臣等皆谢罪称奉职无状。太后说:当此时刻,汝等不忍辞亦不敢辞吧。[6]这些对话似乎是前奏,五个月后,她就大换班,将全体军机大臣统统解雇了。

外患内忧

国家确实处在外患内忧之中。

外患是中法在越南的军事对峙,局势正在恶化。

19世纪60年代,法国武力侵占越南南部,接着由西贡出发,向越南北部(北圻,西方人称为东京)扩张,企图利用红河作为入侵中国云南的通道。同治十二年十月(1873年11月),法国派安邺(Marie Joseph Francis Garnier)率军侵袭并攻陷河内及其附近各地。越南国王阮福时请求当时驻扎在中越边境保胜(今老街)的中国黑旗军统领刘永福协助抵抗法军。年底,黑旗军在河内城郊大败法军,击毙安邺,法军被迫退回越南南部。次年,越南在法国压迫讹诈下,签订《越法和平同盟条约》(即第二次《西贡条约》),向法国开放红河，并给法国在越南北部通商等多种权益。光绪元年（1875），清政府复照法国，对该条约不予承认。

光绪年间，法国继续向越北扩充势力。清政府在军事上派军队出关援助越南，又训令清军不得主动出击法军。光绪八年三月，法军派李维业（Henri Reviére）率部再占河内。七月十九日，吏部候补主事唐景崧主动请缨，入越促成援助刘永福抗法。九年二月，法国进一步策划将越南南北圻全部纳入法国保护的计划。四月十九日（1883年5月19日），刘永福指挥黑旗军于河内西郊纸桥设伏，毙伤法军二百余人，李维业被打死。此后法军增援，在从德到丹凤一带与黑旗军作战，又与越王签订《顺化条约》。越王改抗法为顺法，下令越军停止抵抗，使黑旗军面临断绝粮饷的困境。清政府也没有给予刘永福实质性的支持。法国军队一直在远征军总司令孤拔将军（Amédée Anatole Prosper Gourbet）的筹划下，准备进攻黑旗军的大本营山西。国内关于前线的消息莫衷一是，上海常常传出法舰将来袭击的传闻，搞得市面上风声鹤唳。十一月十二日（12月11日），山西之战爆发。

内忧则是国内的金融形势陷入巨大的动荡，因岁在癸未年，史称"癸未风潮"。

光绪九年，上海和全国的市面都很紧张。在洋务运动中刚刚起步的股票市场，经历了一轮乐观上升后，开始激烈调整。100两票面额的轮船招商局、开平矿务局股票，上年八月十五日（1882年9月26日）分别达到253两和216.5两，本年九月，跌到90两和70两，[7]使得投资人损失惨重。加上风传战争消息，外商银行决定收紧银根，在香港和上海抽走约200万现款。山西票号亦决定月底收回在上海融出的百余万两银子，以观动静。市面上"银根紧急，为从来所未有"。舆论认为，"百业之盛衰，视钱庄之兴替。盖钱庄以放拆息为生意,而外行店铺藉此转运。钱庄获利则百业之隆盛可知"。一旦收紧银根,市场怎能不颠簸动荡？8

其他生意也很难做,其中尤以蚕丝的出口为最。蚕丝是胡雪岩在和洋人打商战。过去外国商人来华采购生丝,定价权在老外手中。胡雪岩从光绪七年起,大量囤积生丝,迫使洋商出高价购买。到光绪九年春天（1883年5月）,胡雪岩囤积生丝达到15000包,占用大量资金,造成周转困难。而国际市场上,因意大利生丝丰收,外商在对峙中并不退让。迫使胡雪岩于十月三十日将存丝折价卖给怡和洋行和天祥洋行。但价款需陆续收回,一时未悉数到手。

以前传说,胡雪岩在生丝大战中投入二千万两资金,所以商战失败导致其破产。近来有人研究,认为胡囤丝资金不过四五百万两,损失也不过一百五十万两。但生丝商战落败使胡雪岩的信用受到极大影响,引发他的各处钱庄出现挤兑。先是,十月初六日（11月2日）,胡雪岩设在杭州的泰来钱庄因周转不灵倒闭。9 接着,上海泰来钱庄亦倒,司账人员逃避一空。10 十一月初二日（12月1日）,杭州清河坊内之阜康钱庄闭歇,满城皆为惊骇,"贸易场中咸以为不寒而栗"。11 同日,上海阜康雪记钱庄,因有客户提款数十万两,而上海市场银根甚紧,一时无从调补,掌柜竟避往宁波,以致合市皆知不能弥缝,遂亦停歇。12 初五日,北京阜康亦关门倒闭,再次引起普遍恐惧,富室巨商凡在钱庄票号存款者,纷纷前往挤兑,全城钱庄皆处于岌岌乎不可终日之势。阜康为胡雪岩事业之始基,影响特别重大,《申报》的报道中,称作"铜山东崩、洛钟西应之势"。

阜康揽存,既有大笔公款,亦有达官贵人和中小储户。忽然倒闭,冲击巨大。追索存款,也要花大力,动用权力关系。十一月初六日翁同龢在日记中写道:"京都阜康银号,大贾也,昨夜闭门矣。其票存不可胜计,而圆通观粥捐公项六千两亦在内,奈何奈何?"[13]胡雪岩的总部在杭州,此时浙江巡抚为淮军出身的刘秉璋。已故刑部右侍郎常恩,是同治十年辛未科的副考官,也是张佩纶的座师,他家托张找李鸿章想办法。李鸿章回信说:"昨委员赴浙清理阜康津号所欠公项,属代商常宅存款,未卜能为力否?"[14]张佩纶表示:"常宅之款,能在公款外先日清理方妙,不敢请耳。"[15]户部左侍郎孙诒经,有私蓄存于阜康,也托张佩纶转请李鸿章关照,李鸿章回复:"胡光墉拟先清公款,京外私存各项,再徐议折扣归还。然闻江浙各典(当)已尽数查封,备抵各省公款尚有不足。小棠(顺天府尹周家楣)近因所允五典不能尽抵公款,盖亦情见势绌,此外家产似不甚多。承属子授侍郎存项,仲良(刘秉璋)既允设法代进,当不至竟归无着,容与仲帅通问时便为催促可耳。"[16]刘秉璋的儿子刘体智也回忆:"孙子授侍郎,乃文庄(刘秉璋)庚申同年也。有万金在其银肆内。张幼樵学士来书云:'子授得失尚觉坦然,而家人皇遽,虑无以为生计,乞为援手。'亦诺焉。"[17]有人认为,倒胡事件是淮系盛宣怀发起的对胡雪岩的狙击,这种说法,其实没有过硬证据。

私款项中,还涉及恭亲王和协办大学士、刑部尚书、总管内务府大臣文煜的存款。恭王存款的数目不详。文煜被都察院左都御史毕道远查出,在阜康存有三十六万两银子。朝廷要文煜明白回奏,讲出巨额财产来源。文煜解释说是以前当粤海关监督和福州将军时攒下的。粤海关监督是个肥缺,慈禧太后认为"尚无掩饰",但为数较多,着责令捐银十万,纳入官款向阜康追讨,以充公用。[18]此时文煜甚得慈禧宠信,所以未被深究。次年甲申易枢后,他还顶替宝鋆,晋升武英殿大学士。作为抵债资产,文煜得到胡雪岩的药铺胡庆余堂一半的股权。

追款就要强力逼迫。十一月初七日朝廷发布上谕：

> 阜康商号闭歇，该号商经手公款及各处存款甚多，亟应严切究追。着毕道远、周家楣提讯该号伙汪惟贤等，将公私各款逐一清理，并着何璟、刘秉璋密速查明商人胡光墉原籍资财以备抵偿亏短公款。至各省有无寄顿资财，即由顺天府咨行各该督抚，一并查明备抵。[19]

大失败

其实信用丧失，逼迫还钱，恰恰会激化和扩展金融风险。

19世纪80年代，正是中国经济向西方近代体系转型的初期。除了外国的商业银行，尚无中资银行。为实体经济提供金融服务的，只能是票号和钱庄。

所谓票号，是清代以经营汇兑业务为主的信用机构。其最初的功能，是汇兑银票。明清时期流通货币是银两，辅币有铜钱、银元，其共同的缺陷是不易携带。商人到外地进货，携带大量现银，不仅沉重且不安全，需要委托镖局押送。若能把钱存在出发地，拿着一纸凭据到异地再把银两兑换出来就方便得多。经济活动的需求催生出汇兑业务。19世纪50年代，山西人开办的票号在全国二十多个城市设置了分支机构，从而联成业务网络。后来，票号又增加了存款和放款服务，向钱庄融出资金，在经济运行中，承担着类似近代银行的功能。

钱庄最初盛行在江南一带，早期业务主要是银钱兑换。当时的实物白银，由于产地和冶炼手法不同，造成成色不一。又由于市场上流通的银两五花八门。明代中后期起，随着中外贸易量大增，外国银币大量流入中国，"洋元""鹰洋"在市场上广泛流通。为了方便交易，市场需要一种能兑换货币的中介机构，可以统一银两和银元，或者把银两兑换成铜钱、银元，这样钱庄就应运而生，业务也拓展至存贷款以赚取息差。钱庄还与票号合作，为其承兑汇票，后来更推出"钱票"业务，自己签发票据，持票人可以拿来兑付现金。这种钱票流向市场，被其他金融机构用作贷款的抵押物。起初，市场只认知名钱庄签发的钱票；后来随着贸易扩张、投机盛行，市场资金紧缺，一些实力较弱钱庄的钱票也被拿来抵押放款。有人看出这是生财门路，于是钱庄大盛。和票号不同，钱庄多是本地经营，总体规模较小，资本金充足率不足。为了逐利，平时接受外国银行和票号的放款再转贷，还放大杠杆，签发出去的钱票超过自身资本的十几倍、几十倍，一遇风浪，就承受不住。钱庄在金融风浪中扮演着推波助澜的角色，也在风浪中遭受到严重打击。

票号最初是山西商人投资经营，俗称"西帮"。胡雪岩开设的阜康钱庄，研究者从其经营业务和机构设置确认，其实是西帮之外第一家南帮票号。[20] 当年没有央行，财政的银两，存在户部和各省藩库里不会升值，所以会有部分流入票号钱庄。一些地方上缴户部的税收和给各地的协饷，亦托其汇兑。但公帑不能坏账，一有风吹草动，首先收回资金的，必是官方（票号亦然）。金融风潮或危机发生之初，往往是信心和流动性出现了问题，但官方和票号急于抽回银根，钱庄只能倒闭。

危机时刻，信心只能自己艰难地维持。

十一月初二日，杭州的阜康钱庄歇业关张，持票索钱者数以百计。浙江布政使德馨率杭州知府吴世荣亲抵钱庄稳定局面，与庄伙约定明日还需开铺营业，所出各票千洋以下者照票付讫，其余存款暂缓三日。这样才将喧哗的人群劝散。

初五是胡雪岩女儿出嫁的日子,亲家是胡雪岩数十年的老友王六先生。《申报》报道说:

>是日彩舆仪从盛极一时,观者为之倾街塞巷。晚间尤形热闹,前驱则以明角高照数十对,次则灯牌数十对,间以各式玻璃灯,四五堂后则彩亭一座,有花烛亭、送子亭、和合亭等,共计四亭。每一亭则各式玻璃灯四堂,间以高照灯牌等件,望之竟如火树银花,如入灯市。最后则大红统玻璃彩轿一乘,四面俱以彩灯结成,轿前则有家人执事数十名,或提灯,或宫灯,或子孙灯不等。加以清音乐工,长吹细乐,旗锣伞扇,官衔执事。官亭后拥(佣)人等统计有二百余人。闻是日行人之上街者,每名喜包共有三百数十文,计共有五百余名之多,故小夫人等无不欣欣然得意也。[21]

这是冰海沉船前的最后狂欢,可以折射出胡家办事的豪奢排场,也许还向市场传递信心。但喜庆的场面依然挡不住挤兑的人流。在北京,凡富室巨商存有钱店、票庄银钞、钱贴者,纷纷前往取银,东四牌楼最著名的钱庄"四大恒"(恒兴、恒和、恒利、恒源)门前人声鼎沸,街衢为之塞途。[22]上海的钱庄,年初有七十八家,年底仅剩十家了。金融风波也造成市面的萧条,杭州各衣庄、缎庄、皮货庄、扇庄生意清淡如水,各丝行停秤不收。署理杭嘉湖道佘古香,因纲盐局官款和私蓄十五六万皆存于阜康,愁急交攻,竟一病而逝。[23]十二月二日(12月30日),总税务司赫德在致驻伦敦税务司金登干的信中写道:

>中国人大失败!胡光墉(汇丰银行的老朋友)在中国各地的买卖都失败了。两千八百万两!北京这里两周内有四十四家钱庄倒闭。一两银子只能换十一吊钱![24]

若将旧历转化为西历,1883年的年底真是光景惨淡。那杭州所下的霖霖霪雨，那京沪上空的诡异红光，似乎都提前预示着不祥的凶兆。

户部下石

十一月二十七日，都察院左都御史延煦上奏，称"阜康之为害不止一方，所没官款私款不下数百万"。建议先行革除胡雪岩江西候补道一职，解交刑部监禁。勒令其尽快交出所欠公私各款。[25]次日，清廷下令将胡雪岩革职，着左宗棠饬提该员严行追究，将亏欠各处公私等款赶紧逐一清理。倘敢延不完缴，即行从重治罪。又称胡雪岩有典当二十余处，分设各省买丝若干包，值银数百万两，存置浙省，着该督咨行各该省督抚查明办理。[26]

光绪十年正月初七日，两江总督左宗棠上奏，胡雪岩所欠部款和江苏公款，业经封产备抵。朝廷谕令他"饬提追究，赶紧清理，毋任宕延"。[27]二月初八日，户部又奏，请旨饬令各省督抚，今后所有应解部库银两、各衙门饭银、京员津贴，以及各省协饷，概令委员亲赍，不准再由银号汇兑。还详细规定了运送饷鞘（装盛送缴税收银两所用的木筒）若有丢失，对相关官员的处分办法，奉旨允行。[28]正在自发走入近代金融汇兑体系的官方财政，遭遇到市场风波之时，不是设法管控、救助、完善，而是仓促撤退，返回古代。

此时担任户部尚书者，是公认的理财专家阎敬铭。阎不懂现代金融，他的理财，无非俭省、克扣、集权而已。李慈铭夸他"清操绝俗，其入掌邦计，仿国计簿，综括天下财赋，勾稽出入，世颇以聚敛目之。然为国家计久远，竭尽心力"。还说他"逮捕浙人大猾胡某（雪岩），尤快人心"！[29]晚清小说家李伯元记载，军机大臣每天上朝办事，茶房照例在值庐里提供两款点心。阎敬铭认为靡费，裁减了"点心钱"，同行皆枵腹，他却"于袖中出油麻花僵烧饼自啖，旁若无人"。[30] 光绪七年末，张佩纶和张之洞一起，通过向李鸿藻推荐，安排早已退隐的阎敬铭出山主掌户部，到了光绪十年（1884）四月，却借庆贺岳母朱学勤夫人大寿所作《朱外姑马夫人六十寿序》，先是回忆老人一生勤俭持家的美德，然后笔锋一转，大发议论："然则俭者，君子之末节，而妇人之美德也。平津布被脱粟，荆公衣垢不浣，伪俭耳。"文中"平津"为西汉平津侯公孙弘，"布被脱粟"，指其盖布被，吃粗米，形容生活俭朴。"荆公"即王安石，《宋史》说他"性不好华腴，自奉至俭，或衣垢不浣，面垢不洗，世多称其贤"。公孙弘、王安石皆官至宰相，张佩纶说他们"伪俭"，显然不是无的放矢。有人看出这是在影射阎敬铭。[31]——当然这是题外闲话，但阎敬铭在收回官款、追查胡雪岩的经济问题上痛打落水狗，使得陷入绝境的胡雪岩再无翻身之日。

胡雪岩发达时，生活豪奢。传说他的轿夫（相当于后来的专车司机）跟随既久，亦拥巨资。家中兼蓄婢仆。晚上轿夫回家，仆人就喊："老爷回来了，快些烧汤洗脚！"[32] 胡雪岩娶有数十房姬妾。民国年间，有人尝游其杭州元宝街故居，记载说："环庭为画楼，三面如一，则胡翁当日藏娇娱乐地也。登之，蜂房蜗院，中七而左右各六，导者曰：'中央嫡妻，环列十二金钗，余皆艳婢香巢。'"[33] 现在杭州市花巨资修复了这所故居，用作旅游资源。破产消息传来，胡雪岩断然做出处置，某日早晨坐在客厅中，召集诸妾进入，然后所有卧房下锁。每妾发五百两银子挥之出府。其中有人已经梳妆，则首饰珠翠可值数千金；有人猝不及防，除遣散费外一无所有。

关于胡雪岩如何筹款抵债，可见资料甚少。刘体智说，抄查家产时，胡雪岩将其业产簿据献于刘秉璋，不稍隐匿。"落魄之中，气概光明，曾未少贬抑"。³⁴ 一月廿九日，在上海出差的左宗棠曾亲往粮台局去看胡，因胡前往南京未曾相遇，可见胡雪岩还在各地奔波。³⁵ 左、胡二人从前关系紧密，官场有目共睹。担任过苏松太道的邵友濂回忆，一日接见下属，僚属满座，左宗棠忽捶胸叹曰："君父之恩，略已报矣；胡光墉之恩，未能报也。"顿时四座骇然，继以匿笑。³⁶ 此次金融风潮后期，左宗棠曾借户部追讨胡雪岩西征借款中一笔早已报销的费用账，给阎敬铭写信，为胡缓颊："兹据胡光墉来禀，浙省勒追，急如星火，大有性命之忧。"左宗棠明白，所有人其实都关注从前胡雪岩为他数次筹集外债，利息奇高，怀疑其中必有巨大利益。左宗棠指出"借用洋款本为不得已之举，而甘省饷粮两缺情形，珂乡密迩，谅所目击。军情紧急之时，不得洋款接济，真有朝不谋夕之虞，实为胡革道一人是赖。斯时军事平定，弟不敢作昧心之谈"。现在"窘迫危急，家产荡尽，纵令严追该革道，不过一死塞责。若其遽死，则伙友星散，于现在作抵之典当等项，反致有损无益"。³⁷ 但阎敬铭似乎未予理会。此后左宗棠因病去职，由曾国荃继任。同属湘系的曾国荃对户部追讨也不以为然，直截了当地回复：此款"因公支用，非等侵吞，以视户部现办章程，系在旧案准销之例，应请户部鉴核，转予斡旋，嗣后不得援以为例，以昭大信"！³⁸

烟消云散

光绪十一年十一月十二日（1885年12月17日），阎敬铭上奏：

> 窃从前亏空各案在于官，官所侵者国帑，而不及民财。近来亏空流弊在于商充官，复以官经商，至举国帑民财，皆为所侵占，而风气乃大坏。……败坏风气，为今厉阶，则自

已革道员胡光墉始。查胡光墉籍隶浙江,也身市侩,积惯架空周利,最善结交官场。一身兼官商之名,遇事售奸之术,网聚公私款项,盈千累万之多。胡光墉起意侵欺,突于光绪九年十一月间将京城、上海、镇江、宁波、杭州、福州、湖南、湖北等处所开阜康各字号同时全行歇闭,人心浮动,道路嚣然。

阎敬铭说,经过两年追讨,胡雪岩欠款尚未缴完。当初胡雪岩开设银号,就是用计侵取官私银两,其罪行重于钱铺侵蚀票钱。又同时歇闭,遍及各省,官民受害者极多,不独京城一处。他建议将胡雪岩拿交刑部治罪,将其浙江原籍财产及各省寄顿财产查封报部,变价备抵。奉旨允准。

正在核办时,忽然又得消息,胡雪岩已于十一月初一日(1885年12月6日)在杭州病故。当日知府吴世荣率仁和、钱塘两县知县,前往胡宅查封,见停柩在堂,所住之屋,租之朱姓,仅有桌椅箱柜各项木器,并无银钱细软贵重之物。其家属称,所有家产已变抵公私各款,现在人亡财尽,无产可封。并声明胡雪岩生前统计欠缴京外各款共银一百五十九万二千余两,以其二十六家典当货币器具房屋抵偿收缴清楚。亏欠绅民私款,除文煜充公银十万两已缴解外,其余也已据折扣变抵归还,并无控追之案。所以浙江巡抚刘秉璋奏请免予置议,不再深究。[39] 通过资产处置,最终对公私存户并未造成大的亏损,阎敬铭奏折均为诛心之论,显然言过其实,但商界传奇的一代枭雄胡雪岩,就此烟消云散了。

今天看来,癸未风潮是中国近代化过程中的第一场失控的金融危机。玩融资、玩杠杆,是市场经济和资本运作达到一定阶段的必有之物。对于官方和企业家来讲,都尚无经验,碰壁和挫折也是必然的。当时人认为,胡雪岩的字义就是冰山,[40] 他的发家暴富和冰雪消融，前后不过二十余年。这使人想起孔尚任《桃花扇》中的那段名曲："俺曾见，金陵玉树莺声晓，秦淮水榭花开早，谁知道容易冰消！眼看他起朱楼，眼看他宴宾客，眼看他楼塌了。这青苔碧瓦堆，俺曾睡过风流觉，把五十年兴亡看饱。"但往更深里看，这是中国民族资本主义发展过程中不可缺少的情节，虽不见刀光剑影，却更加残忍和血腥。这样的故事，后来还在不断重演。

回头再想胡雪岩发家的"四通"秘诀。通官、通商，此无疑义，胡雪岩的生意，本质就是官商勾结。晚清以来，中国的商总是和官联系得太紧密。但是，"铁打的衙门流水的官"，官一有变化，往往就会连带商人命运的变化。成也官，败也官。通匪指与江湖势力的勾结，此或当有，未见实据。至于通夷，那是肯定的。胡雪岩与洋人有很深的交情，人称"同治间足以操纵江浙商业，为外人所信服者，光墉一人而已"。[41]赫德也说他是"汇丰银行的老朋友"。他的"丝战"，是一场商业投机，其实未必需要提升到民族大义的高度。胡雪岩能悟通这几个做大生意的关节点，显然是他暴发性成长的秘密，他的失败，未尝不也是和这几个方面有着直接关系呢？

有人认为，《清史》若立《货殖列传》，胡雪岩可列首位。研究胡雪岩兴衰，困难在史料缺乏，大多均为野史笔记。他如今享有大名，其实与高阳七卷本小说塑造出来的艺术形象直接有关。高阳是我最喜欢的中国历史小说家，《胡雪岩全传》也是我喜爱的作品。我曾请教复旦大学历史学系陈绛先生怎么看待这部作品，他说王有龄是他家前辈姻亲，家族中对王有龄的具体事迹所知不多，想来高阳所知更不会多。但读完《胡雪岩全传》，还是能够接受这个形象的。同样，作为一个小说人物，胡雪岩的刻画也很成功。我认为，陈先生通晓晚清历史，这个评价是中肯的。现在有人考证，所谓胡雪岩资助王有龄的故事，来源于清人陈代卿在《慎节斋文存》"胡光墉"篇中的杜撰，属于子虚乌有，这是史学研究的新成果，但《胡雪岩全传》本来只是部引人入胜的小说，而非史家撰写的严肃传记。

台湾诗人罗青去年在《文汇报》载文，回忆高阳创作《胡雪岩全传》，倾注了极大的心血。高阳说："我就是胡雪岩！"甚至为他题写《高阳代胡光墉书赠罗青诗》的条幅，以胡雪岩的口气写诗送他，虽是笔墨游戏，却见其入戏甚深。[42] 高阳之后，三十余年来，关于胡氏的励志类财富类传记颇为泛滥，甚至有"做官要学曾国藩，经商要学胡雪岩"的广告语令我诧异。但胡雪岩毕竟是民族资本家的先行者和失败者，他所遭遇的大时代、他的失败的教训，才是更值得总结的。

2018年1月

1　《杭事碎录》，《申报》，1883年12月10日。
2　《论红光烛天》，《申报》，1883年11月26日。
3　《复述红光》，《申报》，1883年12月26日。
4　《宋史·叛臣上》，第39册，第13812页。
5　《袁昶日记》，癸未十月，中册，第566页。
6　《翁同龢日记》，第4册，第1825页。
7　刘广京：《一八八三年上海金融风潮》，《复旦学报（社会科学版）》，1983年第3期，第97页。
8　《整顿钱业说》，《申报》，1883年10月24日。
9　余少彬：《胡光墉的破产及其影响》，《汕头大学学报》，1992年第2期，第47—48页。
10　《钱店倒闭》，《申报》，1883年10月9日。
11　《杭事碎录》，《申报》，1883年12月10日。
12　《市景可畏》，《申报》，1883年12月3日。

13	《翁同龢日记》，光绪九年十一月初六日，第 4 册，第 1827 页。
14	《李鸿章致张佩纶》，光绪九年十一月十四日，《张佩纶家藏信札》，第 2 册，第 736—737 页。
15	《张佩纶致李鸿章》，光绪九年十一月十七日，《张佩纶家藏信札》，第 2 册，第 738—739 页。
16	《李鸿章致张佩纶》，光绪十年正月初九日，《张佩纶家藏信札》，第 2 册，第 765—769 页。
17	刘体智：《异辞录》，第 87 页。
18	《清实录》，光绪九年十一月壬寅、癸卯上谕，第 54 册，第 432、433 页。
19	《光绪宣统两朝上谕档》，光绪九年十一月初七日上谕，第 9 册，第 384—385 页。
20	黄鉴晖：《山西票号史》(修订本)，第 207 页。
21	《杭事碎录》，《申报》，1883 年 12 月 10 日。
22	《钱庄又倒》，《申报》，1884 年 1 月 17 日。
23	《杭省官报》，《申报》，1884 年 1 月 20 日。
24	《赫德致金登干》，1883 年 12 月 30 日，《中国海关密档》，第 3 册，第 437 页。
25	《延煦奏为道员胡光墉盗弄利权请革职拿问事折》，中国第一历史档案馆藏：军机处录副奏片，档号：03/9528/036。
26	《清实录》，光绪九年十一月乙巳上谕，第 54 册，第 434—435 页。
27	《清实录》，光绪十年正月癸未上谕，第 54 册，第 466 页。
28	《光绪朝东华录》，光绪十年正月甲寅户部奏及上谕，第 2 册，第 1666 页。
29	吴庆坻：《蕉廊脞录》，第 188 页。
30	李伯元：《南亭笔记》，卷 6，第 3 页。
31	张佩纶：《朱外姑马夫人六十寿序》，《涧于集·文集》，上卷，第 46 页。
32	李伯元：《南亭笔记》，卷 15，第 6 页。
33	张潮：《虞初近志·记胡雪岩住宅》，转引自《清代名人轶事辑览》，第 6 册，第 2984 页。
34	刘体智：《异辞录》，第 87 页。
35	《侯相拜客》，《申报》，1884 年 2 月 26 日。
36	《郑孝胥日记》，光绪二十三年正月二十五日，第 2 册，第 590 页。
37	《阎敬铭存札》，中国社科院近代史所图书馆特藏，编号甲 246—16，第 11 函，第 41—43 页。
38	吴烨舟：《胡光墉破产案中的西征借款"旧账"清查》，《近代史研究》，2015 年第 4 期，第 140 页。
39	转引自《山西票号史料》(增订本)，第 200 页。
40	徐一士编著：《一士类稿 / 一士谈荟》，第 227 页。
41	沃丘仲子：《近现代名人小传》，上册，第 435 页。
42	罗青：《"我就是胡雪岩！"——回忆高阳先生》，《文汇报》，2017 年 5 月 19 日。

邯郸一枕笑匆匆
"甲申易枢"与政局大变动

一 对法战败引起的风波

1. 恭王其人

恭亲王奕䜣和他嫂子慈禧太后,均是晚清历史中最重要的政治家。

咸丰十一年(1861),清文宗爱新觉罗·奕詝在热河避暑山庄去世。两宫皇太后与二十七岁的皇叔恭亲王奕䜣,联手发动政变,罢黜先帝指定的八位顾命大臣,改由太后垂帘听政。恭王被封为议政王,主持军机处和新设立的总理各国事务衙门。此后,直至光绪十年(1884)前三个月,清政府行政中枢的领头人物,一直是恭亲王。

恭亲王是宣宗第六子,也是文宗诸兄弟中最有眼光和能力的。1860年英法联军攻入北京,皇帝仓促逃走,联军火烧圆明园,全靠恭王留京处理残局,与洋人谈判议和退兵。湘军初起,清廷中赏识和支持曾国藩的,是"八顾命大臣"中的肃顺。恭王柄政后,依然支持湘淮军平定太平天国。此外,他在与外国人的交往中,看到了剧烈变化的世界,努力推动学习西方军事装备、工业技术

恭亲王奕䜣

和近代教育,使中国经济和社会渐渐前行,引领出"同光中兴"的局面。

美国外交官何天爵曾说:"作为一名执行防御保守外交政策的领导者,恭亲王鹤立鸡群。他比任何人都更加明了清帝国将来的命运和它当前存在的自身的弱点。现在生活在那片土地上的人,没有任何一个像他那样阅尽沧桑,重任在肩。"作为一个精于东方外交艺术的老手,恭亲王"既骄横又谦和,既粗鲁又文雅,既暴躁又耐心——所有这些特点他都能根据需要运用自如,得心应手。他能以惊人的速度从一种角色进入到另外一种角色"。[1]

曾国藩对恭王的评价是"聪明"。同治六年七月初九日(1867年8月8日),曾国藩在两江总督任上,曾与幕僚赵烈文私下议论恭王。赵烈文说:"在上海曾见过恭邸小像,盖一轻俊少年耳,非尊彝重器，不足以镇压百僚。"曾国藩说："貌非厚重，聪明则过人。"[2] 两年后，曾国藩以直隶总督身份入京觐见，第一次面见垂帘听政的两宫太后、小皇帝和军机大臣。回保定后，他悄悄将自己的观感告诉赵烈文：

> 两宫才地平常，见面无一要语；皇上冲默，亦无从测之。时局尽在军机恭邸、文（祥）、宝（鋆）数人。……恭邸极聪明，而晃荡不能立足；文柏川正派而规模狭隘，亦不知求人自辅；宝佩衡则不满人口。

曾国藩早年任京官时，曾随大学士倭仁讲求先儒之书，剖析义理，对倭极为崇敬。此次又见倭仁，觉其才薄识短，其他官员更是庸庸碌碌，甚觉可忧。[3] 面对错综复杂的时代变局，曾国藩感慨万千地说："内患虽平，外忧未艾。彼狡焉者虽隔数万里，而不啻近逼卧榻，非得后起英俊宏济时艰，世变正未可知。"[4]

中国处在重大的历史转型期，具有新观念的领导者却产生得艰难而缓慢，保守势力极为强大。恭亲王办事果断，不拘小节，在处理政务时往往独抒己见，集大权于一身。从内心说，他也未必看得上在他的援手之下方才获得垂帘听政的慈禧太后。主政后不久，双方即产生了矛盾和正面冲突。最著名的，是同治四年三月初四日（1865年3月30日），翰林院编修署日讲起居注官蔡寿祺参奏恭亲王贪墨、骄盈、揽权、徇私。慈禧借此对恭王说："汝事事与我为难，我革汝职！"恭王回嘴说："臣是先皇第六子，你能革我职，不能革我皇子！"慈禧盛怒之下，亲笔代拟上谕："恭亲王从议政以来，妄自尊大，诸多骄敖（傲），以（依）仗爵高权重，目无君上，看朕冲龄，诸多挟致（制），往往谙始（暗使）离间，不可细问。每日召见，趾高气扬，言语之间，许多取巧，满是胡谈乱道。嗣（似）此情形，以后何以能办国事？若不即早宣示，朕归政之时，何以能用人行正（政）？"宣布"恭亲王着毋庸在军机处议政，革去一切差使，不准干预公事"！[5] 这篇上谕，别字连篇，显示太后缺乏上层政治生活经验和文字表达能力。此事后来在王公大臣的调解下得到转圜，先恢复了恭王总理各国事务衙门大臣的职务，不久又重新任命他在军机大臣上行走，但议政王的称号被免去了。

恭亲王在同治十三年七、八月间（1874年8至9月）还与刚刚亲政的穆宗发生冲突，议题是反对复修圆明园，由此引发出对皇帝微行出游的批评。穆宗震怒之下，革其亲王世袭罔替，降为郡王。还准备以"朋比、谋为不轨"的罪名，将恭王及支持他的惇王、醇王、伯王、景寿、奕劻、文祥、宝鋆、沈桂芬、李鸿藻等重臣尽皆革职。[6] 在这场冲突中，宗室亲贵和满汉大臣都坚定地站在恭亲王一边，两宫太后只能出面干预，撤销上谕，将修复圆明园改为修缮三海，以作太后归政后的休憩之所。

在朝中，恭王就是这样，不仅处理日常政务，还以他的特殊地位和传统伦理的原则性，承担着制衡君权的作用。

2. 南北政争

恭亲王推动的洋务事业，大多发生在其柄政的前期。在经历了同治朝诸多风雨之后，他颇有倦政之态，亦开始自保，逐渐将国务管理的日常工作交给军机大臣文祥办理。光绪二年（1876）文祥去世后，军机大臣沈桂芬在决策中取得很大的话语权。

沈桂芬，字经笙，祖籍江苏吴江，当时人常以此简称他为"吴江"，将他以及追随者称作"南派"。《清史稿》说：沈桂芬"以谙究外情称。日本之灭琉球也，廷论多主战，桂芬独言劳师海上，易损国威，力持不可。及与俄人议还伊犁，崇厚擅订约，朝

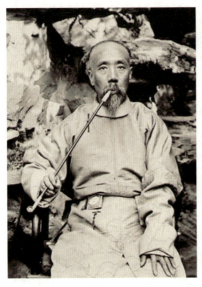 

军机大臣沈桂芬、王文韶

议纷然;桂芬委曲斡旋,易使往议,改约始定,而言者犹激论不已"。[7]大体说来,他所奉外交方针,就是主张隐忍、韬光养晦、力保和局。

光绪七年除夕(1881年1月29),沈桂芬病逝。另一位南派军机大臣王文韶作挽联云:

> 知弟莫若师,数年来昕夕追陪,方期沆瀣相承,艰难共济;
> 忘身以报国,十载间形神交瘁,竟至膏肓不起,中外同悲。[8]

同属南派的翁同龢对沈桂芬的评价是:"清、慎、勤三字,公可以无愧色。"[9]而"清流"张佩纶则对朋友说:"吴江除夕即世,予谥文定……但愿群工协力,破沈相十年因循瞻徇之习,方可强我中国。"[10]南北两派对于沈看法的差异,从某种程度上反映出他们在治国路线上的不同见解。

沈桂芬死后,军机处由李鸿藻隐执权柄。李鸿藻,字兰孙,直隶高阳人,他的名字与李鸿章有一字之别,但没有亲戚关系。时人将其视作"北派"代表人物。他是"清流"的后台和支持者,亦用"清流"力量来达到控制朝政之目的。所谓"清流",是当时官场上的一批言官,以刚直不阿、主持清议自许,以议论时政、纠弹大臣而出名,是光绪朝前期崛起的一股强大的政治势力。他们批评沈桂芬对外政策过于软弱和用人不当,造成钦差大臣崇厚在对俄收回伊犁谈判中的失利,主张对外更加强硬。而在内政上,则是抨击官场大僚昏庸贪腐、治国无当。

这一时期,李鸿藻依靠"清流"力量,对朝中旧派人物进行调整,又开展人事布局,外放张之洞出任山西巡抚,提拔宝廷任礼部右侍郎,张佩纶署理左副都御史兼总理衙门大臣,黄体芳任兵部右侍郎,陈宝琛任内阁学士,起用退隐的前工部左侍郎阎敬铭担任户部尚书,破格擢用徐延旭和唐炯任广西、云南巡抚。甚至与李鸿章亦暗结同盟,在政坛上彼此呼应。

3. 反目成仇

光绪朝前期"清流"气盛,不仅有李鸿藻的支持,也有慈禧太后的默许,将其作为整饬官场风气的重要工具。这样,"清流"在政坛上就成为炙手可热的香饽饽,大人物都争相与他们结交朋友。人们一般将张佩纶、张之洞、宝廷、黄体芳称作"翰林四谏",也有人管李鸿藻叫"青牛头",张之洞、张佩纶叫"青牛角",陈宝琛为"青牛尾",宝廷为"青牛鞭"。还有人将奔走于"清流"与疆吏之间的著名官二代、两广总督张树声之子张华奎(字霭青),叫作"牛毛上的跳蚤"。[11] 又有人记载,"张霭青观察,南城谓之'清流靴子',讥其比之于腿,犹隔一层也。又谓为'捐班清流'。而乃翁靖达(张树声)为'诰封清流',以善与诸名士交,而有是称"。[12]

光绪五年三月（1879年3至4月），大学士、直隶总督李鸿章入京料理同治帝安葬差事，亲自登门拜访三十一岁的翰林院侍讲张佩纶。到了夏天，张佩纶丁母忧去官，经济上颇为拮据。李鸿章给张华奎写信，拟邀请张佩纶到北洋担任幕僚。张佩纶的父亲张印塘早年担任安徽按察使，与回乡办团练镇压太平军的李鸿章有过并肩作战的经历，张佩纶与李鸿章之间有书翰往来，但不真正熟稔。秋天，张佩纶出京赴苏州迁庶母灵柩，李鸿藻又给李鸿章写信请予关照，张李之间迅速走近。

光绪八年三、四月间，李母去世，李鸿章丁忧回安徽老家，清廷命张树声署理直隶总督。张华奎期望张佩纶辅佐其父，以壮声势。张佩纶获知内幕消息，慈禧有意要李鸿章"夺情"复出，就回绝了张家父子的盛情邀约。他告诉张华奎，"主峰未定，点缀他山，恐亦未谙画格"。[13] 谁知张树声却径行上奏，点名请调他帮办北洋水师事宜并加卿衔。那天恰逢对各省乡试正副主考官作选拔考试，参加者有京官二百八十余人。监试的贝勒奕劻在考场大呼"幼樵"，想告诉他这桩好事，却发现他没来参考。不知底细者，猜他早得消息，此时正在等待降旨。[14] 这使秉性清高的张佩纶勃然大怒，遂商由陈宝琛上奏，弹劾张树声擅调天子近臣，使得本怀善意的张树声受到罚俸处分，颜面尽失，张家父子私下与张佩纶结起仇来。后来，光绪九年四月，张佩纶以日本觊觎朝鲜，法国谋吞越南，倡言请召李鸿章署理直隶总督，办理法越事宜；命张树声返回两广本任，[15] 上谕立即允准。张树声行前致函张佩纶告别，提到"鄙人举名世之英而不得，公举衰朽之余而遂行，令我大惭"，[16] 可见彼此关系之微妙。

张树声不知道的内幕是，李鸿藻为了笼络李鸿章，从《国朝先正事略》中找出康熙年间武英殿大学士李天馥的故事，去与恭亲王商量——康熙三十二年，李天馥丁母忧回籍，帝谓："天馥侍朕三十余年，未尝有失，三年易过，命悬缺以待。"而在此刻，李鸿章丁忧，空出文华殿大学士位置，身为协办大学士的李鸿藻，决定放弃自己晋级顶缺的机会，"留揆席以待"。还力主夺情，"百日后并疆符（直隶总督）一并奉还"。[17] 恭王认为，《国朝先正事略》是同治年间官员学者李元度的新著，《实录》及官书均未见到记载，故不能当典籍来应用。但李鸿藻坚持此意，并做了慈禧的工作，恭王也就不反对了。在这样一个大布局之下，张树声焉能安位天津？张佩纶亦据此反问李鸿章，李鸿藻"苦心经营如此，不审公意如何耳"？[18]

光绪八年底，张佩纶还借清查"云南报销案"的腐败内幕，连上三折，将王文韶逐出军机处，彻底扫除了沈桂芬的班底，太后改换翁同龢、潘祖荫入值军机。不久，潘祖荫丁忧，军机汉大臣仅剩李、翁二人。这一时期，恭王因肾病血尿，身体濒危，请病假前后达八个月之多，太后"命俟痊后入直，毋庸拘定假期，一切差使毋庸派署"。[19] 李鸿藻的权势日益扩大，张佩纶更是风头独盛。李鸿章为此写信规劝："近有都中来者，金谓太阿出匣，光芒逼人，不可向迩。行行避骢马，仍祈少敛锋锷，以养和平之福，至为企祷。"[20] 李鸿藻、张佩纶此时在官场上顺风顺水，却也结得颇多仇家，得随时提防暗箭射来。

与从前沈桂芬对外力保和局的宗旨相反，李鸿藻和"清流"主张对外强硬。只是这种主张既缺乏军事支撑，也缺乏人才准备。张佩纶花精力联络手握军队的李鸿章，但只要涉及对外用兵，李鸿章却并不予以响应。当时，中法在越南的冲突日益加深，在南线对法作战部署上，却一直没有觅得真正的主帅，没有可以打仗的军队，因而在实施时无从下手。加之李鸿藻一系在用人路线上又藏有门派之见，随着前线战事失利，军机处的和战决策开始受到朝野抨击，连"清流"内部，也有后起之秀表示强烈不满，因而酝酿起内部的激烈政潮。

4. 北宁战败

光绪十年二月十七日（1884年3月14日）中午，李鸿章在天津收到上海传来的电报，法国加强了对越南北部中国军队的攻势，援越清军与黑旗军坚守的越南北宁已被法军占领。他立即转报总理衙门。[21] 晚间，李鸿章又补充报告，上海的洋轮听到北宁清军失守，都升起法国国旗庆贺。日本驻津领事来谈，他也接到东京电报，看来消息是确实的。[22]

十八日早上，慈禧太后没有召见军机，军机大臣读罢李鸿章简短的电文，觉得缺乏详细信息，决定暂不上递，待到明天再商办法。但翁同龢感到，消息预示的前景显然不妙。这天北京阴沉欲雨，竟日昏昏，夜里又刮起大风，高层官员的心中也充满忐忑不安。翁同龢回家后写短信向醇亲王奕譞通报，同时在日记中写道："恐从此棘手矣，噫！"[23]

同日，总理衙门大臣张佩纶也给李鸿章写信："北宁又失，事更棘手。晓山太不知兵，鄙见欲去之久矣，……此坐谁属，仓卒求才，殊不易得。愿我公密筹见复。"[24] 信中所提"晓山"即徐延旭，系广西巡抚，他是援越桂军统帅，对于前线失利负有直接责任。从信的内容看，他似乎对徐很是失望，而在实际上，起用徐延旭，却是张佩纶两年来极力推荐的结果。

十九日，慈禧召见军机，决定将徐延旭摘去顶戴，革职留任，责令其收拾败军，尽力抵御。如再退缩不前，定当从重治罪。

当时越南是中国的藩属，因遭法国侵略，向中国求援。清廷暗助黑旗军刘永福抗法，又部署云南巡抚唐炯和广西巡抚徐延旭出境援助。徐、唐均是近期督抚中的火箭式擢升干部。光绪八年正月初八日，张佩纶上奏，称许徐"久守梧州，屡出关治群盗，得交人心"，又说四川建昌道唐炯"知兵，可任艰巨"。认为若以徐、唐分领粤西、滇南军队，所益必大。[25] 半个月后，徐延旭就由正四品的湖北安襄郧荆道直擢从二品的广西布政使，次年九月更升任广西巡抚。唐炯亦在当年二月升任云南布政使，八年六月出任云南巡抚。

张佩纶与徐、唐其实并不相熟，但他俩是张佩纶的密友、山西巡抚张之洞裙带上的人物。徐延旭乃张之洞姐夫鹿传霖（时任河南巡抚）的儿女亲家（鹿传霖的四女儿嫁给徐延旭的儿子徐坊）。唐炯则是张之洞的大舅哥（张之洞第二任夫人唐氏之兄），同时，又是张佩纶另一好友黄彭年及其子黄国瑾的挚友（黄彭年本人也在光绪九年由安襄郧荆道升任湖北按察使）。[26] 张之洞在徐、唐获得重用之后，曾向李鸿藻表示："近日中朝举动，滇事付唐，桂事付徐，可谓得人。"[27] 至于所谓"知兵"云云，仅是小圈子内的吹嘘，徐延旭以往最大军功，不过是镇压本地农民造反和出关捕盗。在平定太平天国起义之后，如此破格提拔巡抚，是绝无仅有的，既反映出李鸿藻一系在掌控官员使用上的影响力，也显示清廷对中越边境反击法国势力入侵的高度关注。上年年底，张佩纶在给鹿传霖的信中，请他转告徐延旭"当虚心下气，勿以平土匪本领自狃"，又说徐"志极壮名极高，而我两人又与之痛痒相关，故其心可以掬示，愿公曲为致之。旁人纷纷苟论，高阳与鄙人亦深为时局忧之"。[28] 显示出他和李鸿藻对徐延旭也有隐隐的担心。

晚清官场的姻亲关系极为错综复杂，不细细梳理，往往看不

云南巡抚唐炯

出内部端倪。还可再举例证：光绪二十六年（1900）八国联军攻入北京，甲骨文的发现者、京师团练大臣王懿荣与妻子及儿媳张允淑投井殉难。允淑是张佩纶侄子张人骏的长女，张佩纶恳请李鸿章进京议和时，救助她的九岁遗孤王福坤，并托随行的李鸿章之子李经迈适时提醒。[29] 李经迈的太太是前闽浙总督卞宝第的四小姐。卞的六公子卞綍昌，娶了张之洞的大女儿。这位女儿的生母，是张之洞第三任夫人王氏，即王懿荣的妹妹。此外，传说安徽巡抚陈彝因查办李鸿章家乡子弟依仗权势，胡作非为，打死乡民一案遭李报复。其实，陈彝的二儿子陈重庆娶的太太是卞宝第的长女，李、陈两家也就成了姻亲。陈彝的大儿子陈洵庆，夫人是四川总督丁宝桢的女儿。丁家还有一位幺女，经张人骏介绍，嫁给了张佩纶儿子张志潜。这些盘根错节的关系构成的人情网络，在当年是十分寻常的。

还有，光绪二十年春天，王懿荣曾为张佩纶长子张志沧说媒，对象竟是徐延旭的女儿。张佩纶表示："徐晓山因有前事，不欲与之为婚。弟生平未识其人，无论是否'滥保'，究属因公起见。倘缔为儿女姻亲，他日谁能辨之？"[30]结果，志沧娶了"清流"密友陈启泰的女儿。——再补充一些姻亲关系：陈启泰后来官至江苏巡抚，他的另一个女儿嫁给了袁世凯的五公子袁克桓；而张人骏的儿子张允亮，娶了袁世凯的长女袁伯祯。此外，袁七公子袁克齐娶了民国年间内阁总理孙宝琦之女，孙的另一女儿孙用蕃，嫁给了张佩纶的小儿子张志沂（孙为张爱玲的继母）。

回到光绪十年二月二十日，张之洞在太原致信张佩纶，他听说唐炯前因擅自从越南撤退回国，有人主张杀他的头，感到骇然。认为唐已受朝廷严谴，"此时只有责其后效自赎，岂有中外战事未开，遽戮疆臣之理"？他此时尚不知北宁之变，故还反问，若按这种说法，假如北宁失陷，难道要诛杀徐延旭不成？[31]其实早在光绪六年，清廷派崇厚担任出使俄国全权大臣，谈判收复伊犁事项。崇厚擅签《中俄里瓦几亚条约》，划失新疆土地，消息传回国内，"清流"一片痛斥，张之洞本人就上奏，要求将崇厚"拿交刑部明正典刑，治使臣之罪，即可杜俄人之口"。甚至说，即便另派使臣重开谈判，"崇厚者，改议（条约）宜诛，不改议亦宜诛"。[32]——回头来看，因军事失败杀大臣和因外交失败杀使臣，均属中世纪野蛮做法，与现代政治不相符合，但"清流"责人严苛，待己宽恕，党同伐异，却也是普遍的通病。

5. 暗流涌动

到了二月二十七日，李鸿章又报越南太原失守，"法兵死伤不多，对垒华兵死伤甚众"，[33]法国拟索六百万镑赔款。朝廷震怒，二十九日颁旨，指出镇南关外军情万急，徐延旭株守谅山，毫无备御，唐炯退缩于前，以致军心怠玩，相率效尤。现派湖南巡抚潘鼎新、贵州巡抚张凯嵩分别署理广西、云南巡抚,将徐、唐革职拿问,解交刑部治罪。[34]

前一日,张佩纶心怀忐忑地私信李鸿章:"误荐晓山(徐延旭),乃鄙人之罪,此时亦无诿过之理,俟奏报到日,自请严谴,公谓何如?"[35]

李鸿章回复说:"晓山作地方官自是能吏,乃竟以关系洋务、军务大局之事轻相委任,在执事为失言,在朝廷为失人,不独鄙人不谓然,天下皆不谓然也。执事为言官,论列贤否,向无严谴之例,枢辅一意信任,则不可解。观其历次奏报,铺张如同梦呓,识者早知其必败,当轴漫不加察,由于不知兵又不小心也。仆与高阳及执事皆至交关切,不得不深痛惜之,以后望益虚衷体察,勿愎谏自是为幸,自劾万不必也。"[36]

从李回信可见,他对徐延旭很不以为然。这种看法,其实也代表其他大员对李鸿藻及其"清流"派用人路线的不满。但话讲得如此坦率,则表现出他与张佩纶在私交上非常亲近。

张华奎仍然是北京政治圈中的活跃者,一直在寻找机会报复张佩纶。据说他草拟底稿,通过王仁东,说动盛昱出头,弹劾张佩纶和李鸿藻滥保匪人唐炯、徐延旭。[37]王仁东(字旭庄,他是王世襄的祖父)、其兄王仁堪(字可庄),是福建闽县(今福州市)人,因姐夫陈宝琛之故,而与张佩纶、张之洞友善。其祖父王庆云,曾任工部尚书。王仁堪还是光绪三年丁丑科的状元,与盛昱(字伯羲)为同年。他们虽科名较晚,却也都以才学和刚直著称,是新一茬崛起的俊彦。张佩纶以前在李鸿章面前曾多次为王氏兄弟美言,为他们谋职以解决生计。光绪八年四月,张之洞奏《胪举贤才折》,推荐京官十四人,第一名为张佩纶,其后有吴大澂、陈宝琛、黄国瑾、王仁堪、盛昱;推荐外官二十九人,第一名为广西

盛昱

布政使徐延旭,其余有黄彭年、陈宝箴、陈彝、奎斌。[38]这份名单,显示出那时朋友圈内的认同。

　　盛昱是满族宗室,肃武亲王豪格七世孙。父亲恒恩,官至左副都御史。祖父敬徵,曾任协办大学士,户部尚书。光绪九年,盛昱官居翰林院侍读,迁左庶子,半年之中,迭次上奏言事。闽浙总督何璟、浙江巡抚刘秉璋收降农民造反首领黄金满,盛昱劾何璟等长恶养奸,请予严惩,发金满往黑龙江、新疆安置。兵部尚书彭玉麟数度辞官不受职,盛昱劾其抗诏鸣高,开功臣骄蹇之渐,请饬迅速来京。浙江按察使陈宝箴(他是陈寅恪的祖父)陛见后未启行,张佩纶劾其留京干进,陈宝箴疏辩,盛昱责其哓哓失大臣体,再请交部议处。这几份奏折,使得盛昱名声大振,异军突起,士论推为正直敢言。[39]

　　而在此时,后起之秀们在对越作战观点上,与已接触核心政治圈的前辈出现了分歧，王氏兄弟以李鸿章主和，张佩纶却依附之，且从不以弹劾为耻。听到太原失守，法索赔款的消息后，王仁东致书张佩纶予以谴责，要求他自请罢斥，并以此书作为绝交。

张佩纶虽然屡次私下与李鸿章讨论自请严谴，也做好挂冠而去的准备，却不容别人指斥教训，所以他写了措辞强硬的回信，表示前方失败的根本，在于军事准备不足。水师火器，与陈宝琛三年前所沥陈者，至今全未虞备，贸然出师，实中兵家之忌。"鄙人怨家甚多，不患无人弹劾。……今日身在局中，不肯劾他人以自解，亦何必自劾以为人解？……绝交与否，听之而散"。[40] 在信中，他将陈宝琛也扯进来，提醒王家兄弟不要乱唱高调。

大家这样说话，就不像朋友了。李鸿藻的孙子李宗侗后来认为，王仁堪其实早已被张树声买通，作为他安插的"坐京"（指受外省督抚委托，在京打探消息的人），盛昱奏折，是他和张华奎前往盛家直至夜间也不走才弄成的。盛与张有交情，不愿上奏，但又经不住"苦磨"，就说参张佩纶不如参军机，军机倒了张也就无用了。其本意参军机的折子别人以前也上过，但不发生效力，以此也可敷衍张树声。[41]

但我最近在新披露的《张佩纶家藏信札》中，发现时任江西学政的陈宝琛光绪十年二月初八日致王仁东一函，提及王仁堪陪同他在饶州视学，中旬视毕后再往广信，"可弟偕往，不过多住二十余日。……回舟同过省垣，可弟再买棹九江"。[42] 陈宝琛对饶州、广信的岁试起于正月，至三月十五日竣事，[43] 这样就将王仁堪从参与盛折谋划中排除出来。若有王家与盛昱的沟通，也只能是王仁东了。

陈宝琛是张佩纶的密友，自己的妻弟如此与张佩纶作对，他也是尴尬的，所以他只能这样向老朋友解释：

> 旭庄习闻俗论，不谅局中，因爱成怨，殊不可解。相知贵知心，信哉！[44]

二　易枢的秘辛和考证

6. 盛昱弹劾

三月初八（4月3日）是清明前的寒食。这天，盛昱以张佩纶推荐唐炯、徐延旭为由，上奏弹劾军机大臣：

> 唐炯、徐延旭自道员超擢藩司，不二年即抚滇、粤，外间众口一词，皆谓侍讲学士张佩纶荐之于前，而协办大学士李鸿藻保之于后。张佩纶资浅分疏，误采虚声，遽登荐牍，犹可言也；李鸿藻内参进退之权，外顾安危之局……乃以轻信滥保，使越事败坏至此，即非阿好徇私，律以失人偾事，何说之辞？恭亲王、宝鋆久直枢廷，更事不少，非无知人之明，与景廉、翁同龢之才识凡下者不同，乃亦俯仰徘徊，坐观成败，其咎实与李鸿藻同科！

盛昱提出，北宁等处败报纷来，皇太后皇上赫然震怒，将唐炯、徐延旭等拿问，军机大臣等犹欲巧为粉饰，不明发谕旨，不知照内阁吏部，欲使天下不知，此岂情理所有？又说现在各国驻京公署及沿海兵船纷纷升旗，为法夷致贺，外邦腾笑，朝士寒心。唐、徐既经拿问，即当另简贤员，却就近于湖南用潘鼎新，于贵州用张凯嵩，该二员一则粗庸、一则畏葸，该大臣等岂不深知？而依愚见揆之，是恭亲王等鉴于李鸿藻而不敢言，李鸿藻亦自鉴于前而不敢言，以为就地取材，用之为当固不为功，用之而非亦不为过；如此存心，是诿卸之罪也！有臣如此，皇太后皇上不加显责，何以对祖宗，何以答天下？惟有明降谕旨，将军机大臣及滥保匪人之张佩纶，均交部严加议处，责令戴罪图功，认真改过，将讳饰素习悉数涮除。[45]

盛昱奏折写得尖锐而恳切，这种笔法，站在为太后和皇帝谋划的角度，将道理层层剖析，正是"清流"们惯用的。细读可见，他攻击的对象是张佩纶和张的后台李鸿藻，罪名是"滥保匪人"，其余恭亲王、宝鋆，是"俯仰徘徊，坐观成败"，景廉、翁同龢，是"才识凡下"，虽然用词犀利，但只是捎带批评，重举轻放。

慈禧当日见到盛折，立即意识到这是扳倒恭亲王的机会。她对军机大臣感慨边防不靖，疆臣因循，国用空虚，海防粉饰，不可对祖宗，却将盛折留中不发，谁也不知折中讲了什么。盛昱弹劾军机大臣是个突发事件，慈禧要仔细想想，怎么用好这份奏折。

次日清明。恭王在东陵普祥峪（今河北省遵化市）主持慈安太后去世三周年祭典，为了祭典，他几天前离开北京，这给慈禧提供了难得的时间窗口。上午，她到西直门内大街后半壁街寿庄公主府赐奠。寿庄是宣宗第九女，醇亲王的同母妹妹，二月十四日去世。赐奠之后，慈禧在公主府传膳，并召见醇王，奏对甚久。[46]北京的圈子里，各种谣言开始流传。

三月十一日，张佩纶密函李鸿章谓：

> 此间自徐、唐逮问后，言者纷纷。可庄之介弟旭庄遍诣其相识之人，力诋鄙人其意以论者多咎振轩（张树声），而张王之交方睦，故归狱鄙人以为振轩解纷。日来盛庶子、赵侍御（赵尔巽）均有封事，盛文并及香老（张之洞），至今不下盛自云历诋中外有名人为一网打尽之计，公及清卿（吴大澂）均不免，因唐及香帅深文周内，

不解何意。真伪不可知，其自言如此。朝局一纷，越事更无结煞。

张佩纶还说："以白简相诒，所谓班门弄斧耳，一笑。"[47] 平日擅长弹劾别人的张佩纶，这次也要尝尝被弹劾的滋味了。

从盛折的实际内容看，其实并未牵涉张之洞、吴大澂和李鸿章。但张佩纶获悉的情报大体还是正确的。

军机大臣翁同龢也流露出忐忑不安的担心。他在日记中写道："盛煜（昱）一件未下，已四日矣，疑必有故也。……自巳正迄未正，兀坐看门，尘土眯目。吁，可怕哉！"次日又记："前日封事总未下，必有故也。"[48]

十二日，张佩纶致函友人黄国瑾，谈到"鄙人所虑者，掣动全局，徒使宵小生心，敌人增气耳。若专劾鄙人，则混沌初开，蝙蝠亦非小妖所能播弄也"。[49]

三月十三日，恭亲王已经回到北京。这天早上，慈禧太后按照昨日的传旨，召见在京大学士和各部尚书，却不召见等候许久的恭王和军机。这预示将有重大事件发生。待军机大臣散直之后，慈禧颁发懿旨：

> 现值国家元气未充，时艰犹巨，政虞丛脞，民未敉安，内外事务必须得人而理，而军机处实为内外用人行政之枢纽。恭亲王奕䜣等，始尚小心匡弼，继则委蛇保荣，近年爵禄日崇，因循日甚，每于朝廷振作求治之意，谬执成见，不肯实力奉行，屡经言者论列，或目为壅蔽，或劾其委靡，或谓簠簋不饬，或谓昧于知人。……恭亲王奕䜣，大学士宝鋆，入直最久，责备宜严，姑念一系多病，一系年老，兹特录其前劳，全其末路，奕䜣着加恩仍留世袭罔替亲王，赏食亲王全俸，开去一切差使，并撤去恩加双俸，家居养疾；宝鋆着原品休致。协办大学士吏部尚书李鸿藻，内廷当差有年，只为

甲申易枢时被罢免的军机大臣：恭亲王奕䜣、宝鋆、翁同龢。李鸿藻和景廉未见照片传世

囿于才识，遂致办事竭蹶；兵部尚书景廉，只能循分供职，经济非其所长，均着开去一切差使，降二级调用。工部尚书翁同龢甫值枢廷，适当多事，惟既别无建白，亦有应得之咎，着加恩革职留任，退出军机处，仍在毓庆宫行走，以示区别。[50]

谁也未曾料到，经过七天思考之后，盛昱的奏折，被慈禧用来罢黜了全班军机大臣。自从雍正七年设立军机处之后，全体改组的事儿，这是第一次，所以在政坛上，不啻是场极具震撼的风暴，史称"甲申易枢"。

同日还有新任军机大臣的安排：命礼亲王世铎，户部尚书额勒和布、阎敬铭，刑部尚书张之万任军机大臣，工部左侍郎孙毓汶在军机大臣上学习行走。[51]

7. 各方反应

对于这场突如其来的政坛风波，官场各方都措手不及。

被罢斥的军机大臣翁同龢记录，那天散值后他去书房教小皇帝读书。下午回家后，章京送来谕旨，"前后数百字，真洞目怵心

甲申易枢后新任军机大臣：礼亲王世铎、阎敬铭、张之万、孙毓汶。额勒和布未见照片传世
（其中阎敬铭照片为马忠文提供，孙毓汶照片为徐家宁提供）

矣。焚香敬告祠堂,省愆念咎,无地自容"。⁵²

更有意思的是新任军机阎敬铭的态度。十三日早上,他给儿子写信说:"越南事大坏,法人连得数城,我兵似闻风而溃,刻已到滇粤边界。徐、唐皆逮问,解京治罪,以后事不知如何了结,亦无主意也。我虽专司度支,而无一筹一力之匡时,悚愧何如。故我此番出山,深以为悔,俟时局稍定,仍遂初志也。汝等必早思以耕读为世业,勿逐流俗富贵之见。"⁵³

阎敬铭所说"遂初志",即为辞职回家。接奉懿旨后,他更感惶恐,傍晚提笔再写家信:

> 今晨寄发六号信后突奉上谕,命为与礼亲王、额小山、张子青、孙毓汶五人入军机办事。恭邸、宝、李、景、翁全行退出军机,宝令休致,李、景降二级调用,翁以尚书仍在毓庆宫行走。闻多日以来,参劾甚众,以法越事,故我万分惶恐。时事至此,虽智能亦难为,况我本无才,更不知洋务乎?实是老运不好,必将陨越,他日必不能如宝与李、景之好收场。况年力大衰如此,劳碌怄气怄心,是速之死也。然我实以早死为幸,省得丢底误事,并为子孙不留体面。⁵⁴

家信当言心声。这样心态的军机大臣,焉能临危受命,解决国家的外交和军事困局?当然,这番话也可能是假的,张佩纶就认为阎敬铭其实"很有兴致"。醇王十五日与新班军机首次见面后,私下对翁同龢评价说,"阎初谋面,朴而不华,论亦甚当",⁵⁵对他颇有好感,若此为真,他与儿子间不过是矫情一番而已。

李鸿章获悉易枢消息后,大为震惊,立即向张佩纶打探内幕:

> 阅抄轩然大波,惊□无似,与同休戚。更事较多之亲旧一朝同罢,汲引乳臭陋儒,更何足撑此危局?兴献(醇亲王)用意殊不可解,小臣一疏,岂遽动听。物先腐而蠹生,恐弄成明季

世界，可为痛哭流涕者也。此后变态百出，知公无意久留，鄙人亦欲拂衣而去。枢、译两署究竟如何应付，念之心悸。[56]

名士李慈铭在日记中也记录其听到易枢消息后的感受：

> 始知十三日朝廷有大处分，枢府五公悉从贬黜，而易中驷以驽产，代芦菔以柴胡，所不解也。余濒行时，寓书常熟师（翁同龢），言时局可危，门户渐启，规以坚持战议，力矫众违，抑朋党以张主威，诛失律以振国法，不料言甫著于纸上，机已发于廷中，晴天震雷，不及掩耳，可深骇矣。[57]

文中"中驷"即中等之马，"驽产"则为劣马。"芦菔"即萝卜，"柴胡"为清虚热的中药，意思是指用更差的货色去取代中等品质。这种观感，和李鸿章"更事较多之亲旧一朝同罢，汲引乳臭陋儒"的看法几乎是一样的。

陈宝琛在江西得讯后，尚不清楚内幕，更不知王仁东在盛昱上奏中的作用。他向王仁东打听：

> 顷见枢院全盘调动，且骇且疑。译署亦尽易生人，或者别有作用？多难之际，忽有此举，厉害得失，未由悬揣，想此半月中，人心益皇皇，比清明前更甚矣。甚盼足下续有书来，得略参个中消息也。[58]

河南巡抚鹿传霖获得消息后，写信询问京官张曾扬：

> 时局大坏，不知如何要挟？设有万不能堪者，何以应之？醇王总摄，果能振作，亦大佳。否则国事家忧将有不堪设想者。[59]

所有的人都想起当年慈禧罢免恭王的往事。所不同的是，慈禧今年将届五十华诞，从政经验已经成熟老辣，而慈安太后也已去世三年。显然，慈禧借对越作战失利的机会，调整军机处，此后，她要独掌朝政了。

醇亲王奕譞

8. 待解之谜

"甲申易枢",是清廷上层继1861年"北京政变"之后第二次重大权力更迭,对晚清历史后来的发展影响至深至远。由于缺乏第一手史料,以往学术界对此课题研究甚少,只能顺着野史笔记的说法和家族后人的隔代回忆做揣测。这些野史和回忆录,虽然也透露些许真相的蛛丝马迹,但仔细推敲,又存在很多未解之谜。近年来,随着当事人档案、书信、日记的发掘,我们对于易枢细节有了更多的了解,但仍然存在许多待解之谜需要探索。

首先是慈禧太后对易枢的谋划。

经查考清宫《召见档》记录,发现从二月初一日起,到三月初八日盛昱奏折递上之前,慈禧并没有见过醇亲王。这可以印证,易枢机缘来之偶然,而非早有谋划。[60]

盛奏递上后,初九日,慈禧在寿庄公主府与醇亲王进行了初次密商。十二日又在宫中召见一次。在此期间,恭王祭陵,和慈

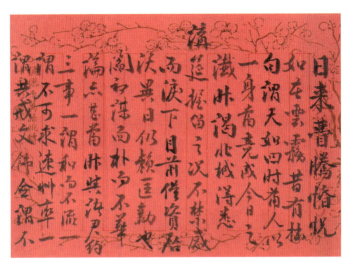

光绪十年三月十六日奕譞致翁同龢信

禧祭奠寿庄公主,都是早已预订的礼仪程式,与弹劾无关。但盛奏恰在这个时点上提供了问责的理由,引出慈禧对恭王一直存在的不满情绪的爆发。

其次,醇亲王在易枢时究竟扮演什么角色?

一般认为,醇亲王有强烈的参政意识,是甲申易枢的积极参与者。他又是光绪帝的亲生父亲,为求避嫌,不应参与朝政,但慈禧接到盛折,首先与他密商,显然格外倚重。李鸿章听到易枢消息,也说"醇亲王用意殊不可解",显示信息灵通的高层官员对他早有预判。李鸿藻的孙子,历史学家李宗侗说,醇王对新政素持反对意见,对恭王之权早思染指,此次趁盛昱参军机之便,与太后合谋,已偿夙愿。他还说醇王久已预备上谕,只候机会下手,[61] 惟这些李氏家族回忆,拿不出"久已预备上谕"的证据。

翁同龢的后人翁万戈,前几年发布了易枢后第四天,醇亲王致翁同龢的亲笔信函:

日来瞢腾昏恍，如在云雾。昔有拙句谓："天如四时备，人以一身当。"竟成今日之谶。昨谒北城，得悉讲筵握留之况，不禁感而泪下，目前仅资启沃，异日仍赖匡襄也。……宏才未竟，遽被牵率，局外静观，眼光益明，万望随时随事示我南针，俾免滥竽伴食之诮，拜恳拜恳。少暇当躬候请教。[62]

　　从此信看，醇王对突然直接参与核心政务，也是措手不及。对于他深为信任的帝师翁同龢退出军机处，还给予抱歉和慰问。在目前可靠一手史料极少的情况下，这封罕见的通信可作为分析醇王当时心态的重要依据。

　　有人认为，翁同龢也参与了醇王易枢的谋划。前引翁同龢日记中他的忐忑和得知消息后的惶恐，以及十五日在日记中又说："张子青来，始知前日五封事皆为法事，惟盛昱（昱）则痛斥枢廷之无状耳。今日始发。并劾丰润君保徐延旭之谬，又牵连于高阳之偏听。"[63]这些记录当然都可以矫饰，但醇王给翁同龢的信却是真实的，将醇王信件和翁同龢日记对照起来阅读，似难找到醇—翁共谋的蛛丝马迹。

　　第三，易枢懿旨由谁起草？目前共有三种说法。

　　一说是领班军机沈源深所拟，李孟符在《春冰室野乘》中记载：

　　　　是日，诸公皆已至直庐，方预备入对。忽奏事内监传旨，令王大臣皆毋庸入见，而单召领班章京沈源深进内独对。于是诸公始知有大处分，前数日固毫无音息也。是日，承谕拟旨述旨，皆沈一人为之。[64]

二说系醇王幕客赵某所拟，见李宗侗称：

　　　　醇王久已预备上谕，据家表兄祁君隽言，甲申所下上谕出自醇王之门客赵某，只候机会方下耳。[65]

三说是孙毓汶所拟,黄濬在其著名笔记《花随人圣庵摭忆》中,引徐沅《白醉拣话》称:

> 相传孝钦屡欲兴修离宫,皆为恭王所阻,既蓄意予以罢斥,而醇亲王亦与恭王不洽,授意孙毓汶密先拟旨,遂成此变局。[66]

黄濬认为,这段记录,"前半皆诸家笔记所详,与外传无殊。惟其云醇王奕譞与恭王不洽,授意孙毓汶一节,则稍探秘要"。这个说法,为不少后世史家采信和发挥。[67]

分析以上说法,李孟符将沈源深奉旨独对,写成当着所有军机大臣之面单独进入养心殿,但据翁同龢日记,军机大臣当日上午未获召见,只能散去。虽知必有大事发生,毕竟未见沈之行踪。此外,李宗侗说密谕是醇王门客赵某所拟,徐沅则归于孙毓汶所拟,也均为孤证,无法坐实。

9. 孙毓汶辨

前面提到,以往史学界对于"甲申易枢"研究甚少。在这方面下过功夫的,倒是非史学界出身的高阳。高阳是台湾小说家,他对晚清历史的理解和对典章、史料、掌故的纯熟运用,常常超出专业学者。然而在《同光大老》(1983年初版)一书中,高阳对孙毓汶在易枢事件中的作用,考证却有大大的失误,并对史学界产生了错误引导。

孙毓汶,字莱山,山东济宁人。咸丰六年以一甲二名,与翁同龢分获丙辰科状元和榜眼,时任工部左侍郎。其父孙瑞珍,先后担任过礼、工、吏部尚书,祖父孙玉庭,官至体仁阁大学士。从其出身看,是与盛昱、翁同龢、潘祖荫等人相仿的世家子弟。咸丰八年,孙毓汶丁忧回籍,后以在籍办团抗捐被劾,革职遣戍。

恭亲王以孙毓汶世受国恩，首抗捐饷，深恶之。同治元年，以输饷复原官。易枢前之二月二十七日，他奉旨与内阁学士乌拉布赴湖北查案。

高阳断言："孙毓汶是爱新觉罗皇朝覆亡的罪魁祸首之一。所谓'同光中兴'之局，结于此人之手。以醇代恭，出于他的一手策划；李宗侗所谓醇王幕客赵某，不知何许人；度有其人，亦必为孙毓汶的代表。至于孙密谋掀起此一大变局，其动机有二：一是借此为进身之阶，得以大用；二是报复恭王。后一动机为孙私下结纳醇王的由来。因报复恭王，除却利用醇王之外，别无他途。"

高阳的依据，是翁同龢三月十一日日记：

> 盛昱封事，四日未下，疑必有故。……济宁电线皆断，杳无消息，闷闷。[68]

据此，高阳推测："时孙毓汶往江南按事，归途顺道回乡；所谓'济宁电线皆断'，则知在此以前，孙毓汶固与醇王有密电往还，为醇王的谋主。在京大僚，关于政局变化须向济宁打听，可知孙毓汶此时的分量；……孙毓汶与醇王通信，固有辗转递交的电路，可达北洋。其时盛宣怀方署津海关道，与马眉叔（建忠）同为李鸿章朝夕相处的亲密幕僚；以醇代恭，盛宣怀亦极可能参与密谋。光绪初年醇王曾主张以左宗棠代李鸿章，后知其不可，与李结纳，信任益专。李鸿章其时方以张华奎结纳清流，感到张树声对他已形成威胁；因为通过盛宣怀的关系，助孙完成倒恭扶醇的密谋，就其个人利益而言，固为上策。电报局为盛宣怀一手所创办，各地电报局的技术人员，尤其是从事译电的'电报生'，皆负有为盛宣怀探听政情、传递消息的任务；孙毓汶人在江南，而能遥为策划，倘无盛宣怀之助，是件不可能之事。"[69]

高阳将孙毓汶奉旨赴湖北查案说成往江南按事，顺道回济宁老家，期间还在隐操醇王倒恭王之阴谋。连翁同龢也要向他拍电报打听消息。由此又牵扯出盛宣怀、李鸿章，均参与密谋，真是有点汪洋恣意、天马行空。

另一位台湾学者林文仁在其著作《南北之争与晚清政局，1861—1884》中也做了探究。他认为："二月廿七日经明发上谕，与乌拉布往湖北查办事件。……则所查之案必不在小，而须用以醇王亲信。有清一代派查钦案之例，向是虚指地点，为保密故。孙之往查实非湖北，而应是西南的唐炯与徐延旭。有一事实可以证明：孙、乌查案之明发在二月廿七日，而孙亦确已出京，方有翁同龢'济宁电线皆断'之记。但在三月十二日，孙已返京，且蒙召见，足见孙之任务中途而辍，半道折返。否则以二月廿七至三月十二日，短短半月，岂能南北往返？半道而归，正因三月初二，军机已请旨将唐、徐二人革职，并由张凯嵩、潘鼎新调补，孙毓汶省了一趟路。事实上，孙走此趟目的为何？依作者之推测，应即去找题目，好为发动朝变开个头，不意军机先有举措，但更不意的是，三月初八有盛昱一折也。"

林文仁接着说："其时电报已然开办，以翁同龢为在京之枢臣，犹指望自孙毓汶处打探消息，醇王势力渐成主流的情势，应确已甚显了。但十一日孙毓汶中断联系，以大事已发动，迅返京师，亦无可再奉告矣。更令人感有深味的是，电报事业乃由李鸿章之能员盛宣怀主掌，一切电信往来，由密码而译文，盛乃至李，不可能不知。此是否表示在朝变倒恭之前，李鸿章实已默喻，甚且可能已表示过支持了？以李在朝政决策上所占有之重量及向来与恭王之亲近，新权力结构岂能不虑及李之意向及表示一定之尊重，争取未来之合作？慈禧、醇王若有类此举措，李在固权保本为优先考量的情况下，因应现实，也甚符合其为政特质。三月十二日，大事已进入具体细节的议定阶段，此日中，孙毓汶及醇王俱有起，军机仍只匆匆一刻，盛折仍未发下。本日醇王与孙毓汶之入见，应即已商定对军机之最后处置。"[70] 这段文字，显然借鉴了高阳的错误想象。

真实情况是：孙毓汶二月二十七日奉旨赴湖北查案后，随即在各部物色出差随员。三月十二日与乌拉布分别见起，[71] 十五日启程，四月十八日抵达武昌。[72] 他先查湖北郧西县廪生余琼芳身死案，而后又据朝中即时出现的各种参奏，奉旨核查湖北学政在考取进士生员中收取"书价银"案和湖北应城县收取盐斤石膏税课中存在弊端案；又去安徽调查候补道刘传桢结交院幕，潜通声气，纳贿招权，侵蚀帑项案；又查寿州代理知州沈庆立庸懦无能，不理民事案；又往江西，调查巡抚潘霨庸暗浮夸、办事乖谬之案；又转河南，查巡抚鹿传霖刚愎贪腐、属员讳匿命案，幕友揽权纳贿，本人颓唐衰老的情形；又查东河河务贪腐，实际到工银两不及三分之二，霜降后官幕各有分润，中饱私囊；又以河南汝宁破获王觉一教党（即后来的一贯道）、张怀松等谋袭郡城案，前交鹿传霖审理，坚称实未谋逆，命孙、乌再查具奏等等。[73] 这番奔波下来，回京已是年底（十二月初七日，1885 年 1 月 20 日）了。[74]

孙毓汶与醇王关系密切，从奉旨查案到出发，费时十八天做准备，在当年属于较慢者。且在易枢前一日还有召见，这些都令人揣测他参与了易枢的策划，但目前尚未找到直接证据。反过来，试想孙毓汶真是参与易枢谋划的核心人物，在醇亲王首次走到政治舞台中央，亲自处理政务的关键时刻，焉能为这些琐碎事务离开中枢岗位八个多月？关于孙毓汶在易枢中之作用，高、林显然存在误判，而学术界还可展开进一步研究。

更要指出，"济宁电线皆断"，其实是句大白话。光绪七年，清政府建设了第一条长途电报线路，从津到沪，在山东济宁设有电报分局。前些日子，因北路大雪，跨越黄河的电缆水线中断，翁同龢为得不到前线消息而焦虑。三月十四日《申报》报道说："闻济宁电局已饬洋匠出修，先于黄河两岸安设机器递报，故津沪电信已可通传矣。"[75]可见盛宣怀、李鸿章乃至"电报生"云云，均为无稽之谈。

最后，高阳说盛宣怀署理津海关道，以醇代恭，极可能参与密谋。而事实是，盛宣怀接替患病的周馥暂署津海关道，李鸿章的呈报奏折要到五月十二日方才拜发，[76]这距易枢，已经过去两个月，所以就时间而论，也是搞错了。

10. 醇王参政

作为弹劾事件的发起者，盛昱绝未料到自己奏折在政坛掀起了惊天巨浪。

张华奎当初要求参张佩纶而盛昱不欲，说不如参劾军机大臣，军机倒则张佩纶必无办法。但盛其实并未想扳倒军机，也不知慈禧会抓住这个机会。所以他于易枢懿旨下达的次日，再次上奏，为恭亲王缓颊辩解，力图挽回狂澜。

盛昱奏称恭王等既以军国重事贻误于前，若令其投老田园，优游散局，殊不足以示罚。方今越南正有军事，筹饷征兵，该王等尚为谙练，若易生手，圣躬既恐烦劳，庶事或虞从脞。况疆事方殷，他族逼处，更虑大局。还说宝鋆年老志衰，景廉、翁同龢小廉曲谨，惟恭王才力聪明，举朝无出其右，徒以沾染习气，不能自振；李鸿藻昧于知人，暗于料事，惟愚忠不无可取。国步阽危，人才难得，以礼亲王与恭亲王较，张之万与李鸿藻较，则弗如远甚。他本人前日弹劾，请严责成，并不敢轻言罢斥。可否请旨饬令恭王与李鸿藻仍在军机处行走，责令戴罪图功，如再不振作，即当立予诛戮，如此于大局不为无益。[77]

官场历来就是人际关系的圈子。清朝职官制度中的荐人问责非常严厉。三十九年前，盛昱五岁时，其祖父敬徵因涉滥保驻藏大臣孟保，与睿亲王仁寿一起受到降职处分。下引道光二十五年二月二十二日（1845年3月29日）上谕，可见一斑：

> 谕内阁：前因仁寿、敬徵滥保孟保等堪胜副都统，有旨交该衙门议处。兹据该衙门照滥举匪人例，议以降二级调用。副都统为二品大员，该王大臣等遵旨特保，宜如何加意遴选，核实秉公，以期收得人之效。乃仁寿等不知慎重，滥举劣员，率行充数，部议降调，实属咎无可辞。仁寿着退出内廷行走，革去宗正、领侍卫内大臣，仍折罚王俸六年半，不准抵销。敬徵着革去协办大学士、户部尚书、都统，以内阁学士候补，仍留总管内务府大臣，以为滥举匪人者戒。[78]

作为世家子弟，盛昱对于"滥保匪人"的指控，应当有超越旁人的切身感受。但他却莽然上阵，书生论政，无意中成为慈禧改组政局大棋盘上的一枚卒子，和砸向恭王的一块石头。尤其是庸碌的礼亲王上位主政，使他更感失望，被迫将礼王与恭王、张之万与李鸿藻作比较，写出"弗如远甚"的结论，将两方都得罪了。台湾学者吴相湘和高阳将盛昱此举归为"系铃解铃"，其实却是他自悔失误、企图挽回局面的无奈之举。

同日上奏的还有监察御史赵尔巽，他奏称枢机重地，政务殷繁，礼亲王世铎等甫经入直，何能事事熟谙，是以历来军机大臣尚有学习行走之文，况现值边疆多事，更未可概易生手，恭亲王可否予以自新之路，使之戴罪自效？[79]

慈禧不予理会，兀自打出另一张王牌，颁发懿旨：

> 军机处遇有紧要事件，着会同醇亲王奕譞商办。俟皇帝亲政后再降懿旨。[80]

在以往的岁月中，慈禧、穆宗两次罢免恭王，近支王公皆站在恭王一边，最后以太后、皇帝的妥协退让而告结束。此次事变，事发突然，慈禧的夹袋里其实没有干部准备。事态发展下去，是否还会峰回路转，连远在伦敦的中国海关税务司金登干，也忍不住写信询问赫德：

> 恭亲王和李（鸿藻）肯驯顺地甘愿被黜吗？或者明天会下道谕旨，又让他们重新官复原职？[81]

礼亲王世铎是清初铁帽子王礼烈亲王爱新觉罗·代善九世孙，此次主掌军机处，源于醇亲王的推荐，此人缺乏对世界的基本了解。有个著名的笑话：某年京城大雪，其子侄从欧洲游历回来。世铎见面后问道：洋鬼子的国家也下雪吗？闻者掩口而笑，答曰：中国与外国同在天地间，所以都有风霜雨雪。[82] 这样庸碌无识之人，此次居然上位，从1884至1894年，领衔主持国家最高核心机构军机处整整十年。当然更可笑的是，关于礼王，后来的史学界对其既不在乎，也不研究，几乎没有论文，仿佛他是透明的，可以随便穿越，仿佛他根本不存在。而老百姓，对这个名字更是陌生的，有几个人听说过礼亲王世铎啊？

醇亲王是当今皇帝生父，有"太上皇"之嫌。他又是恭王七弟，还是慈禧太后的妹夫，最后那个身份算是"外戚"，现在全部叠加在他一人身上，看似尊贵，实则微妙，在宫廷政治中易招猜忌。同治年间，他与恭王关系总体和谐，在蔡寿祺参劾恭王和反对同治帝修复圆明园等重要问题上对恭王予以支持。十年前，慈禧立其儿子载湉为帝时，醇王曾上《豫杜妄论》的密奏，称忽蒙懿旨下降，择定嗣皇帝，仓猝昏迷，罔知所措。触犯旧有肝疾，委顿成废。惟有哀恳矜全，许乞骸骨，为天地容一虚縻爵位之人，为宣宗成皇帝留一庸钝无才之子，请求免去一切职务以避嫌疑。[83] 现在，慈禧先以礼王代恭王，又将绝不可能出现在政治前台的醇王推上前台，这种打破常规的用人布局，明摆着有很大的不对劲儿，如何表态，是摆在所有大臣面前的艰难选择，犹如俄罗斯轮盘赌的左轮手枪，扳机摁下去，子弹难保不会打中自己的脑袋。

三 挽救恭王的努力

11. 枢、译分置

三月十五日，上谕命总理各国事务衙门印钥着麟书暂行佩带。[84]

原先总理衙门大臣，一直由恭王领衔，包括军机大臣宝鋆、李鸿藻、景廉，和不兼军机的工部尚书麟书、顺天府尹周家楣、左副都御史陈兰彬、宗人府丞吴廷芬、署理左副都御史张佩纶。军机处与总理衙门的诸多事务，都在恭王、李鸿藻手中一并处理。随着老军机的罢黜，总署一下子失去了决策人物。

这天，醇王召集军机大臣和总理衙门大臣开会。事后他告诉翁同龢："阎（敬铭）初次谋面，朴而不华，论亦甚当。昨与诸君约三事：一谓和而不流，一谓不可求速草率，一谓共戒文饰，佥谓不谬。枢廷、总署分为两家，亦以为然。"他特别提到枢廷、总署分为两家的安排，还说"麟（书）岂胜此任，是以请加'暂行'字样"，[85] 证明此时谁任总理衙门领班大臣，慈禧和他尚未商定，暂以麟书执印，出自他的建议。

枢廷、总署分为两家，这是醇王思考已久的办法。早在同治年间天津教案发生后，恭王同意曾国藩以惩官员、杀首祸、遣使赴法道歉方案了结，使得主张对外强硬的醇王深感不满。同治十

庆亲王奕劻

年正月二十六日（1871年3月16日），他亲缮密折面呈太后，提出"我朝制度，事无大小，皆禀命而行，立法尽善。今夷务内常有万不可行之事，诸臣先向夷人商妥，然后请旨集议，迫朝廷以不能不允之势，杜极谏力争之口，如此要挟，可谓奇绝"。在密折中，他提出这是"臣下积弊已深，一味朋比蒙蔽"，"委因办夷之臣，即秉政之臣，诸事有可无否所致"，第一次提出军机大臣与总署理大臣的权限叠加问题，主张分治。甚至说"欲尽君臣大义，每伤兄弟私情，欲徇兄弟私情，又昧君臣大义"，[86] 锋芒直指恭王专权。这次建言，大大加深了他在慈禧心中的分量，使他成为太后手中隐藏的用以遏制恭王势力的重要砝码。醇王关于"枢译分置"的建议，当年慈禧没有拿出来，但她显然记住了，并在十三年后用上了。

十六日，军机处向总理衙门发出公函："嗣后凡有电报法越事件，希贵衙门随时密封交本处。其从前关涉法越文函等件，并希检齐即日送交本处。阅毕后仍归还贵衙门可也。"[87] 显然，醇王和礼王对于前线局势也开始进行掌控。

又过一天。十七日，太后命郡王衔贝勒奕劻管理总理各国事务衙门事，内阁学士周德润在总理各国事务衙门行走。[88]原先地位较低、资历较浅的奕劻被突然启用，走上主管外交的重要岗位，从此进入晚清政局的核心层。

奕劻是高宗第十七子庆亲王永璘的孙子。永璘死后，其三子绵慜袭封郡王，后晋亲王。道光十六年（1836）绵慜死，奉旨以仪顺郡王绵志之子奕彩为嗣，承袭郡王。道光二十二年，奕彩因在孝服中纳妾被夺爵。同时，永璘第六子辅国公绵性因觊觎王爵，行贿谋袭，事发遣戍盛京。道光二十九年，以绵性之子奕劻继绵慜为嗣。[89]奕劻属于远支宗室，早年家道衰落，又属罪人之后。但他天资聪颖，擅长书画，住在方家园一带，与慈禧的弟弟桂祥走动较多。文化程度不高的桂祥与宫中通信，多请奕劻代笔。奕劻靠着这条特殊途径，渐渐搭上慈禧的关系。同时，他对恭王亦甚为恭敬，作为爱新觉罗氏的大家长（宗人府令），恭王对奕劻也有提携。[90]同治十一年（1872）穆宗大婚时，奕劻获赏郡王衔，并授御前大臣。后来，奕劻与慈禧越走越近，地位越来越高，光绪二十年（1894）获晋封庆亲王，且以贪婪著称天下。时人文廷式说他"以疏属承嗣而骤封亲王，近代罕见"。又说"恭邸退闲时，知庆王之贪黩，尝与志伯愚（志锐）侍郎言：'辅廷（庆邸字）当日貌为清节，凡有人馈送，不得已收一二小物，皆别束置之。谓予曰："此皆可厌，勉为情面留之，概不欲用也。"予故援引之。今贪劣如此，若国家责以滥保匪人，予实不能辞咎。'"[91]呵呵，这里恭亲王将自己援用奕劻，也说成"滥保匪人"了。

晚清是中外关系激烈冲突的时代，外交牵扯着国运安危。甲申易枢后，奕劻被任命管理总理衙门，地位骤升，但实际地位和外交经验均严重不足，整个总署团队的人望亦与原先相去甚远，显示枢、译分家之后，连合适的领衔人选都挑选不出，这给期望营救恭王，转圜局面的大臣看到了一种进言的角度和希望。

12. 阻击醇王

醇亲王出山，打破原先的政治结构，亦使朝臣议论不绝。醇王以往在诸王中，洁身自爱，但观念保守，对世界大势缺乏了解。更重要的是，他作为皇帝亲爹，早就表示不参与政治。现在太后命他会商军机处"紧要事件"，怎么避免引发宫廷矛盾和风险，这对于讲究纲常秩序的士大夫官员，极为敏感，需要谨慎斟酌。

十八日一早，左庶子盛昱、右庶子锡钧、御史赵尔巽再次上奏，表示反对。

盛昱奏折说：皇太后忧国苦心，以恭王等决难振作，以礼王等甫任枢机，万不得已，特以醇王秉性忠贞，遂畀以会商之命。惟醇王自光绪建元以后，当日请开去差使，情真语切，实天下之至文，亦古今之至理。现奉懿旨入赞枢廷，军机处为政务总汇之区，不徒任劳，抑且任怨，醇王骤膺繁巨，怨讟易生。伏读仁宗睿皇帝嘉庆四年十月二十二日圣训：本朝自设立军机处以来，向无诸王在军机处行走者。年初因军机处事务较忙，暂令成亲王永瑆入直办事，但究与国家体制未符，成亲王着不必在军机处行走。恭王参赞密勿，本属权宜，况醇王又非恭王之比。伏恳皇太后恪守祖训，收回懿旨，遇有紧急事件，明降谕旨，发交廷议。醇王如有所见，亦可具折奏陈，以资采择。或容召对，虚心延访，不必有会商之名。

锡钧、赵尔巽也持同样观点，强调醇王的身份不宜与军机处会商事务。[92] 这些抗声，引出慈禧太后新的懿旨：

本月十四日，醇亲王奕譞与军机大臣会商事件，本为军机处现办紧要事件而言，并非寻常诸事概令与闻，亦断不能另派差使，醇亲王奕譞再四坚辞，碰头恳恩，当经曲加勉励，并谕俟皇帝亲政后，再降懿旨，始暂时奉命，此中委折，尔诸臣岂能尽知耶？至军机处政事，委任枢臣，不准推诿，希图卸肩，以专责成。经此剀切晓谕，在廷诸臣自当仰体上意，毋再多渎。盛昱等所奏，应毋庸议！[93]

显然，对于盛昱等人喋喋不休的谏言，慈禧并不放在心上。早上，她召见醇王之后，颁布懿旨，发出训诫，就将他们轻松打发了。

13. 再论枢、译

在对局势进行密切观察的大臣中，张佩纶扮演了继盛昱之后第二波营救恭亲王的角色。

张佩纶这几日因患感冒请假，他私下告诉李鸿章：

十三（日）大波，固上有积怒，实盛庶子一疏激成。庶子一疏，又王旭庄因袒振轩诋鄙人激成。鄙人与振轩公事公言，非有私也。王氏之举振轩，亦必惶恐。闽人太阴，所谓"福建子误我"者，此耶；其疏以荐徐、唐为鄙人罪，以信鄙人为高阳罪，以任高阳为恭、宝罪，不过逞其骂坐之锋，而不知酿成燎原之焰。恭、李黜，徐、唐逮，而鄙人独中流容与，如绵之受弹愈起，岂非咄咄怪事哉！

张佩纶还提到，阎敬铭"来述慈圣面谕，命不候假满即出。似此内隙可弭，深恩难负。鄙人当觍颜一出，涕泣一陈，冀回天听"。[94] 易枢事件起于弹劾推举徐延旭的张佩纶，波及李鸿藻，但慈禧要打倒的对象是恭王，所以张本人在易枢后圣眷未受影响，这是整个事件的吊诡之处。但张佩纶所具有的耿介、忠直、敢言性格,又驱使他不顾个人安危,公开为恭王抱不平,认为替代恭王的新团队还不如老团队,希图调解太后与恭王的矛盾。在举朝大员沉默以观风向的时候,张佩纶和弹劾张佩纶的盛昱,勇敢地站出来争谏,堪称晚清"清流"的一曲绝唱。

此时国家正处在战争边缘。十八日,亦即在盛昱提出醇王不宜会商军机大臣的同时,张佩纶上奏《枢臣不兼总署窒碍难行折》,借论军机大臣不兼总署大臣会贻误时机为由,指出:

> 臣维总署向由枢臣兼管,诚以今日急务无过于洋务军务者,是以立法之初,恭王及军机大臣均兼总署,取其机密迅速,遇有要务,可以随时奏闻,禀承训诲。恭王为朝廷懿亲,各国亲与立约,服其威信,是以二十年来外侮迭出,率能化大为小,化有为无,军机大臣兼总署之明效也。今事阅五日,枢臣无兼理之命而总署特派贝勒重臣,是枢廷译署画为两截。就法越之事而论,电报不能迅达天听,译署不能参预戎谋,已多扞格。就各国交涉而论,既骤去一外夷素日信服之亲王,又不能见朝廷倚重之军机大臣,顿生疑忌之心,转启刁难之渐。现在正与法国坚持,必使各国群起而猜,殆非万全之计。……臣近日彻夜彷徨,感冒甚重,本拟请假调理,因关系太巨,力疾陈辞,伏乞皇太后皇上圣鉴。[95]

为此,醇王再次召集军机大臣和总署大臣于军机处西侧隆宗门外造办处讨论枢、译体制。翁同龢注意到,讨论持续到下午二时一刻他离宫时仍未结束,可见会议之冗长。翁同龢还在日记中调侃了一句:他们也好辛苦啊。[96]

张佩纶在会议上侃侃而谈。据其友人张曾扬的说法,"君以恭邸有大勋劳,系中外望,不宜弃置。于广坐规醇王甚切。坐中皆感动,王亦无忤,而内不怿"。[97]

张本人则告诉李鸿章:十八日与醇王纵论,据阎敬铭、张之万十九、二十日见过之语,均言兴献大为感动。吴廷芬从署中来云,劭贝勒言,鄙人之说甚是,复极力与醇王密谈。现在醇王复促译署具折,以便力请于上。[98]

张佩纶坦承:"阎、张于洋务隔膜,请枢兼译为起恭王,并非为阎、张。"但醇王听后会"大为感动"吗?后来,张佩纶执笔奕劭领衔的奏折确实上递了,却在太后处碰了大钉子,醇王是否在欲擒故纵、假戏真做呢?以张佩纶之聪慧,他看不透醇王真实的想法吗?不解。

这天,上谕还任命刑部右侍郎许庚身在军机大臣上学习行走(他是作家高阳的叔祖)。[99]许庚身上奏请辞,奉旨着毋庸固辞。[100]

十九日,张佩纶有一函致李鸿藻,颇值玩味:

> 今日请假矣。许星叔(庚身)疏辞,此举当为兼译署计。丹、青(阎敬铭,字丹初;张之万,字子青)工于避就也。荔秋(陈兰彬)来言,法云中国有内蠹,可乘以瓜分之,何天爵译,即指此事,殆外人早知之。一墙相近,恨不能开一便门出入,现在正可以薄暮访谈耳。[101]

当时张佩纶住在宣武门外的北半截胡同,李鸿藻住在丞相胡同,两家门向不同,内院相挨,故张有"破墙开门"之说。显然,易枢后他仍与李鸿藻保持密切联系。张函提到许庚身担任军机大臣后将在总理衙门兼职,这个情报也是准确的。尤其值得注意的,是他批评阎敬铭、张之万"工于避就",甚至是蛀虫。阎敬铭原是"清流"通过张之洞大力援引入局的合作伙伴,张佩纶与他联络颇多,此次进入军机处,似乎与张佩纶在私下沟通中多有闪避,引起张的严重不满。

14. 谏言失败

沿着枢、译分置思路,张佩纶继续谋划挽回局面。二十一日,他在致李鸿章函中提到:"恭王之事,因好货、好色,为圣心所怒,尚非同根相煎。"这个提法非常值得关注。在张佩纶的观察中,甲申易枢,竟是恭王自身品行问题,与他同太后及醇王的矛盾无关吗?

张佩纶很直白地说:时局纷纷,急萧墙而忘外患。日内张人骏具疏,请召公入决策,以为止沸救燎之计。"鄙人虽求去,亦未敢忘天下也。贵宗人(李鸿藻)与鄙人交而非党,及其事棘时衰,避贤乐圣,人即垢为私党而亦不辞,犹之与公交亦无私,但患难之际,则鄙人亦必与公同之,而不独求自解也"。[102]

二十二日,张佩纶又致函李鸿章:时事如此,果得贤才辅世,诚宜舍旧谋新,奈阎敬铭于洋务隔膜,于治理苛碎,断非救时宰相。张之洞召入,闻将安排在译署。在信的结尾处,张佩纶

军机大臣、总理衙门大臣许庚身

还说：醇王既欲转圜，劻、礼亦愿调处，公能以重臣出片言相助否？岑毓英军又挫，尚敢救唐炯耶？李鸿藻誓不再出，阎敬铭"颇有兴致，锐然以天下自任"。[103]

信中张佩纶提到醇王欲转圜，奕劻和礼王世铎皆愿调处，他在谋划张之洞进入总署，希望李鸿章公开发声，以作支持；而阎敬铭"锐意以天下自任"。这些细节是否准确且待验证，但也是长期未被人们知晓。

二十三日，张佩纶用隐语密函李鸿章，又透露新的信息：

> 鄙人明日出山，意在祷佛。闻乐道旧疾又作，兴以方药，怀入乞怜，佛寂然。或云虞作谋主，兴、乐不能再合，欲强鄙出，以此饰观耳。然鄙人之念，百折不回，断不于人骨肉新故间求捷径也。小阮之说已得请述，后忽云再商，至今未下。据云主刚畏公之柔，或云本有谣。公当入，不愿应谣也。[104]

信中"佛"指慈禧，"乐道"指恭王（恭王府乐道堂为奕䜣起居处所，他亦自称"乐道堂主人"），"兴"即"兴献"，指醇王（明兴献王朱祐杬为明宪宗第四子，明武宗死后无嗣，由朱祐杬之子朱厚熜继承王位，即明世宗，年号嘉靖。此处以"兴"隐指醇王），"虞"即虞山，指翁同龢，"小阮"指张人骏。此信至少包含四层意思：一是"明日出山"，指张佩纶已经起草并由奕劻领衔总理衙门各位大臣联署的奏折，力陈枢、译不可分划，再次向慈禧陈情，将于明日拜发；二是恭、醇王矛盾爆发，慈禧却不表态，据称翁同龢在为醇王谋划；三是醇王争取张佩纶出头任事，张却不想趁机为自己谋划利益；四是上日说定张人骏奏请李鸿章进京参与决策，现在太后变卦，奏折迄今没有发下。

二十四日，总署王大臣上《枢臣宜兼总署行走折》，列举六大理由，力证枢译断不可分。[105]翁同龢一针见血地说："总署递折，凡六条，请以枢臣兼总署，意在恭邸而未敢显言。有夹片撤去

醇邸见时,上意切责总署以为非恭王不能办。"[106] 旋遭懿旨指斥:

> 谕军机大臣等:总理各国事务衙门奏枢臣宜兼总署行走一折,虽系为慎重公事起见,然于条分缕析之中,语多失当,迹近要挟。奕劻等均着传旨申饬。第念该衙门事务较繁,本日已降旨,令阎敬铭、许庚身在总理各国事务衙门行走。嗣后该衙门应办各事,责成奕劻等同心合力,务臻妥善,毋得意存诿卸、再行渎陈。倘有贻误,惟该大臣等是问![107]

张佩纶策动枢臣兼总署行走方案及各方态度屡有变化,而结果并未按他设计的路线图进行。当日他又告诉李鸿章:"今日空听金钥,未谒珠帘。闻乐道处昨有赐予,恐已心回耶。"[108] 这隐指什么变化,不详。从结果看,他为恭亲王复出所做的努力失败了。

二十五日,张佩纶沮丧地致函友人黄国瑾:"昨日译署以'语多失当,迹近要挟',奉旨申斥,佩纶之咎也。此时自处甚难,阁下为我计之。"[109]

而醇王则对翁同龢说:"子房初识,乃一孟浪少年,少按即塌,须大加历练,始克负荷。日前译署一疏,奉有'措词过当,迹近要挟'申斥之旨,至今伏而不出,其嫩可知。"[110] "子房"即张良,此处指张佩纶,他对张的藐视是显而易见的。后来张外派帮办福建海防,军事失败,无法东山再起,显然也与醇王对他在易枢后所采取行动的看法有直接关系。

四 易枢后的对法议和

15. 对法议和

甲申易枢因中国在越南的军事失败而起。易枢之后,外交和军事的决策依然要回应如何解决中法在越南的冲突。

光绪九年底到光绪十年初,国内金融机构连续破产,市面极为凋敝,越南前线的军事行动也连遭失败。对此局面,恭王醇王,新老军机,乃至慈禧太后和"清流"士大夫,其实均无善策。醇王起初想和法国人打一仗,[111]但谁来打、怎么打都不知道。这一点,李鸿章早就看得明白。易枢前的三月初一日,他致函总理衙门,请求转告总税务司赫德,命原天津税务司德璀琳(Gustav von Detring)尽快来津。德璀琳是李的熟人,前阵回德国休假。回华后,因粤海关税务司吴德禄(F. E. Woodruff)病退,赫德派其继任。[112]但德璀琳在香港遇见法国海军福禄诺上校(Francois Ernest Fournier),获悉法国的议和方案,遂通过两广总督张树声向李传递消息,李鸿章要向他当面了解详情。二十二日,德璀琳抵津,翌日拜会李鸿章,告知从福禄诺处得悉,法国正调派军舰,拟夺据中国一个口岸为质。若早谈判"讲解",可电本国止兵。而外电消息,中国军队据守的越南兴化,已经失陷。李鸿章将消息报告北京。[113]同日,赫德也转告总署,兴化十八日被法兵占据。此前有传清军克复北宁、山西之说,均为谎言。[114]

三月二十四日,李鸿章致函总署,通报与德璀琳见面详情,说福禄诺八日内在烟台等候中方讯息。同时转达法方不满驻法公使曾纪泽在欧洲的言论,称中国虽在越南挫败,尚未达到法国在普法战争中大败的色当之役,是对法国的讥诮,要求中国更换使臣作为谈判的前提。并说"鸿章身任疆事,分应备兵御侮,不敢专主和议"。[115]同日他私下告诉张佩纶,只要"及早解说,兵船可不来,兵费可不赔。但法廷上下恨劼刚(曾纪泽)殊甚,欲请调开,另派法使,则议约(不过分界、通商、朝贡各事)尚易就绪,不知衮衮诸公以为何如"?[116]

天津海关税务司德璀琳

福禄诺上校

不出所料,替代恭王团队成为新决策层的衮衮诸公,回应就是妥协,不要将越南之战弄成中法开战。二十五日,清廷上谕明确表示:中法通商以来,讲信修睦。一切交涉事件,惟期推诚相与,永固邦交。嗣法越构兵,因越南为我藩属,揆之以大字小之义,不得不为保护。且越境内土匪滋扰,迄近未绝,甚至窜入中国边疆,是以派兵驻扎北圻,以资防堵。越南昧于趋向,首鼠两端;朝廷与法国并不愿伤睦谊。今兴化已被法兵据守,德璀琳密称,若早讲解,可请止兵。是以"着李鸿章通盘筹划。酌定办理之法。即行具奏"。从大历史的角度去看,清王朝已经无法阻止中越宗藩体制的崩塌。

上谕还强调说:

> 李鸿章筹办交涉事件。责任綦重。叠经被人参奏。畏葸因循,不能振作。朝廷格外优容,未加谴责。两年来法越构

邯郸一枕笑匆匆　　167

衅，任事诸臣，一再延误，挽救已迟。若李鸿章再如前在上海之迁延观望，坐失事机，自问当得何罪。此次务当竭诚筹办，总期中法邦交从此益固。法越之事，由此而定。既不别贻后患，仍不稍失国体，是为至要。如办理不善，不特该大臣罪无可宽，即前次总理各国事务衙门王大臣，亦不能当此重咎也。[117]

按此意思，中法越关系发展至今，全是臣下延误所致。李鸿章必须抓住时机，谈出结果，否则会同"前次王大臣"同样下场——本来谋和的信息是李鸿章传递的，对外忍让是李鸿章主张的，但看到福禄诺这根稻草之后，如此迫不及待地求和，甚至不惜对李鸿章下旨恫吓，将慈禧太后妥协退让的心态、醇王及军机新班子成员的揣摩和奉迎显示得淋漓尽致。

二十七日，李鸿章向总署寄出福禄诺所提条件密函和曾纪泽在德国报纸发表谈话的译文。当晚，他执笔回复张佩纶二十三、二十四日两函：

> 祷佛无灵，鄙已料及。丹、青、小、星（徐用仪，号筱云；许庚身，字星叔）诸君子皆主款议，兴献亦外强中干。适值福酋密函来得凑巧，此事或有机缘。惟法廷衔恨劫侯，由于劫揣摩清议主战凤旨，又不深悉中西兵事窾要，往往言过其实，以致贻羞各邦。曾、李谊同骨肉，殊令鄙人从中为难，将来若有成议，冀执事来助一臂为幸。[118]

发信之后，李鸿章收到张佩纶廿六日晚上所写之信（该信似未存世，李鸿章称"语语肺腑，读之感涕"）。约在夜晚10点前后，李鸿章又收总署电报："来信进呈。奉旨：事属可行，许其讲解。……望将此意电知福酋，并展期十余日。……曾大臣本系连任，年限届满，留撤俟由内酌。"[119]

李鸿章知朝廷同意调走曾纪泽，法人所提谋和的一个重要前提已经确立，心中有底，于是连夜又给张佩纶写了第二封信。先说"廿五严旨责以酌定款法，又历数两年任事诸臣一再延误，若谓鄙人亦在出谋发虑之列者，可谓冤极，然念乐道诸君同被峻罚，不才亦欲藉此收帆，早图退步，遑计旁人纠劾哉"。实际上却是在给张佩纶筹划退路：

> 执事现处地位，只有韬晦委蛇，随众俯仰。……万一福酋议有头绪，欲附片密请台旆来津为援儒入墨之举，亦示天下以公非真欲主战者，未知尊意何如？……法恶劼刚，并未恶公，何可媒蘖？德璀琳则以请公来会议为妥。[120]

李鸿章的两次邀请，是想帮助张佩纶在此前荐人失误的尴尬处境下转变形象，与决策层最新动向保持一致。所谓"援儒入墨"，儒者，讲究夷夏之防，墨者，则有"非攻"之意。

后台政治运作往往就是如此，局外人不知情的，外表上看不出动静。接着，清廷调整驻外使节安排为和谈铺路。四月初四日宣布，派许景澄担任驻法、德、意、荷、奥公使，未到任前，由驻德公使李凤苞兼署驻法公使，曾纪泽则办理英俄使务。同日，马建忠在上海会见福禄诺，随后又与法国舰队副司令利士比（S. N. J. Lespés）会谈。

初四日，李鸿章还按照与总理衙门的约定，向朝廷上奏《遵旨复陈法越事宜密抒愚悃折》，提出越法早已立约（1874年，法国迫使越南签订《法越条约》，规定法军对越南提供保护，并对其在南北圻占领区享有充分完全控制权），又求中国支援。去年广西巡抚徐延旭慷慨谈兵，欲尽歼法军、克复西贡，实际作战却一蹶不振。至今山西不守，北宁亦失。建议抓住福禄诺议和之方案，放弃越南，先结此案，再谋选将练兵、通商裕饷、造船简器。他呼吁君臣上下卧薪尝胆，讲求实事，不复空谈，不要互相掣肘。尤望朝廷预为审定，何者可行，何者难允，不为众论所摇。并请军机处、总理衙门派出"才望卓著之大臣"，驰往天津，统筹斯事。这个"才望卓著之大臣"，自然隐指张佩纶。诏命御前大臣、军机大臣、总署大臣、大学士、六部九卿、翰詹科道详议复奏。[121]

张佩纶历来是主战派，不以与法谋和为然，四月初八日，他回复李鸿章说：

> 兴献诸事痛快，我公当能行其志。但制言路易，制法人难耳。尊意主和，一线到底，颇足内结主知，外敦睦谊。……言路于尊书颇不平，然亦无害于事。鄙人昨请丹老代奏，云张某之论，言路主战者多，转于和局有益，愿朝廷不以异议为嫌，今日又言之兴献。作清流须清到底，犹公之谈洋务，各有门面也，一笑。……至鄙人来津议和，断不遵命，宁死，断不附和和议，幸公勿为此言，才望亦不著也。能退为幸，志已决矣。[122]

张佩纶其实比谁都清楚朝廷怯战求和的本意，却坚持清流、洋务各有门面，没有去握李鸿章伸出的援手。从事后看，这其实是他官场避险的最后时机。人生难料，六天之后，朝廷外放他会办福建海疆事宜，他私下再请李鸿章将他与吴大澂对调，转为会办北洋事宜，称闽省无知兵大员，吴大澂前往，可坐得巡抚，而鄙人近依左右，乞退较易。公已主和，北门防御不过虚张战势，若真开战，则吴大澂亦未必能胜。[123]但此时已经无法操作（可参阅本书《江湖归梦清，伉俪深情重：张佩纶的婚姻生活》一文），他被自己倔强的清流性格和"门面"绑架，只能走向前线。

而吴大澂，对这一切复杂运作皆不知情。四月十一日，他给兄长吴大根的家信中写道：

> 朝廷因滇桂军事不利，疑北洋未必可恃。政府慌张，毫

无定见。合肥本不欲战,遂有魏绛和戎之意,殊属可笑可耻亦可叹也。[124]

"魏绛和戎"是《左传》中的典故,讲晋国国卿魏绛用议和策略,争取到周边部落的和平相处,此处是讽喻李鸿章的谋和活动。在政治圈里混,需要信息灵通,有时什么也不知道,好运却落在自己头上,也是福气。

16. 易枢评价

四月初九日,张佩纶用隐语给李鸿章写密信,对易枢以来他自己的态度和行动做了总结。

省心老人左右:

旬日书问往复,意殊不畅。兹略言之,惟鉴及:

一、救僧道是鄙人廿四以前志愿,今已灰冷。道教难兴,僧投佛缘,神意不悥。久之,僧必仍作住持,僧意甘退院。曰禅心久沾泥絮矣。

一、两画是立本胜于僧繇,然入神则僧繇耳。近神品全推覃溪,两画亦不必久悬密室耳。

一、十八参神,实以一片婆心劝神回心向道,吾非好道,但道尚畏人,可共事,神则无所顾忌,难与共事也。

一、廿五一偈,来教云,疑某亦出谋发虑一语,为之三叹:庵主疑为僧道所累,急于自剖,则一叹;神欲用庵主,先以术吓之,而庵主已色动,则再叹;以极好之庵主被外魔内神缠扰,而鄙人不能相助,则为之三叹。不知佛以庵主于慈航佛火,精究有年,费布施钱可布地,殊不足降伏彼法,亦怒之,故当头一棒耳。不关僧道累之,殆五台山诸开士扰扰说庵主故耳。

一、鄙人不好道，亦非爱僧。但僧颇受戒，其事佛诚，其待庵主亦至惜。僧为道累耳。且攻释迦者，并及吾教。僧去儒何必留？

一、神不能忘情于张仙，屡属师意会礼之。仙非从赤松游不可也。欲罗致之作韦陀，但吾非吓鬼者。

一、说法乃庵主事，幸勿牵连。五斗米教天师但能捉妖，不能说法。

一、阎罗难共处，其习有三，曰诈、曰愎、曰粗。[125]

根据研判，信中的僧，指李鸿藻；道，指恭亲王；神，指醇亲王；两画中，立本即唐代画家阎立本，指阎敬铭；僧繇即南朝画家张僧繇，指张之万；覃溪为清人翁方纲，指翁同龢；庵主，指李鸿章；张仙、五斗米教天师均为张佩纶自谓；阎罗似指阎敬铭。

我们若将这些暗语代入信中，其文意大致是说：

救李鸿藻和恭亲王，是我廿四日以前的志愿，如今已心灰意冷。恭王难再重起，醇王不喜欢他。李鸿藻将来必能复出，但他甘心退避。

论能力，阎敬铭胜于张之万，但与醇王关系则张之万更深；最接近醇王的是翁同龢。阎、张会被使用。

十八日我一片苦口婆心，请求醇王与恭王重归于好。并非我喜欢恭王，但恭王尚能接近，可以共事，醇王则无所顾忌，难与共事。

廿五日上谕和来信，我有三个感叹：一是你怀疑受李鸿藻、恭亲王连累，急于自剖；二是醇亲王欲利用你，先以权术吓唬，而你已被吓住；三是极能干的李中堂被外魔内神缠扰，而鄙人不能相助。太后对你的本事深为了解，你在洋务练兵上也花了大量金钱，却没能将法国人摆平，故很生气，才给你当头一棒,并非受李鸿藻和恭王连累,只是京中主战言官一直在说你坏话。

鄙人并非喜欢恭王和李鸿藻。但李鸿藻能听各方意见,对慈禧忠诚,待你亦非常爱惜。他被恭王牵累,并波及我。李鸿藻被罢免了,我又何必再留下?

醇王其实对我不错,数次嘱咐你以礼相待。但我只能跟随赤松子交游。要把我罗致去当护法的韦陀,恐怕不能。

与法国人谈判是你的本事,请勿牵连我。

阎敬铭很难共处,其习气有三:诈、愎、粗。

这封信写得很精妙,比如借喻僧、道、神、佛,信息量极为丰富,有一些表述至今尚不能清晰解读,某些人物的对应似也可讨论,读者不妨反复玩味。

在最高当局的权力游戏中,张佩纶只是配角和工具。从慈禧、醇王眼中看去,他敏锐、敢言,用得好,是天王殿中的韦陀,但在群仙队列之中,韦陀的地位毕竟也没有多重要。

大戏演到此处,一切都已定局,张佩纶明白,再说什么,都已无济于事。

17. 恭醇对诗

甲申易枢,醇王上位,恭王是最大的失败者。但史料对恭王的态度、应对的谋略,却未留下记载。在历史小说和影视剧中,错综复杂的宫廷斗争,正是作家施展想象力的大好时机。多年前我读高阳作品,近来看《甄嬛传》《琅琊榜》,跌宕的情节和精彩的人物对白,令我对作家们心向往之,可我却不能做到。这就使我关于甲申易枢的叙述,保留有很大的空缺,需要坐在冷板凳上继续搜集资料、发现秘密,这是没有法子的事。

易枢懿旨下达后，从表面上看，恭王没有聚集力量反抗，也没有更多的大臣像上两次那样站出来为他申辩。显然，慈禧太后的力量已非昔比，且用手段分化了王公亲贵，恭王只能默默离去，回到自己府第后面幽静的花园里，阅读唐诗。

易枢之后第七十九天，闰五月初三日，醇王去恭王府拜访，恰好恭王去离家不远的西海普济寺，游览日下第一楼未归。醇王留下七绝两首相赠：

涤尽嚣廛十丈埃，衔杯坐待芰荷开。
诗情画意兼禅悦，第一楼中第一才。

风逐劳薪袖拂埃，胸襟无复旧时开。
羡他松影茶烟里，衲子青年亦辨才。[126]

恭王有很好的文学底蕴，回府后，集白居易诗句依原韵奉答：

试将衫袖拂尘埃，君手封题我手开。
两幅彩笺挥逸翰，高阳兴助洛阳才。

幽芳净绿绝纤埃，白藕新花照水开。
且共云泉结缘境，甘从人道是粗才。[127]

醇王收到后，再步原韵赋诗送呈：

天衣不染世间埃，丹府奇葩次第开。
自愧解嘲嘲未已，濡毫空慕子云才。谓时局近事。

曾从人海荡繁埃，曾拨疑云日月开。
一枕北窗清梦罢，翛然高咏玉泉才。[128]

两兄弟间，环绕着醇王诗不断往复唱和。醇王诗均为原创，恭王诗均集唐人诗句，虽说应酬文字，却也暗藏机锋。比如有

醇亲王奕譞、恭亲王奕䜣
1889 年摄于恭王府

"人间步步是尘埃,长啸一声天地开","沉沉烟雾压浮埃,湖上荒亭临水开","昨夜雨凉今夜月,言情不尽恨无才"[129],"老我不堪诗思杳,谪仙依旧是诗才"。[130]

醇王和诗,更有诸多暗示,有一组诗,题曰《六兄又以集唐八截句仍用前韵见示,再依韵赋呈,以志自春徂夏之杂感云》,其中写道:"闲身保国愧涓埃,多病心花倦不开。"另作注云"自去秋病至新正始愈"。"云影无心舒卷幻,宏才高蹈胜轮才",另注云"三月间被会办之命,固辞弗许"。[131]在一些诗句的旁注中,还提及九妹寿庄公主之薨和自己的儿子载洸四月殇故,"只余沣儿甫二岁"。这些皇家骨肉生死离别,为兄为父心绪情感,与整个宫廷争斗风云波澜、中法战争和战谋划交织在一起,片言只语,引人掩卷遐想不已。

易枢之后,前军机大臣宝鋆则赋诗一首,取名《甲申季春中旬作》,直抒胸襟:

邯郸一枕笑匆匆,年近耄期心自童。

甲申易枢后新就任的总理衙门大臣
左起：张荫桓、廖寿恒、许庚身、庆亲王奕劻、徐用仪、孙毓汶
（照片由徐家宁提供）

    鱼藻关怀仍北阙，莺花满眼又东风。
    钓鳌乏术惭龙伯，失马澄观等塞翁。
    寄语同升诸硕彦，不须咄咄学书空。[132]

  他是在说，回首往事，陪伴恭王，叔嫂联手执政，不过是邯郸一梦。展望未来，远离江湖，满眼东风。慈禧启用的新人高明与否，历史的演进将做出证明。

18. 十年一梦

  光绪十年三月之后，以慈禧太后为核心的满族最高统治层，形成了醇王奕譞、礼王世铎、庆王奕劻联合执政的"三驾马车"。

执政伊始,他们就感到国事艰难,在对法交涉中,立即转向议和。中法战争之后,朝廷上下政务松弛,腐败更为加剧。醇王尽力迎合慈禧,甚至为她精心修建颐和园,但仍然难逃慈禧的猜忌。京城里的那帮言官,除了对时政发发空论,其他不外乎收藏古董、吟诗作画、考订经史、品尝美食,轮到机会出个学差,到各地收些弟子门生,对世界的变化和迫在眼前的挑战了解很少,也无意花心思真的去了解。陈宝琛曾作诗婉讽,谓之"阿母欢娱众女狂,十年养就满庭芳",133 即是当日政坛的写照。

光绪十六年十一月二十一日(1891年1月1日),醇亲王奕譞因病薨世。

斗转星移,日历翻到光绪二十年八月二十八日(1894年9月27日)。此时,中日甲午战争双方宣战不到两月,清军海陆两线的作战一片败绩。北洋海军在十天前的黄海海战中沉没五舰,陆军也从朝鲜全境撤退。这天上午,慈禧和光绪在西苑的颐年殿东暖阁,分别召见庆王奕劻、军机大臣以及户部尚书翁同龢与礼部尚书李鸿藻。

十年前,翁同龢、李鸿藻均为军机大臣,因"甲申易枢"而与恭王奕䜣一起去职。这次他们请求在国家的危急关头,重新启用恭亲王。翁同龢在日记中记载:"上执意不回,虽不甚怒,而词气决绝,凡数十言,皆如水沃石。"134

翁同龢所记的"上执意不回",是指光绪帝还是慈禧太后,他没有明说。次日,翁同龢奉懿旨前往天津,代表最高当局,向李鸿章面询战局前景和联俄的谋划。

同日还有重要事情发生。根据曾任清末军机章京和民国高官的许宝蘅先生所作《恭亲王奕䜣甲午入枢事札记》,有如下描述:

先日,礼亲王世铎与枢廷孙毓汶、翁同龢、李鸿藻、徐

晚年的恭亲王奕䜣
（照片由徐家宁提供）

用仪、刚毅同诣邸请谒，（恭）王辞以病，拒不见。礼王等于次日奏闻孝钦（慈禧太后），乃遣李连（莲）英往问疾，王不能拒。连（莲）英先传太后闻王病，并述平时殷念之旨，又问王之饮食起居，琐屑备至。言次渐及时局之艰难与两宫之忧劳，又言及枢廷辅佐之无能，远不如甲申以前，王大为感动。然后，连（莲）英又述慈圣待见之殷。王遂谓：吾明日当扶病入觐，连（莲）英即叩头谢曰：王爷如此，实为国家之福！即当归奏以慰慈意。于是次日入见，遂奉枢直之旨。

礼王是否曾率领这干人马前去拜访恭王，以及李莲英是否二十九日再去面请，现在未见其他史料佐证。翁同龢此时赴天津，刚毅则要到十月才补授军机大臣，故名单是不准确的。但据档案记录，二十九日，太后命传谕宗人府，安排次日召见恭亲王。[135]

九月初一日,慈禧太后召见了被她革去一切职务、在家赋闲十年的恭亲王奕䜣。旋发布懿旨称:"见王病体虽未痊愈,精神尚未见衰,着管理总理各国事务衙门事务,并添派总理海军事务,会同办理军务。"又谕着在内廷行走。[136] 十一月初八日补授军机大臣。[137]

许宝蘅还记载:恭王退下后,来到军机处,"礼王迎见,跪安,称'请老爷安'。王曰:'汝如何亦称我老爷?'又曰:'汝在军机如许年,何以弄得如此之糟?'礼邸及诸公皆噤不敢声"。[138] 礼王为人庸碌而无作为,本来就是醇王的傀儡,光绪十六年醇王去世,庆王奕劻崛起,颇得太后宠信,礼王依旧主持日常工作,国家却是每况愈下。

恭王在甲午战争作战失败之时得以复出,但胆略、谋划和责任心均早不如从前,他伴随着大清王朝、伴随着慈禧太后,渐渐走向末日。光绪二十四年四月初十日(1898年5月29日),恭王病逝于戊戌变法发动之前。

至于盛昱,后来在编辑自己的文集时,没有将引发甲申易枢的那篇奏折收入,大约是心怀歉厌。这一点,被眼尖的张之洞看出。故张作《读盛伯熙集》之诗,有"不知有意还无意,遗集曾无奏一篇"[139]的记录。

2016年3月初稿
2019年2月修改

---

1 何天爵:《真正的中国佬》,第18页。
2 赵烈文:《能静居日记》,同治六年七月初九日,第2册,第1078页。
3 赵烈文:《能静居日记》,同治八年五月二十八日,第3册,第1259页。
4 曾国藩:《复袁保恒》,同治十年五月十九日,《曾国藩全集》,第30册,第7448页。

5 转引自董守义:《恭亲王奕䜣大传》,第252页。
6 李慈铭:《越缦堂国事日记》,同治十二年八月朔日,第3册,第1155页。
7 《清史稿·沈桂芬传》,第41册,第12366页。
8 《王文韶日记》,光绪七年正月十三日,下册,第548—549页。
9 《翁同龢日记》,光绪六年十二月除夕,第4册,第1573页。
10 张佩纶:《致顾皞民观察》,《涧于集·书牍》,卷1,第55页。
11 刘成禺:《龙树寺觞咏大会》,《世载堂杂忆》,第77页。
12 《李鸿章遥执朝政》,刘体智:《异辞录》,第83页。
13 张佩纶:《致张霭青郎中》,《涧于集·书牍》,卷2,第4—5页。
14 《张树声奏调张佩纶帮办水师》,刘体智:《异辞录》,第81页。
15 张佩纶:《制敌安边先谋将帅折》,光绪九年四月十八日,《涧于集·奏议》,卷3,第26页。
16 张树声:《复张副宪佩纶》,光绪九年六月十五日,《近代史所藏清代名人稿本抄本》,第1辑,第36卷,第343页。
17 张佩纶:《复李肃毅师相》,光绪八年六月初十日,《涧于集·书牍》,卷2,第3—4页。
18 张佩纶:《致文忠书》,壬午,六月初十日,《篑斋函牍稿》,上海图书馆藏。
19 关于恭亲王1882至1883年患病情况,可见《翁同龢日记》,第4册,第1725、1734、1739、1767、1773、1775页记录。光绪九年二月廿四日翁同龢记:"恭邸自去年七月至今病已七阅月,今天召对,抚慰甚至,仍予假一个月。"三月十八日记"邸自上月廿四归后,多食感风,大吐泻,此时风疹未平,腰疼足软不能支,气弱甚于曩时,可虑也",等等。
20 李鸿章:《致张佩纶》,光绪八年十二月初七日,《李鸿章全集》,第33册,第199页。
21 李鸿章:《寄译署》,光绪十年二月十七日午刻,《李鸿章全集》,第21册,第128页。
22 李鸿章:《寄译署》,光绪十年二月十七日酉刻,《李鸿章全集》,第21册,第128页。
23 《翁同龢日记》,光绪十年二月十八日,第4册,第1853页。
24 《张佩纶致李鸿章》,光绪十年二月十八日,《张佩纶家藏信札》,第2册,第791页。
25 张佩纶:《保小捍边当谋自强折》,光绪八年正月初八日,《涧于集·奏议》,卷2,第7页。
26 张佩纶曾对黄彭年说:"公至交莫如鄂生,再同至交莫如佩纶",鄂生即唐炯,再同即黄国瑾。见张佩纶:《复黄子寿廉访》,《涧于集·书牍》,卷4,第11页。
27 《张之洞山西致李鸿藻第四函》,《李鸿藻年谱》,第311页。
28 张佩纶:《致鹿传霖》,光绪九年十二月二十日,中国社会科学院近代史研究所档案馆藏,编号:甲70—3,鹿传霖存札。
29 《张佩纶致李鸿章》,光绪二十六年八月十六日,《张佩纶家藏信札》,第3册,第1276—1277页。
30 《张佩纶致王懿荣》,光绪二十年三月二日,《张佩纶家藏信札》,第8册,第4691页。
31 张之洞:《致张幼樵》,光绪十年正月二十二日,《张之洞全集》,第12册,第10150页。
32 张之洞:《熟权俄约利害折》,光绪五年十二月初五日,《张之洞全集》,第1册,第32—36页。
33 李鸿章:《寄译署》,光绪十年二月二十七日戌刻,《李鸿章全集》,第21册,第132页。

34	《军机处密寄署广西巡抚潘鼎新上谕》《军机处密寄署云南巡抚张凯嵩上谕》,光绪十年二月二十九日,《中法战争》,第 5 册,第 287 页。
35	张佩纶:《复李肃毅师相》,光绪十年二月廿八日,《涧于集·书牍》,卷 3,第 34 页。
36	李鸿章:《致张佩纶》,光绪十年三月初二日,《李鸿章全集》,第 33 册,第 375 页。
37	《光绪朝枢臣派系》,《花随人圣庵摭忆》,第 2 册,第 558—562 页。
38	张之洞:《胪举贤才折》,光绪八年四月二十日,《张之洞全集》,第 1 册,第 88—93 页。
39	见盛昱:《劾疆臣欺蔽招安巨匪奏》,光绪九年七月十六日;《劾彭玉麟不应朝命折》,光绪九年;《劾陈宝箴任意妄为奏》,载《意园文略》,卷 2,第 1—4 页。《清史稿·盛昱传》,第 41 册,第 12454 页。
40	《王旭庄与王绳庵绝交始末》,《花随人圣庵摭忆》,第 1 册,第 123—124 页。
41	李宗侗:《敬悼溥心畲大师——兼叙清末醇王对恭王政争的内幕》,《李宗侗文史论集》,第 538 页。
42	《陈宝琛致王仁东》,光绪十年二月初八日,《张佩纶家藏信札》,第 16 册,第 9006 页。
43	陈宝琛:《报岁试情形折》,光绪十年三月二十四日,《沧趣楼诗文集》,下册,第 849 页。
44	《陈宝琛致张佩纶》,光绪十年闰五月二十九日,《张佩纶家藏信札》,第 15 册,第 8742 页。
45	《李鸿藻年谱》,第 313—314 页。
46	李慈铭:《越缦堂日记》,光绪十年三月十七日,第 14 册,第 10246 页。
47	张佩纶:《致李肃毅师相》,光绪十年三月十一日,《涧于集·书牍》,卷 3,第 36 页。
48	《翁同龢日记》,第 4 册,第 1859 页。
49	《张佩纶致黄国瑾》,《张佩纶家藏信札》,第 10 册,第 5474 页。
50	《光绪宣统两朝上谕档》,光绪十年三月十三日上谕,第 10 册,第 60—61 页。
51	《光绪宣统两朝上谕档》,光绪十年三月十三日上谕,第 10 册,第 61 页。
52	《翁同龢日记》,光绪十年三月十三日,第 4 册,第 1860 页。
53	阎敬铭:《致阎迺林、阎迺竹》,光绪十年二月十三日,《阎敬铭家书》,《近代史资料》,总 130 号,第 136 页。
54	阎敬铭:《致阎迺林、阎迺竹》,光绪十年三月十三日酉刻,《阎敬铭家书》,《近代史资料》,总 130 号,第 137—138 页。
55	《醇亲王致翁同龢函第四十六》,《翁同龢文献丛编之四:中法越南之争》,第 93 页。
56	李鸿章:《致张佩纶》,光绪十年三月十五日,《李鸿章全集》,第 33 册,第 377 页。
57	李慈铭:《越缦堂日记》,光绪十年三月十七日,第 14 册,第 10245 页。
58	《陈宝琛致王仁东》,光绪十年三月二十六日,《张佩纶家藏信札》,第 16 册,第 9010—9011 页。
59	鹿传霖:《致张曾扬》,光绪十年四月十三日,《近代史所藏清代名人稿本抄本》,第 1 辑,第 90 卷,第 327 页。
60	孔祥吉:《甲申易枢与中法战争》,《晚清史探微》,第 325—326 页。
61	《李鸿藻年谱》,第 317 页。
62	《醇亲王致翁同龢函第四十六》,《翁同龢文献丛编之四:中法越南之争》,第 93—94 页。

63	《翁同龢日记》，光绪十年三月十五日，第4册，第1860页。
64	《沈副宪之知遇》，《春冰室野乘》，第110页。
65	《李鸿藻年谱》，第318页。
66	徐沅:《白醉拣话》，转引自《光绪朝枢臣派系》，《花随人圣庵摭忆》，第2册，第853页。
67	比如孔祥吉:《甲申易枢与中法战争》，载《晚清史探微》，第326页；林文仁:《南北之争与晚清政局，1861—1884》，第174页。
68	查《翁同龢日记》原文，应当是:"盛煜（昱）一件未下，已四日矣，疑必有故也。……济宁电线皆断，杳无消息，闷煞闷煞。"第4册，第1859页。
69	见高阳:《同光大老》，第30—32页。
70	林文仁:《南北之争与晚清政局，1861—1884》，第174—175页。
71	三月十二日为易枢懿旨下达前一日，太后召见军机大臣后，分五起召见万培因、孙毓汶、乌拉布、醇王、师曾，见《翁同龢日记》，第4册，第1859页。从形式上看，召见孙毓汶、乌拉布与他们出发查案有关。
72	孙毓汶离京及抵达武汉日期，见《工部左堂署刑部左堂孙毓汶等咨奏事处、兵部文》，光绪十年三月十一日；《孙毓汶等奏恭报驰抵湖北省城日期及沿途情形折》，光绪十年四月二十一日，《近代史所藏清代名人稿本抄本》，第1辑，第42卷，第632页；第62卷，第163页。
73	孙毓汶等查案事，可参见《清实录》卷172至卷198中相关奏折和上谕，以及《近代史所藏清代名人稿本抄本》，第1辑，第42—63卷孙毓汶档的相关内容。此外，孙毓汶此次查案的同行者乌拉布日记《湖北纪程》也已整理出版，其全部行踪一目了然。见《孙毓汶日记信稿奏折》，第231—257页。
74	《军机大臣工部左堂孙等咨刑部文》，光绪十年十二初五日，《近代史所藏清代名人稿本抄本》，第1辑，第43卷，第143页。
75	《津电已通》，《申报》，1884年4月9日。
76	李鸿章:《盛宣怀暂署津海关道片》，光绪十年五月十二日，《李鸿章全集》，第10册，第464页。
77	盛昱:《获谴重臣未宜置身事外请量加任使严予责成以裨时艰折》，光绪十年三月十四日，《光绪朝朱批奏折》，第4册，第170页。
78	《清实录》，道光二十五年二月癸丑上谕，第39册，第199页。
79	赵尔巽:《时事方艰人才难得请责任亲臣以收使过之效折》，光绪十年三月十四日，《光绪朝朱批奏折》，第4册，第168—169页。
80	《清实录》，光绪十年三月己丑懿旨，第54册，第501页。
81	《金登干致赫德》，1884年4月11日，《中国海关密档》，第3册，第516页。
82	陈赣一:《纰陋》，《新语林》，第140—141页。
83	《清史稿·列传八》，第30册，第9108页。
84	《光绪宣统两朝上谕档》，光绪十年三月十五日上谕，第10册，第68页。
85	《醇亲王致翁同龢函第四十六》，《翁同龢文献丛编之四:中法越南之争》，第93—94页。
86	《同治十年正月二十六日醇亲王密折》，转引自吴相湘:《晚清宫廷实纪》，第95—97页。
87	《光绪十年三月十六日军机处交片》，《中法越南交涉档》，第3册，第1653页。

88	《清实录》,光绪十年三月壬辰上谕,第54册,第506页。
89	溥铨:《我的家庭"庆亲王府"片断》,《晚清宫廷生活见闻》,第273页。
90	参见沃丘仲子:《慈禧传信录》,第2页;文廷式:《闻尘偶记》,《近代史资料》,总第44号,第47页。
91	文廷式:《闻尘偶记》,《近代史资料》,总第44号,第30、47—48页。
92	《光绪朝东华录》,光绪十年三月甲午,第2册,第1679—1682页。
93	《清实录》,光绪十年三月癸巳懿旨,第54册,第506页。
94	《张佩纶致李鸿章》,光绪十年三月二十一日,《张佩纶家藏信札》,第2册,第819—821页。
95	张佩纶:《枢臣不兼总署窒碍难行折》,光绪十年三月十八日,《涧于集·奏议》,卷3,第67—68页。
96	《翁同龢日记》,光绪十年三月十八日,第4册,第1861页。
97	张曾扬:《涧于集·奏议》序,第1页。
98	张佩纶:《复李肃毅相》,光绪十年三月二十一日,《涧于集·书牍》,卷3,第37页。
99	《光绪宣统两朝上谕档》,光绪十年三月十八日,第10册,第75页。
100	《光绪宣统两朝上谕档》,光绪十年三月十九日,第10册,第77页。
101	《张佩纶致李鸿藻》,光绪十年三月十九日,《张佩纶家藏信札》,第7册,第3836页。
102	张佩纶:《复李肃毅相》,光绪十年三月二十一日,《涧于集·书牍》,卷3,第38页。
103	张佩纶:《致李肃毅师相》,光绪十年三月二十二日,《涧于集·书牍》,卷3,第38—39页。按:信中"贵宗人誓不再出,潜邱颇有兴致,锐然以天下自任"数语,刊印时被删去,现据《张佩纶家藏信札》第2册,第823页影印件补上。
104	张佩纶:《致李肃毅师相》,光绪十年三月二十三日,《涧于集·书牍》,卷3,第38页。
105	奕劻等:《枢臣宜兼总署行走折》,光绪十年三月二十四日,《涧于集·奏议》,卷6,第30页。
106	《翁同龢日记》,光绪十年三月二十四日,第4册,第1863页。
107	《清实录》,光绪十年三月己亥,第54册,第512页。
108	《张佩纶致李鸿章》,光绪十年三月二十四日,《张佩纶家藏信札》,第2册,第828页。
109	《张佩纶致黄国瑾》,光绪十年三月二十五日,《张佩纶家藏信札》,第10册,第5481页。
110	《醇亲王致翁同龢函第四十七》,《翁同龢文献丛编之四:中法越南之争》,第96页。
111	李鸿章:《寄粤督张》,光绪十年三月二十日巳刻,《李鸿章全集》,第21册,第138页。
112	李鸿章:《寄译署》,光绪十年三月初一日,《李鸿章全集》,第21册,第134页;《赫德致总理衙门函》,光绪十年三月初五日,《中法越南交涉档》,第3册,第1644页。
113	李鸿章:《寄译署》,光绪十年三月二十三日,《李鸿章全集》,第21册,第138页。
114	《赫德致总理衙门函》,光绪十年三月二十三日,《中法越南交涉档》,第3册,第1668页。
115	李鸿章:《致总署 述德璀琳条陈》,光绪十年三月二十四日,《李鸿章全集》,第33册,第378页。
116	李鸿章:《致张佩纶》,光绪十年三月二十四日夜,《李鸿章全集》,第33册,第379页。
117	《清实录》,光绪十年三月二十五日,第54册,第514页。

118 李鸿章：《致张佩纶》，光绪十年三月二十七日夜，《李鸿章全集》，第 33 册，第 383 页。
119 《译署来电》，光绪十年三月二十七日亥刻到，《李鸿章全集》，第 21 册，第 141 页。
120 李鸿章：《致张佩纶》，光绪十年三月二十七日夜三鼓，《李鸿章全集》，第 33 册，第 383 页。
121 李鸿章：《遵旨复陈法越事宜密抒愚悃折》，光绪十年四月初四日，《李鸿章全集》，第 10 册，第 416—418 页。
122 《张佩纶致李鸿章》，光绪十年四月初八日，《张佩纶家藏信札》第 2 册，第 834 页。
123 《张佩纶致李鸿章》，光绪十年四月十四日，《张佩纶家藏信札》第 2 册，第 840—841 页。
124 吴大澂：《致吴大根函》，光绪十年四月十一日，《吴大澂致翁同龢、王懿荣等未刊函稿选辑》，《档案与史学》，2003 年第 4 期，第 3 页。
125 《张佩纶致李鸿章》，光绪十年四月初九日，《张佩纶家藏信札》，第 2 册，第 836—837 页。关于该密信的研究及隐语破解，及前文所说"援儒入墨"的含义，参见张晓川：《张佩纶致李鸿章密札隐语笺释》，《近代史研究》，2019 年第 1 期，第 117—125 页。
126 奕谟：《趋候六兄未值赋呈二诗代柬 闻访日下第一楼未归云》，《九思堂诗稿续编》，卷 8，第 9 页。
127 奕䜣：《甲申闰端阳前二日朴庵七弟来邸，适值偶游普济寺未晤，旋以灰韵七绝二首见示，因依元韵集白居易句奉答》，《萃锦吟》，卷 1，第 1 页。
128 奕谟：《六兄以集白乐天句赐答……再呈趁韵二首》，《九思堂诗稿续编》，卷 8，第 9—10 页。
129 奕䜣：《雨后鉴园遣兴再依前韵集成绝句四首兼怀朴庵弟》，《萃锦吟》，卷 1，第 2—3 页。
130 奕䜣：《闰月望后二日朴庵弟来邸小酌仍依前韵集唐四绝句》，《萃锦吟》，卷 1，第 1 页。
131 奕谟：《六兄又以集唐八截句仍用前韵见示，再依韵赋呈，以志自春徂夏之杂感云》，《九思堂诗稿续编》，卷 8，第 10—11 页。
132 宝鋆：《甲申季春中旬作》，《文靖公遗集》，卷 6，第 2 页。
133 陈宝琛：《感春四首》，《沧趣楼诗文集》，上册，第 29 页。
134 《翁同龢日记》，光绪二十年八月二十八日，第 6 册，第 2778 页。
135 《光绪宣统两朝上谕档》，光绪二十年八月二十九日懿旨，第 20 册，第 439 页。
136 《光绪朝东华录》，光绪二十年九月甲戌，第 3 册，第 3466 页。
137 《光绪宣统两朝上谕档》，光绪二十年十一月初八日，第 20 册，第 539 页。
138 《许宝蘅书札墨迹：恭亲王奕䜣甲午入枢事札记》，许恪儒整理：《许宝蘅藏札》，上册，第 151 页。
139 张之洞：《读盛伯熙集》，《张之洞全集》，第 12 册，第 10558 页。

洪涛纵目望无涯

醇亲王巡阅北洋海军的历史回顾 //
影像·绘画·诗歌·日记

1885年10月12日，清政府成立总理海军事务衙门，任命醇亲王奕谡为总理海军事务大臣，所有沿海水师悉归节制调遣。任命庆郡王奕劻、大学士直隶总督李鸿章为会办大臣，正红旗汉军都统善庆、兵部右侍郎曾纪泽为帮办大臣。

早在中法战争之前，李鸿章就一直与张佩纶筹划设立全国性的海军管理机构，当时的操作路线，是通过恭亲王奕䜣、军机大臣李鸿藻进行的，这种渠道，随着甲申易枢的变局已不复存在。此后主持朝政的，是醇亲王奕谡。

李鸿章此前同醇王交往不深，所以一开始对于北京政坛的新格局怀有疑虑。然而朝局变化之后，李鸿章仍然要同中枢打交道，所以他就迫切需要同醇亲王建立联系，发展交情。

1885年9、10月间，李鸿章奉诏入京。觐见慈禧太后，还同醇亲王等多次接触，讨论了海军建设的有关事项。主管海军事务人选发布时，他正在北京。

半年之后，1886年3月18日，李鸿章再次进京，筹备慈禧太后、光绪帝赴西陵扫墓事宜。在此期间，也确定了醇亲王巡阅北洋海军的安排。4月16日，李鸿章在给张佩纶的信中提到了这个计划："陵差甫毕，又办王差，醇邸四月十一（5月14日）来津，约

同赴旅顺、烟台观水陆操。"¹

清朝后期,亲王出京的机会甚少。除了祭陵,难得有机会到各处走走。此次醇亲王巡阅北洋海军,为李鸿章与醇亲王的沟通创造了一个很好的机会。

醇亲王4月20日与李鸿章的海字第九号通信说:"此次赴津,善(庆)都护、恩(佑)总办暨随带司事各员均于四月初十日由京前往,王拟于十一日由京启行,抵津后再面商定如何分日阅看各项。至水陆操图,事关呈览,务希饬早备齐为妥。"²

醇亲王巡阅北洋海军是当时官场上的一件大事。当然,历史上大事情从来不断,但往往记录不全,使得后人所知不多。而这次巡阅,却保存下一批珍贵的照片、绘画等视觉图像和当事人的日记、书信、诗歌等文字记录,配合奏折等官方文件,就使得这场一百三十二年前的活动,在今天看来,依然栩栩如生。

影像:衣冠共是军中侣

这次巡阅最神奇之处,是李鸿章安排了两个专业摄影师,这在当年的官方活动中,开了一个创新的先河。

19世纪80年代,照相馆在香港、上海、天津颇为流行。作为新派人物,李鸿章是清末大员中较早接触摄影者,也是留下个人照片最多的官员。他平日拍照,都延请广东人梁时泰。同光年间,梁时泰先后在香港、上海、天津开设照相馆,他擅长人物肖像摄影,作品近年来陆续被发掘,包括1878年为李鸿章拍摄的全身坐像、1879年李鸿章与访华的美国前总统格兰特的合影等。这次,李鸿章就聘请梁时泰随行。

另一位摄影师是德国人来兴克,也在天津开设照相馆,但他的具体情况及作品，今人了解不多，尚待进一步发掘。

5月14日（四月十一日），天气晴好，醇亲王出京。他从通州换乘长龙座船，沿着大运河前往天津，途中在马头和杨村过了两夜。慈禧太后的总管太监李莲英也随同前往。此前，早在5月5日，李鸿章已命天津机器局总办潘俊德、水师营官郑崇义、总哨黄春源带舢板船23只、长龙座船3只，从天津北上通州迎候。那时，京津之间尚无铁路相连，所以，相比骑马或乘轿，水师木船显然更为舒适。这也暴露了中国近代化新旧嬗递时代的尴尬之处，醇王此行的重要内容，是视察新从德国购买的"定远""镇远"铁甲舰和"济远"巡洋舰，这3艘军舰标志着中国海军的现代化已经走在日本之前，然而出京检阅，却仍要乘坐旧式师船。1880至1881年间，李鸿章曾经向朝廷奏议建造铁路，遭到保守势力的强烈抵制，醇王私下就建议李鸿章放弃。相比之下，东邻日本，东京与横滨间的第一条铁路于1872年10月就投入商业运行。从1870至1885年，日本工部省"兴业费"（即官营企业投资）总额中，铁路投资占到了49%。

16日，醇亲王乘坐悬挂"帅"字旗的长龙船抵达天津，李鸿章乘小轮船出迎。醇亲王住宿城南海光寺行辕。17日上午，醇亲王在海光寺接见各国驻天津领事，旋又视察武备学堂。驻跸期间，与李鸿章及随行的帮办海军事务大臣善庆拍摄了一张合影。中午，他在海河畔乘"快马"小轮船赴大沽，文武官肃立岸上恭送，上万百姓扶老携幼围观如堵，武备学堂洋教习奏洋乐相送。醇王命来兴克将这一盛况拍摄下来（该照片迄今亦未见传世）。而后下驶60里，换"保大"轮船前往大沽，再换"海晏"轮，夜泊大沽口炮台下。

18日凌晨2时，月明潮足，浪静风平，"海晏"轮启航，在南北洋14艘军舰护卫下，出海前往旅顺口，傍晚到达。19日，醇亲

醇亲王乘坐长龙木船从大运河抵达天津（照片由徐家宁提供）

醇亲王、李鸿章、善庆摄于天津海光寺行辕

醇亲王在大沽口骑马

王在旅顺口校阅驻防辽东的淮军各部操练。

20日上午，醇王接见英国驻烟台领事官宝士德（Henry Barnes Bristow）和前来观摩北洋水师阅兵的英国海军提督哈密敦（Vice Adm. Richard Vesey Hamilton）及各军舰舰长。会见结束后，李鸿章提议照相留念，"英提督甚喜，遂聚立照焉"。³

醇王与哈密敦会晤谈了什么，醇王在诗歌《晤英国水师提督哈密敦》中有所记录：

由来玉帛贵堂堂，莫漫兵车诩擅长。
劳尔迢迢衔国命，为余娓娓话蛮荒。
推诚可必诚能格，作意偏教意转茫。彼统兵舰十艘来会，告以中英须各加精练，永敦和睦，始足保亚欧全局，彼唯唯。
且补当年王会本，从它不胫走重洋。会毕留照一相，余与相国、都统中立，置水师统领丁汝昌于左，哈密敦于右，其余各大员官弁兵丁洋人以次分立。⁴

这批合影，最初承网友张黎源提供线索，我从拍卖网站上购得当时国外画报上刊载的铜版画，后来又收集到两张合影照片。这两张照片中，李鸿章身旁站立的人物略有不同，一张是丁汝昌，一张是洋人，其中一张正是铜版画刻制的底本。

客人离去后，醇王传谕："在事文武，上至提镇道府，下讫护卫队长，人各照一相。"醇王还为此另赋一诗：

照像得句 粤人梁时泰洋人来兴克

衣冠共是军中侣，形貌遥联海上缘。自王大臣至亲兵，凡在事者人照一相。
勖尔同人须自勉，汉家麟阁冀他年。⁵

这批照片，后来选择了五十四帧，收入《大臣官弁亲兵照相》影册，送入宫中供慈禧御览。在照片旁边，还标注了每个人的官

PRINCE CHUN'S LEVÉE AT PORT ARTHUR

以上这组为合影照片和铜版画印刷品。当时照片尚无法印刷，需用铜版刻蚀刊印
（照片取自 ecpa 网）

这张合影中,李鸿章旁边的站立者为外国军官(照片由浪客湛心提供)

职姓名。近几年,故宫陆续刊布了大部分内容,2015年5月,在纪念故宫博物院九十华诞的特展中,又展出了部分原照,使得后人对于海军巡阅活动,有了身临其境的感受。[6]

照片中最吸引我的是一张大合影,我管它叫作"八道一知府",里面包括李鸿章麾下主要洋务干将:直隶候补道盛宣怀(前排左一),时任轮船招商局督办;津海关道周馥(后排中间),曾协助李鸿章设立天津电报局、开平煤矿,制定《北洋海军章程》,后来官至两江总督;分省补用道罗丰禄(中排右一),毕业于福建船政学堂,曾与严复同至英国留学,回国后担任李鸿章英文秘书和北洋水师营务处道员,1896年出任中国驻英、意、比国公使;直隶候补道袁保龄(后排左一),是漕运总督袁甲三的儿子,袁世凯的叔

"八道一知府"：前排左起为盛宣怀、潘骏德、黄建笎；中排左起为汪守正、张翼、罗丰禄；后排左起为袁保龄、周馥、刘含芳

叔，1882年起主持旅顺军港建设；直隶候补道刘含芳（后排右一），是袁保龄的助手和旅顺港坞工程主管的继任者，此时在为北洋水师训练鱼雷艇，后来担任山东登莱青道；直隶候补道潘骏德（前排中间），天津机器局总办；分省候补道黄建笎（前排右一），曾主持天津轮船招商局，后来官至津海关道和江宁布政使；江苏补用道张翼（中排中间），曾是醇亲王侍从，后任直隶全省及热河矿务督办、帮办路矿大臣；天津知府汪守正（中排左一），既是天津地方官，亦是著名医生，曾在1880年参与为慈禧太后治病，据说安排在天津任职，也是为了老佛爷召唤方便。这样九位为中国近代化事业做出突出贡献的重要人物，挺挺地站在一起，可称蔚为壮观。而照中多数人物，以往学术界从未见到过他们的真容。

除了这张合影，还有许多重要人物也是首次曝光，或者以往虽然见过照片，但质量不高，且图源就是来自这次活动的，比如海军衙门总办章京、镶红旗副都统恩佑，海军衙门章京色楞额、全顺、荫斌，海军衙门委员博端、景亨、佟泽沛、希林布，海军衙门书手伯连，管理天津水师学堂直隶候补道吕耀斗，李鸿章派遣前往通州迎接醇王的水师军官郑崇义、黄春源。此外还有，镇守北洋的陆军将领、后来在甲午战争中被频频提及的四川提督宋庆，奉军提督左宝贵，正定镇总兵叶志超，铭军提督刘盛休，楚军提督徐邦道，通永镇总兵吴育仁以及醇王所带的亲兵护卫。特别要提请读者关注的，是这次合影的武官（包括醇亲王本人）全部穿着马褂，带着佩刀，显示出他们是在出席一场庄重正式的军事活动。

现在不清楚当日参与照相的总人数。醇王在他诗作《照像得句》的自注中说"自王大臣至亲兵，凡在事者人照一相"，则似乎还有照片没有被发布。以大人物论，倘若醇王、恩佑均拍摄了单幅照片的话，李鸿章、善庆难道就没有单独留影吗？

20日这天，北洋还接到总理衙门来电：

  此次醇亲王阅看旅顺、烟台、天津水陆各操防务及三处地形、炮台、船只式样，均用洋法照图进呈。遵懿旨电达。霰。转呈醇亲王。[7]

说明慈禧太后不仅关注巡阅，还特别要求用洋法拍照片上呈御览，这道懿旨，也是中国近代摄影史上重要的史料。

此后，两位摄影师随醇亲王前往威海、烟台，视察舰艇操练和基地建设。周馥日记记载，5月28日，醇亲王结束巡阅返京之前，在天津向相关服务人员分发赏金，"赏照相粤人梁时泰等四百两"。[8] 梁时泰拍摄的照片冲洗后很得醇亲王欢喜，尤其是他与李鸿章、善庆在天津海光寺的合影。他写信嘱咐李鸿章，请他找

海军衙门总办章京恩佑

海军衙门章京全顺、荫斌

四川提督宋庆

统领北洋水师天津镇总兵丁汝昌

管理天津水师学堂候补道吕耀斗(右)、办理天津机器制造局候补道潘骏德(照片由王志伟提供)

水师营官黄春源(右)、郑崇义

左起:记名提督左宝贵、刘盛休、徐邦道

左起：正定镇总兵叶志超、署天津镇总兵郑国魁、通永镇总兵吴育仁、署正定镇总兵潘万才

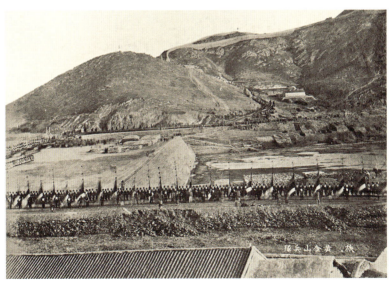

旅顺口黄金山炮台的参阅部队（照片由徐家宁提供）

"能画者按照相摹绘，即交寺僧，俾传佳话"。[9]此后，梁时泰深得醇王信任，还为他、他的家人和他家的园林拍过很多照片。

绘画：绝顶开颜还太息

同样有趣的是，醇亲王出京，随行带了两个宫廷画家：庆宽和金如鉴。

庆宽，本名赵小山，字筱珊，号松月居士，晚号尘外野叟。辽宁铁岭人，后入旗籍，隶正黄旗。庆宽精于水墨设色，曾在醇王府供职绘事，又进内务府，奉旨创作宫廷历史绘画。他画的陵寝典礼、崇陵山势全图，受到清帝嘉奖。后来，他还绘制过《光绪大婚典礼图册》和颐和园设计全景图。

金如鉴，字子良，直隶人，也是清末画家，以善画马著称。

在此次出行中，醇王给他俩各安了"海军衙门章京"的头衔，并也加入前述旅顺口的拍照者队伍之中，使得我们也能一睹他们的容颜。从照片所附他们的职务来看，庆宽的本职是内务府候补员外郎，金如鉴是东珠市口汛守备，后者属于绿营的正五品官职。

目前发现，此行留下的美术作品有两种，一是彩色画集《渤海阅操图册》，一是大型绘画《巡阅北洋海防图》。

《渤海阅操图册》，可能就是醇亲王信中提到的"水陆操图"，现存于故宫博物院。这套图册为设色绢本，10开。每开纵40.5厘米，横57.6厘米。保存完好，未标明作者。从其中几张地图来看，显然出于专业人士之手，传统画家一时半会儿是弄不出来的。巡阅开始前的5月10日，丁汝昌在给周馥和罗丰禄的信中，谈到了旅顺布防图和鱼雷阵图的绘制和裱装，以备呈送给醇王，[10]醇王在巡阅途中所作《出旅顺口赴威海卫甫行四十余里海市现于庙岛，诗以志异》

宫廷画家庆宽和金如鉴
（照片由王志伟提供）

一诗的注释中，则提到"命随员庆宽、金如鉴绘得二十式"，[11]由此推测，图册是由海军绘图员和宫廷画家各司其职、合作完成的。

《渤海阅操图册》之《阅师纪程》，介绍了醇亲王从大沽口出发到旅顺口（170海里），再到威海卫（91海里）、烟台（44海里），最后返回大沽口（191海里）的行程和距离。此图实际为一幅渤海湾地图，绘制精准而专业。

《海军布阵》，描绘了醇亲王5月18日乘"海晏"轮船，随员乘"保大"轮船，在左翼"定远""开济""扬威""南琛"，右翼"镇远""南瑞""济远""超勇"八舰和后卫"镇西""镇东""镇南""镇北""镇中""镇边"六炮艇拱卫下，前往旅顺口的壮观场景。画家把南北洋军舰绘制得十分精准细腻，并用黄色标签逐一标注舰船名字，粘在图上，以便进呈太后时能够一目了然。

洪涛纵目望无涯　　199

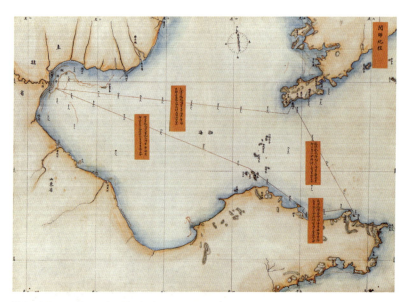

《渤海阅操图册》之《阅师纪程》

《渤海阅操图册》之《海军布阵》

《渤海阅操图册》之《海军布阵》局部图

《渤海阅操图册》之《旅顺水操》

20日上午，醇亲王一行登黄金山炮台，调"定远""镇远""济远""超勇""扬威""南琛""南瑞""开济"八舰演阵打靶。又观刘含芳督五艘鱼雷艇做发射鱼雷的演习。午后，命沿海各炮台轮流打靶，又观看水雷表演。晚间，醇亲王视察旅顺船坞工程。从《渤海阅操图册》之《旅顺水操》中，可以看到"定远"等八舰在鱼贯行进，远处，鱼雷艇对着靶船发起攻击。画面右侧是黄金山，左侧为老虎尾。而正面的白玉山巅，竖有一根旗杆，没有日俄战争后日本人建起来的"表忠塔"（今称白玉山塔）。

21日下午，醇亲王一行乘"海晏""保大"前往威海卫。船过庙岛，远处海面上忽然呈现出极为难得遇见的海市蜃楼。当时的场面是："楼台隐见，林树扶疏，树外若有数僧翘首立迎，逾时始散。"随行画家画下了这一景象。

当晚，舰队驶抵威海卫。

22日上午，醇亲王检阅"镇东""镇西""镇南""镇北""镇中""镇边"六炮艇，观其打靶。随后，醇亲王、善庆分别验收"定远""镇远"铁甲舰，恩佑验收"济远"舰。

从《威海水道》看，这是一幅威海湾和刘公岛的专业海图，标注出各处海域的水深。而《兵船悬彩》，则展现了新近从德国驶回的"定远"铁甲舰悬挂满旗，在波涛中行驶的雄姿。北洋水师军舰当年采用英国海军流行的维多利亚涂装，舰底红色，舰体黑色，上层建筑为白色，烟囱为明黄色，通过这张彩图，弥补了黑白照片的缺憾，将海军舰船风采看得分外清晰。

22日中午，醇亲王一行离威海卫前往烟台，下午4时到达。英国海军舰队司令哈密敦将军率十艘军舰，法国舰队司令理尧年将军（Adm. Rieunier）率五艘军舰排泊在烟台山之外迎候。理尧年旋赴"海晏"拜会醇王。当夜，李鸿章、善庆代表醇亲王前往英法

《渤海阅操图册》之《旅顺水操》局部图

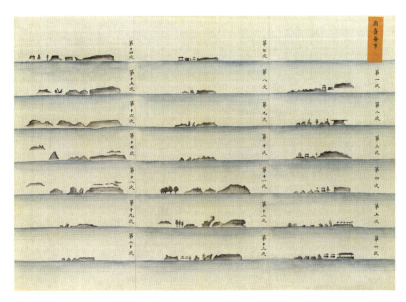

《渤海阅操图册》之《庙岛蜃市》

《渤海阅操图册》之《威海水道》

《渤海阅操图册》之《兵船悬彩》

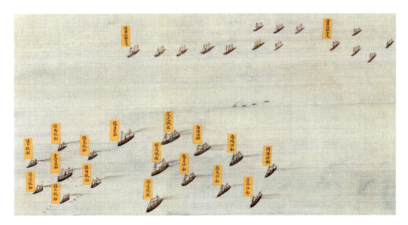

《渤海阅操图册》之《烟台大会》(局部)

《渤海阅操图册》之《登州振旅》(局部)

旗舰回拜并致谢。

从《烟台大会》中可以看到，醇亲王乘坐的"海晏"由六艘炮艇卫护，搭乘随员的"保大"尾随其后。右侧为南北洋军舰，此时"康济"练船加入了编队，故中方右侧军舰达到九艘。画面上方，为英法舰队，包括十艘英舰和五艘法舰。此时烟台海面上云集三十余艘中外军舰，是整个巡阅过程中最为壮观的时刻。

23日凌晨1时（丑初），醇亲王一行轮船开行，下午6时（酉正）进大沽口。途中海上微风，有人呕吐，醇王谈笑如常，还说："闻此风在海上尚不为大，具见水师将士终年辛苦也。"[12]《登州振旅》一图，展现的是舰队返航的情形。

24日，醇亲王巡阅大沽炮台，观看打靶、演放水雷。下午至海神庙拈香，并巡阅大沽船坞。次日，醇亲王返回天津。

在津期间，醇王仍住海光寺。他参观了淮军行营制造局，观看子弹生产的流程。盛宣怀在厂中布置电灯和织布机器，请醇王试观。又检阅驻津淮军操演，视察天津机器制造局和水师学堂，并对学生进行考核。一切都安排得妥妥帖帖。28日中午，李鸿章设宴为醇王饯行。席间，醇王命随从卫士作拳刀之舞以助兴。餐后在李鸿章陪同下，醇王从辕门外登舟返京。舟过三叉河，进北运河，过西沽。醇王阅军火库，见军械堆积如山，曰："可以释吾忧矣。"醇王的巡阅圆满完成，他愉快地看到了一个强大的渤海防御体系，可以向慈禧太后复命了。

《巡阅北洋海防图》是记录醇王巡阅海防的另一件巨幅画作，展现醇王座船"海晏"轮在大海中破浪行进的场景。该画纵316厘米，横251厘米，画幅面积达到7.93平方米。绢本彩绘，现藏于台北故宫博物院。就中国绘画史而论，这样的画幅和题材，都是前所未有的。

《巡阅北洋海防图》

"海晏"是轮船招商局客轮,本次巡阅活动临时借用,作为醇亲王的座船。该船原属美商旗昌轮船公司,1877 年随招商局购并旗昌公司而归入中国。排水量 2800 吨,舒适性较好。中法战争时,曾秘密搭载刘铭传前往台湾。甲午战争爆发后,招商局形式上将轮船出售给德商信义洋行,"海晏"一度改名"公义",马关议和时,李鸿章就乘此船前往日本谈判。后来李经方奉旨向日本交割台湾,也是乘坐"公义"。可以说,"海晏"见证了中国近代史上的许多重要事件。

民国文史作家徐凌霄、徐一士合著的《凌霄一士随笔》记录,李鸿章此次登"海晏"入舱门时,因个子较高,不慎将官帽上的顶珠碰落。船甫开行，前桅上的帅旗又被风吹入海中。两事都属不祥之兆，只是当时海疆晏然，大家缄口不提，到甲午战争失败之后，故事才流传开来。作者说，他的消息来自友人某君，某君又闻之于"海晏"买办潘二江。[13] 这属二手传闻，聊作花絮，以备参考。

《巡阅北洋海防图》刻画了"海晏"巡阅时的场景。轮船是写实的，船上人物和场景却像一幅有趣的风俗画。画中共有二十八个人物，站立在驾驶台上的醇亲王、李鸿章、善庆，都穿黄马褂，主甲板上的官员则穿紫色马褂和绿色长袍，前桅上飘扬着白底红边红帅字旗，这样就给后人留下了丰富的色彩感受。就人物动态来说，七位外籍船员各司其职，驾驶台和船尾的两人在操作舵轮。船艄有三人，分别在整理杂物、抛下系绳水桶取水和用拖把清洁甲板。船舯的一位，头戴礼帽，手执雪茄，正在巡视。船尾还有一名洋员在检查轮机舱风斗。主甲板上，醇王的三位随员在布置中西式样座椅，另有三人在检查王爷的杏黄官轿。楼梯口有四位官员，似乎在讨论工作，其中一人在低头翻阅公文。在下一甲板，有人在用望远镜瞭望，有一人手持烟斗，据猜测，他可能是慈禧太后派遣一路照顾醇亲王的太监李莲英。总之，这些人物动静结合、疏密有致、栩栩如生。

还应当补充一句，此画的海浪和云彩也画得相当不错。作为19世纪的中国画，已经吸收了西画技法，写实功力非常强大。[14]

醇王把《巡阅北洋海防图》称作《渤澥乘风图》，他后来特地刻了个印章，印文就是"皇七子和硕醇亲王渤澥乘风"。

诗歌：平生壮气此间舒

我一直认为，醇王在晚清政坛上不算是个一流的政治家，他

"海晏"甲板和驾驶台的人物场景

醇王、李鸿章、善庆在驾驶台,洋员在操舵

轮船前桅上飘扬的帅字旗　　船舷上的船名标记

的识见、能力都不如六兄恭王。但他并不迂愚，也不贪腐，还想为朝廷办些事，这点上他比后来的礼王、庆王要强些。

读者可能会忽略，醇王和恭王都是勤奋的诗人。恭王不直接写诗，只是集唐人诗句，出过本《萃锦吟》，将万首唐诗的诗句信手拈来、重组拼合，成为一首首新诗，表达自己的思索和情怀，也显示出他极好的文学素养。

醇王则直接写诗。他的诗，不是单纯文人的风花雪月，还记录经历的各种事件和人物交往。他的诗不算好，他也上不了《光宣诗坛点将录》，却很有史料价值，至少在我眼里，就比同时代大多数的文人诗更有趣味和意义。所谓"以诗证史"，这就是一个很好的例证。

早在上年，醇亲王奉懿旨总理海军事务后，他就写过诗歌，表述自己的心情和规划：

> 九月初五日懿旨命总理海军事宜，并节制沿海水师敬纪
> 皇天尽阙华夷界，圣母宏施豁达谟。
> 岂是观兵勤远略，为廑固国建鸿图。
> 贤王元老分猷藉，名将通侯众望孚。庆郡王、李相国鸿章会办，善都统庆、曾袭侯纪泽帮办。
> 独愧谬膺三锡命，同治四年，命节制旗绿各营京兵；同治七年，命节制剿办捻逆诸军，及此凡三次。射潮有志奈才芜。[15]

他还邀请李鸿章到家中做客，谈妥明年共同出海，巡阅海军：

> 退省斋与李伯相小酌成什
> 干戈影外话烟霞，略比开轩就菊花。
> 一个臣持心似水，两间象蕴事如麻。
> 天山漫诩捎云箭，渤海先乘犯斗槎。议查沿海各军新式枪炮"定远"等铁甲船陆续来华，李相拟先乘往东海各口操练，明春成军，余亦赴海口校阅。

此际西屠邛筰族，翘瞻王气焕中华。[16]

这些内容，包括他和李鸿章在家中的宴饮，其他史料均未涉及。在李鸿章所存书信中，倒可发现李邀请醇王九月初八日（1885年10月24日）中午来京中居所便酌，[17]从频繁的上层互动里，透露出彼此都在用心进行私下沟通。

醇王这次巡阅海防，大开眼界，对于什么是新式海军、什么是坚船利炮，有了直观的感受。进而也推动他改变观念，支持铁路等洋务建设。在此行中，醇王一路作诗，将一桩金戈铁马的武事，弄成文人风月的雅趣。他的吟哦，也将巡阅中的许多细节保留下来。

尚未出行前，醇王就作了四首关于"海晏"轮的诗，将行程予以介绍，下面录其中二首：

> 近人某诗草有乘"海晏"轮船截句四首，即余此次泛海之船也。率次其韵以志神驰，时距启程七日
>
> 畅涤牢牢宦海埃，艨艟队里一襟开。计调南北洋会巡铁舰轮船凡十七只。
>
> 吟诗先寄天吴去，也似遥传驿使梅。
>
> 待寻洋屿伟明庵，坐对扶桑酒半酣。
>
> 为问之罘渔岛上，石芝可饷子瞻篮。拟先巡旅顺口次及威海卫、烟台。[18]

行前有大量送别的饮宴和唱和，他给宝鋆留诗："暂辞北阙云中凤，远驾东瀛岛外鳌。"[19]又为十弟写道："将乘海上风千里，且醉花前酒一回。"[20]

船到大沽，他作诗云：

> 南岸弯环北岸斜，洪涛纵目望无涯。
> 五台旧迹传千古，四海他年或一家。

帆影随风轻似鸟，波光映月荡成花。

楼船振旅吾何敢，聊说张骞犯斗槎。

并作注："炮台凡五，以威镇海门高为号，咸丰间僧忠亲王筑，议和后久成废址，少荃相国督直，复因其旧而新之，更添营垒为辅。"[21]

18日，"海晏"出海，醇王作《航海放歌十五日丑初二刻展轮》：

我曾游徐无，绝顶峰上头。

登峰更宿峰之楼，下视众山皆培嵝，疑是银涛千里翻清秋。

今复跻天桥，轮船凡五层，最高者称天桥。危坐入东海，飘飘心迹真仙宰。

沧波万叠涌艨艟，南北洋八战舰分两翼，余偕李善两公乘商船居中，随员乘商船随之，六炮船殿后，轮机互激，浪翻十里外。

又疑云烟出没笼崴嵬。

西送月无痕，东瞻日初浴，

除却升沈赤白丸，惟有混瀁一色连天绿。海水作深碧色，汲而视之仍与常水色同。

仰寥泬，俯幽宫，

神不可召，用《吕氏春秋》语意，蠡不可穷。

但学谢安石，悠然云海中，不学郭璞狂，浪说蹄涔同。

我心先为坡仙得，走笔大书示二客。时李相善都统同坐。

兹游奇绝冠平生，苏句一，一言能抵千行墨。

涯涘渺不见，仙药安可期？

放怀且迈洪流外，看作桑田未变时。[22]

这是醇王最为豪迈之作，他将《放歌》抄录在《巡阅北洋海防图》右侧，还钤上"会观烒日"和"大阅会师"的印章。

此外，在他诗作的随文小注里，还提到旅顺口诸将领"宋提督

外国人绘制的醇亲王旅顺口会见外宾后散场的情景，此图未见照片

庆，雷提督正绪，统领黄仕林、吴兆有皆黄马褂"。[23] 旅顺口北洋水师营务处"壁上有各国旗式及海潮消长时日尺丈图，架列外洋诸书"，并"置西洋德律风（电话）一架，可传语十四处，时宋提督已回营盘，试呼与语，如在目前。闻引而申之，能及三百里云"。[24] "鱼雷重六百斤，百丈外放出，自行水中，试以十余丈旧广艇，一触立碎，波为之浊。各台洋炮自数千斤至三万斤。"[25] 旅顺口崂崔嘴炮台为"洋人汉纳根承修炮台，此地最所得意，昨固请纤道临此，故及之"。[26] 在与英法海军提督交往中，"李相国历次接见洋员，先告以亲王体制，不让座不答拜。而自与酬酢，并偕善都统至彼船答礼。推崇余者，正所以尊国礼也"。[27] 关于外事接待礼节，和周馥记录的"馥先期告各领事云，如愿谒见，须着礼服，以一国领事为一班，分次入，不坐，王不送，不答拜。领事从命"[28] 是完全一致的。

醇王的诗注，还记录了行程中李鸿章为他精心安排的生活雅趣，比如在前往旅顺口的"海晏"上，洋人弹奏钢琴并歌唱。在驶往威海的航程中，李鸿章奉以无锡惠山泉水。醇王记得，"时船头洋花盛开，煮茗敲诗，若忘身在风涛中"。[29] 醇王的长龙座船上，也时时"瓶中芍药正盛"。[30]

终于到了分手时刻。28日,醇亲王结束了北洋之行,午宴后,李鸿章陪送至北运河桃花口。"桃潭只有汪伦典,高诵青莲往日诗",[31] 醇亲王口诵李白名篇《赠汪伦》,俩人挥手作别。

6月3日,李鸿章写信向已经平安回京的醇王致候,并呈两首律诗:

> 雕弓玉节出天阊,士女如山拥绣裳。
> 照海旌旗摇电影,切云戈槊耀荣光。
> 伙飞禁旅严千帐,罗拜夷酋列几行。
> 德协谦尊齐赞颂,力辞黄屋福威扬。

> 万千气象蜃楼高,忽地齐烟涌六鳌。
> 慈佛护持看献瑞,仙舟共济敢辞劳。
> 自怜坚壁心偏苦,却愧屯田诏屡褒。
> 无限临歧依恋意,漫吟潭水答云璈。[32]

11日,醇王复信:"赋诗书箑,欣感奚如。勉步二章,聊酬厚谊。"[33] 他的和诗曰:

> 岂学烟波稳放闲,直如仙路咏鳞裳。
> 从兹舟楫期同济,自昔邦家藉有光。
> 立雪情联瞻雅度,投醪才绌愧戎行。
> 后生崛起知谁健,勉继勋酋我武扬。

> 放怀碧海接天高,知是骖鸾抑驾鳌。
> 最喜貔貅皆赳赳,漫疑鹣鲽各劳劳。
> 藩篱势固神京拱,节钺功深圣母褒。
> 自问清人独何幸,蜃楼看罢听仙璈。[34]

醇王却不知道,也在同日,李鸿章另有一信寄给流戍在张家

《航海吟草》

航海吟草送

澤公爺一部
十爺一部
六爺一部
瀅貝勒爺一部
張翼一部
寶中堂一部
李中堂一部
葉大人一部
長將軍一部
李總兵一部
翁大人一部同乍相

醇王手写《航海吟草》赠送名单

《醇亲王巡阅北洋海防日记》抄本

《醇亲王巡阅北洋海防日记》刻本

口军台的张佩纶,谈及此次巡阅和他的观感:

> 月前随同往旅顺、威海、烟台,仍循旧辙。曾与邸谈及往事。……(醇王)惟于外事实多隔膜,人才贤否不甚分明。自谓赶办海军,俟亲政后当逍遥避世,亦明知枢辅不甚得力,然无进退之力也。[35]

政治家总是爱在别人背后说坏话,真真假假,不知道心不烦。醇王回京后,将此次出行所写五十首诗,刊刻成《航海吟草》,赠送亲贵和朋友,并与宝鋆、孙毓汶等人继续唱和。

日记:治军终日从容急

这次巡阅,保留的史料十分丰富,除了诗、画、照片之外,还留下一部精彩的日记，把醇王的整个行程和接待工作，记录得十分完整清晰。

《醇亲王巡阅北洋海防日记》，作者周馥，字玉山，从淮军时代起，就追随李鸿章，是李的亲信幕僚，后来李鸿章去世时，他是李身边的陪伴者。他本人官至两广总督，是清末重要的方面大员，时任津海关道。醇王巡阅，就是由周馥来统筹各项接待。这部《日记》，北京大学图书馆藏有抄本，三十多年前，张侠等主编的《清末海军史料》已经将其公开发布。

《日记》详细保留了接待工作的细节，也记录了醇王对出京随员的严格管束和接待费用。醇王出京，随行人员包括海军衙门、神机营的文武官员三十多人，还包括戈什哈（满语，高级官员的侍从护卫）、兵弁、夫役、王府太监人等，约共二百三十人。醇王考虑随从人数众多，对地方或有骚扰，遂在府内倍发粮饷，凡车价、饭食及马匹喂养，皆嘱各人自备。李鸿章认为，历来钦差过津，随行者都由地方接待，现在哪有让醇王的属员买薪炊爨之理？所以专派道员张翼（他本人曾是醇王府的侍从）进京解释，醇王才允许随从各员酌量领受，不准稍有索求，并严禁擅收银物、请托等事。

近年来，醇王府的谕令也被发掘出来，其原文如下：

> 管事处传奉爷谕交管事处：
>
> 此次赴天津查看海军，事属创始，本府随往人众，必当恪守历次诫谕，谨慎体面，除本分差使外，不准干预他事。着派怀他布、瑚图哩、明顺、吉成实力稽察，无论事之大小，务须一一禀知，不准稍有赡徇及私出主见等情弊。果能遵守传谕，回京后优加奖励，倘稍不遵循，无论事之值与不值，何时发觉，即由该四员交地方官递解回京，从重惩办。此谕着管事处于随往之官员人等及首领太监每人各放一张，特谕。

船只炮台所有随带章京等员、随同总办由陆路行走，车辆马匹务当严加约束，免滋弊端。且沿途经过地方，正值麦初秀穗、大田播种之时，务循大路行走，不得任意驰骤，致有践踏田畴情事。其本爵堂随带之护卫、戈什哈、弁兵、人役，及总办章京各员随带之戈什哈、跟役、车夫人等，虽分前后两起，着统归总办管辖查访，倘有前项情事，一经查出，或被农民告发，即行从严惩办，决不姑宽，切切，特示。[36]

又谕：

此次赴津，原传除赴旅顺口等处，系中堂饬备厨房外，其往返途中及在津数日，均由口分自买食物，马匹草料亦均自备。兹闻中堂已饬全行备办一切，概不由地方官供应，皆系中堂出资，似难过拂盛情。除本爵府中随从人众已饬酌领外，合通谕随往各员弁兵役，着勿庸过事拘泥，酌量领受，惟不准稍有需索，致干惩处。着总办、帮总办于起程之先，通行晓谕，俾归划一。至马匹草料及外雇车辆应需草料，仍遵前谕，自行备办。

再，抵津后，地方文武各员及各营统领、各局官员等，现经总办恩禀商，令赴营务处报到，投递职名，已经允准。倘此内生有弊端，擅收银物及请托私情等事，惟将翼长祥普、明惠立即发折严参，并将总办、帮总办附参，决不姑息徇纵。至本爵堂府宅护卫家人等，已自行严加钤束，如仍有倚势招摇，或假借名目，肆行欺骗，总办、帮总办及营务翼长务刻即禀知，勿稍瞻徇，特谕。[37]

此外，醇王出京，慈禧太后赐赏乘坐杏黄轿，醇王连上两疏，坚辞不坐。

周馥还记录，根据醇王要求，到津后择南城外海光寺为行辕。

略加垩饰。院落空旷不严密处，以板隔开。所有陈设器具，皆取朴素简便，一切秾丽及黄赤诸色概置不用。环寺墙外，为淮军行营制造局，有屋八十楹，借给善庆、恩佑诸人作寓所。考虑到屋不敷用，添建瓦房灰房五十二间。寺前临时搭布帐为文武官厅。环寺置巡更兵棚，并起席棚，以停车马。醇王到津前一日，先遣人员在海光寺外找地方买饼饵干粮充饥。接待人员向他们供饭，坚辞不受，李鸿章获悉后亲自告诉他们，此处无从买食，明日王爷到，我替你们说明，不算违背规定，来弁始敢领受。

作为事实上秉政的首席皇亲国戚，醇王到天津是件高规格的事情。随从们住宿餐饮可以节俭，迎接王爷的礼仪却不能含糊。按照规制，各部队由统领带队，在二十里内外举枪跪迎，天津镇标兵在十里外跪迎；统领营官挂刀请安，有黄马褂者一律穿着。司道以次在红桥码头站班请安，文武官员到海光寺上手本，请安时附呈履历。醇王上轮船时，文武官员至码头送行，由津至大沽沿途所有各营官兵，俱列队河边跪送如前仪。回津亦如之。凡陆营、水师迎送，鸣礼炮三响。

阅操时的仪节是：醇王偕李鸿章、善庆至统演武厅外下轿，文武官员分两班迎接、请安。设公案三，醇王中，李鸿章东，善庆西，升座。在任提督、总兵及司道官员穿补服参堂三躬，统领送阵图给醇王观看时，参堂三叩首，营官随统领三叩首。统领请令开操。阅操毕，统领、营官谢操三叩首，文武分两班送行，不请安，不揖。其他迎送鸣炮、奏乐如仪。

从这些仪式看，中国文武官员相见礼仪尚处在中世纪。全体军人身穿戎装，手持洋枪，沿着海河齐齐下跪迎接亲王，是很可笑的古典场景。当然，这种礼仪，涉及国家体制，非醇王或李鸿章能够改变，一直要到推翻清王朝之后，中国军人才不用叩首和

奕譞后来钤印在梁时泰所摄另一张照片上的印章"皇七子和硕醇亲王渤瀣乘风"

下跪。

　　周馥在《日记》中感慨，醇王此行，确实严格做到低调、严纪、不扰民。醇王初到天津，上下各用酒席一次，以后只备寻常菜饭。北洋厨役不谙醇王的饮食习惯，私求王府厨夫指点，酬以数十金，厨夫上缴醇王，即饬退还。醇王出巡期间，只准随从人等领受两餐及马匹喂养饲料，无人敢有丝毫需索，地方官员亦无敢以一物馈赠。北洋办此差使前后一个月，除"海晏""保大"轮船水脚银九千四百余两，由支应局正项支付，海光寺修建房屋、添置器具另行开销外，其余通州至津沽车船夫马等费，并通州、天津、旅顺等处往来伙食，连带醇王随从及周馥与办差上下人等食用，只费银一万七千八百五十余两，均由李鸿章另在闲款项下开支。既不扰累于民，亦毋庸地方官赔垫，"诚体恤之至也"！同时醇王放赏，为他在京津间运河中提供驾船服务的郑崇义、黄春源舢板水师，每兵赏

总管太监李莲英。这张照片中李莲英的容貌和以往所见1903年与慈禧合影相比,更显年轻。拍摄场地布置了花草绿植,也与众不同(照片由徐家宁提供)

银四两,每官赏银二十两;史宏祖所带马队,每兵赏银四两;天津镇负责街道保卫的士兵共赏银一百二十八两;各哨官赏加衣料、刀镰;又赏摄影师粤人梁时泰等四百两;赏办差厨役、家人、轿夫等六百两;赏"海晏"船银一千两,"保大"船银八百两,各小轮船银二百四十两;北洋通商大臣衙署内号房戈什等均赏银有差;办差委员六人,亦蒙赏袍料、马褂料等。[38] 整个接待工作,大处是纪律严明,小处有香茗鲜花,拿捏恰到好处,宾主皆大欢喜。

由于安排得体,此行中一个最为特殊的人物——大太监李莲英也被处理得十分低调,这和十七年前另一位总管太监安德海的嚣张出京形成鲜明对照。及至醇王返京之后数月,京中方有传闻,御史朱一新据此上奏,称:"宗藩至戚阅军大典,而令刑余之辈厕乎其间,将何以诘戎兵而崇体制?"又说:"道路哗传,士庶骇愕。意深宫或别有不得已之苦衷,匪外廷所能喻。"慈禧太后立即反击,要朱讲出真凭实据。朱自然支吾其辞,说不清楚。最后被革职降级。慈禧以事实为根据,亦以雷霆辣手,平息了坊间流传的窃窃私语。

醇王回京后,向慈禧和光绪上呈了参用华洋各法绘制的水陆操、鱼雷图样及旅顺、大沽炮台图册,还上奏报告:

> 目下财力极绌,师船甚单,尤赖炮台陆军以自固。北洋为京师拱卫,李鸿章所部各队分布各隘,力量并不见厚。臣遍加校阅,将领多经战阵,枪炮皆系新式,操法一律,变化整齐,尚为可恃。

总体而言,醇王对北洋海防的评判是低调和审慎的,这和李鸿章一贯强调组建新式海军最缺"有贝之财"和"无贝之才"的观点相吻合。李鸿章是醇亲王北洋之行的最大受益者,通过这次活动,大大加深了彼此间的沟通。其直接成果,是醇亲王上奏,将原来为福建台湾海防购置的"致远""靖远""经远""来远"巡洋舰调拨北洋使用,以加速北洋成军。[39]

此时,距中法战争结束刚刚一年,距甲午战争爆发,尚有八年。

1　李鸿章:《致张佩纶》,光绪十二年三月十三日,《李鸿章全集》,第34册,第20页。
2　《醇亲王来信》,光绪十一年三月十七日,《海军衙门函稿》,第1册,第33页。
3　《醇亲王(奕譞)巡阅北洋海防日记》,《清末海军史料》,上册,第240—241页。
4　《晤英国水师提督哈密敦》,《九思堂诗稿续编》,卷9,第53—54页。
5　《照像得句粤人梁时泰洋人来兴克》,《九思堂诗稿续编》,卷9,第53页。
6　故宫出版社在《西洋镜里的皇朝晚景·清末官员》明信片中首次发表了部分内容

	（2014 年 8 月）。此后在《光影百年：故宫博物院九十华诞典藏老照片特集》（2015）和《故宫藏影：西洋镜里的宫廷人物》（2018）中陆续有公布。
7	《译署来电》，光绪十二年四月十七日申刻到，《李鸿章全集》，第 22 册，第 52 页。
8	《醇亲王（奕譞）巡阅北洋海防日记》，《清末海军史料》，上册，第 245—246 页。
9	奕譞：《致李鸿章，光绪十二年五月二十六日，《海军衙门函稿》，第 1 册，第 37 页。
10	丁汝昌：《致周郁山》《致罗稷臣》，光绪十二年四月初七日，《丁汝昌集》，上册，第 62—63 页。
11	奕譞：《出旅顺口赴威海卫甫行四十余里海市现于庙岛，诗以志异》，《航海吟草》，第 12 页。
12	《醇亲王（奕譞）巡阅北洋海防日记》，《清末海军史料》，上册，第 243 页。
13	《李鸿章购海晏轮船》，《凌霄一士随笔》，第 4 册，第 1262 页。
14	《巡阅北洋海防图》相关图像和文字资料，可参见周维强：《渤澥乘风：醇亲王海军大阅与巡阅北洋海防图》和高宜君：《巡阅北洋海防图修护纪实》，均载《故宫文物月刊》（台北），2013 年 8 月号，第 68—80、82—91 页。
15	奕譞：《九月初五日钦奉懿旨命总理海军事宜，并节制沿海水师敬纪》，《九思堂诗稿续编》，卷 8，第 53—54 页。
16	奕譞：《退省斋与李伯相小酌成什》，《九思堂诗稿续编》，卷 8，第 54—55 页。
17	李鸿章：《致醇邸》，光绪十一年九月初七日午正，《李鸿章全集》，第 33 册，第 550 页。
18	奕譞：《近人某诗歌草有乘"海宴"轮船截句四首，即余此次泛海之船也。率次其韵以志神驰，时距启程七日》，《九思堂诗稿续编》，卷 9，第 41 页。
19	奕譞：《佩蘅相国赋诗为饯次韵奉答》，《九思堂诗稿续编》，卷 9，第 43 页。
20	奕譞：《雨中十弟来邸行，留饮退省斋得句四月初七》，《航海吟草》，第 1 页。
21	奕譞：《海口夜泊月下望海口占》，《航海吟草》，第 7—8 页。
22	奕譞：《航海放歌十五日丑初二刻展轮》，《航海吟草》，第 8—9 页。
23	奕譞：《进旅顺口各军迎谒，岸畔舟中接见诸统领得句》，《航海吟草》，第 9 页。
24	奕譞：《馆寓夜坐即事日行五百六十里，西初登岸宿水师营寄处》，《航海吟草》，第 10 页。
25	奕譞：《黄金山顶炮台南北洋战舰合操鱼雷艇袭船及试放电线水雷八处炮台合演打靶》，《航海吟草》，第 11 页。
26	奕譞：《崂崔嘴炮台试放四万斤克虏卜钢炮打靶备乘宋提督庆菊花青马》，《航海吟草》，第 11 页。
27	奕譞：《船抵烟台，山东陈巡抚士杰、广西张巡抚曜同公至台候晤，法国提督理邀年奉其国命，率兵头等四十一人来会，接谈至夕，遂饬停泊是日午正开船申正到台共行一百四十八里》，《航海吟草》，第 13 页。
28	《醇亲王（奕譞）巡阅北洋海防日记》，《清末海军史料》，上册，第 239 页。
29	见奕譞：《听洋人柯士打尾林按洋琴作歌"海晏"轮船司事者》《风中泛海一律自未正至子初抵威海宿船中共行三百一十里》，《航海吟草》，第 9、12 页。
30	奕譞：《晏起甫盥栉善都统乘钢板轮船驶至舟中闲话得句》，《航海吟草》，第 17—18 页。
31	奕譞：《少荃相国钱于督院复送至桃花口始别距津三十五里，时已戌初》，《航海吟草》，第 17—18 页。

洪涛纵目望无涯

32 李鸿章:《随醇邸巡海呈教》,《李鸿章全集》,第 37 册,第 83 页。
33 奕譞:《致李鸿章》,光绪十二年五月初十日,《海军衙门函稿》,第 1 册,第 36 页。
34 奕譞:《自津濒回以画篦涴少荃相国题诗承书同巡海口七律二章次韵致谢》,《航海吟草》,第 18—19 页。
35 《李鸿章致张佩纶》,光绪十二年五月初十日,《张佩纶家藏信札》,第 2 册,第 999 页。
36 《醇王出都巡阅严饬随从人等各谕》,《近代史所藏清代名人稿本抄本》,第 1 辑,第 88 册,第 581—582 页。
37 同上文,《近代史所藏清代名人稿本抄本》,第 1 辑,第 88 册,第 583—584 页。
38 《醇亲王(奕譞)巡阅北洋海防日记》,《清末海军史料》,上册,第 245—246 页。
39 《奕譞奏查北洋炮台水陆操防机器装备水师学堂情形折》,光绪十二年五月初一日,《清末海军史料》,上册,第 252 页。

从今咫尺天都远

晚清张家口军台生活寻踪

张佩纶在中法战争爆发之前,以会办海疆事宜大臣身份,到福建督促备战。他要求增兵,无人响应;要求先发制人,朝廷不允。直至法军发动袭击,马江之战失败后,受到京中闽籍官员的严词抨击,指责他指挥不力,交战后仓皇出逃。清政府派钦差大臣左宗棠督办福建军务,并调查战况。左宗棠称张佩纶才识夙优,勇于任事,以文学侍从之臣初涉军事,阅历未深。抵闽之日,法船先已入口,据我腹地,未能审察情势,将我兵轮分布要隘。明知敌人船坚炮利,调令兵商各舰与敌舰聚泊一处,遂致全被轰沉,是调度失宜。又说张佩纶出驻马尾,身临前敌,不避艰险,及师船被毁,本志不遂,否定了张佩纶临阵逃跑的说法。

左宗棠认为张佩纶"其咎无可辞而心尚可悯",建议请旨交吏部给个处分,以示薄惩。[1]但朝廷不予理会,上谕称:"左宗棠所请交部议处,殊觉情重罚轻,着从重发往军台效力赎罪。"又称左对张意存袒护,曲为开脱,着传旨申饬。[2]张佩纶此时已被革职,正在回京听候查办的途中,他在福建延平收到谪戍之命,遂坐船过浙江、上海,经北京,转赴张家口戍所。他写信请陈宝琛转告左宗棠:"季相(左字季高)爱才之意,有古大臣风,乞见时代为致愧。"[3]又对李鸿章称"途中读书看山,了无怨尤愤懑之意,惟上负殊恩,审观时局,殊切隐忧"。[4]

途经天津时,李鸿章请张佩纶吃饭,席间窗外打雷,他吟诗云:"雷雨英雄坐,杯来酒一升。"[5]到北京后,没有回家居住,以过路犯官的身份,在悯忠寺(即法源寺)居停二十余日,安顿家中事务,拜访亲朋和一些官员。1885年5月10日,张度、张曾扬、黄国瑾、朱潽、张人骏等亲友为他送行至城北郊外圆明园,他作诗告别:"年年祖饯碾坊尘,朝是青云暮逐臣。横海新军谁习战,曲江废苑尚留春。"[6]虽心情淡定,却也充满世事苍凉的感慨。

所以,我一直有个心愿,想去他曾经遣戍的地方踏访。

城隍庙街在哪里?

2008年4月中旬,北京已是满城春色。我和马忠文、翁飞二友相约,一起前往张家口,寻访当年张佩纶流放的遗址。

清晨,我们的汽车沿京藏公路北行,车过居庸关,天气渐有寒意,远山披着皑皑白雪。当年张佩纶流放途中,曾作《居庸》一首:

> 落日黄沙古候台,清时词客几人来?
> 八陉列戍风云阔,重驿通商锁钥开。
> 暮兽晓禽催旅梦,长枪大戟论边才。
> 从今咫尺天都远,疲马当关首屡回。[7]

行车途中,土木堡、怀来、鸡鸣驿、宣化,一个个地名飞速掠过,我的脑海里也交替涌荡起一个个著名的历史场景:明英宗朱祁镇御驾亲征讨伐蒙古瓦剌惨遭大败的"土木堡之变"和清末慈禧太后在庚子西狩时的逃亡路线。当年,怀来县令吴永在榆林堡接驾,慈禧和光绪才吃上离京后的第一餐热饭——小米绿豆粥

张家口堡子里南门（摄于 2008 年）

和鸡蛋。从北京到榆林堡，大约一百一十公里，慈禧仓皇急迫的逃难之旅，走了两天。而从北京到张家口，约一百八十公里的路程，当时要走四五天的。

大约十点半，汽车开到了张家口。张佩纶在《涧于日记》中记载，他的寓所，位于下堡南门，我们到处打听南门在哪里。终于，在破旧的老城区里，看到一块写有"南门口纯碱大馒头"的横幅，馒头店旁边，有个砖砌拱门，上面写有"堡子里"三个大字。

清代官员因罪、因过失被革职后，往往有发往军台效力赎罪者。"发军台效力"不是刑事处分，而是一种下边远基层"劳动改造"的惩戒。军台是清代设置传递军报的机构，类似驿站。官员本人在一个合适的时间，自行赶到指定场所，沿途并无押解的虎狼差役，脖子和手腕上不戴枷具，不像《水浒》中的林冲、武松。

但效力的日期，是从抵达之日起算的，周期为三年，所以还须自觉赶早。到达戍所后，驻地官员会来拜访，彼此客客气气，因为谁也不知犯官未来的命运会有什么变化，以及他们各自复杂的后台人脉。犯官并不关入牢房或劳改营，不服苦役，而是各自赁屋居住。把这称作"流放"，也是合适的。

1885年5月15日，张佩纶抵达张家口后，先住在敦升客店，租金连带煤水，月支十五两。[8]一个多月后，都司王金荣为他在下堡南门城根城隍庙街另觅一屋，地僻室洁，上房幽雅，书房、门房、老妪房、厨房均宽绰，与其他遣戍的犯人也相隔较远，就是租金较高。看房之后，张佩纶马上决定租赁下来，房租为每年一百二十两，另加一百五十两押金。[9]如今找去，城隍庙街在南门西侧，已改名叫西城墙底街。街道不长，只有几个院落，城隍庙则无处寻踪。从外形看，这里都有北方民居的砖雕门楼，院子内部，则是多家合住的大杂院，令我难以断定，哪儿是张佩纶的旧居。张佩纶曾在日记里提及："西斋甫成，是日适雪，因仿坡老黄州意，名之曰'向西雪堂'。""窗外有野藤一本，垂蔓作花结子，红绿相间，致可爱也。因名之曰'灵藤阴馆'。""门前有卖花者，乃南西门外土人，买绣球两盆。""买野勺药十余丛，种之隙地。"[10]还有书房曰"无咎斋"。[11]这些场景，如今都无从辨析了。

张佩纶在张家口，被编入头台（察罕托落海）效力。康熙年间，在对噶尔丹用兵以及后来与沙俄交涉的过程中，清政府逐渐形成通往外蒙古的北路驿站系统（阿尔泰四十四军台），其中通往乌里亚苏台（相当于外蒙古。将军驻地，在今蒙古国扎布汗省）的北路台站，自察罕托落海起算，共有七台。6月28日（光绪十一年五月十六日）张佩纶去军台报到，其日记记载：

> 挈朱存、袁起两仆赴军台，出大境门东北行，倚郭朝阳

城隍庙街在南门西侧,已改名叫西城墙底街(摄于 2008 年)

村、黄土窑东西两村、陶赖庙廿里过一山坡、察罕托落三十里、五十家五十里、黄花坪上下两村,过五十家,山路甚险仄、察罕托落海六十里。朝阳村尝与乐山(奎斌)茗话、黄土窑两村缘山杂莳,莺粟花色如锦,卉毒如鸩。过陶赖庙,半山行矣。……察罕托落海为第一台,在山巅。台后有一庙,乾隆间立山名曰夹沙洼,碑云"盘龙双凤山"。台屋三间,旁屋六间,均狭小,蒙古官居之,兼以候往来藩部官宾。旁有旃屋两三帐,台员无可栖止,其相沿不赴戍所,非得已也。嘉庆以前居元宝山,今山为洋商所据,土伎所居,流人率在下堡矣。归,宿陶赖庙。庙康熙年间立,祀关壮穆(关羽),有稚松六株,芍药两丛。自(大)境门外地皆名察罕托落海,蒙古语察罕者白,托落海者帽,状其旃庐之色也。[12]

由此可以明白,察罕托落海在张家口东北六十里外,早已无法居住流人,犯官们也无从打杂干活,所以都住在下堡,"发军台效力"只是个说法而已。"察罕托落海",蒙语就是白帽子。

张佩纶是"清流"的代表人物,本地流放者中,有的人从前被他的"清流"朋友弹劾落职,有的人本来他就看不起,现在自己虽也沦为逐臣迁客,依然不屑与其为伍,不去拜访难友,引来议论纷纷。都统绍祺提醒他注意妥善处理"群众关系",张佩纶认为:"其意良厚,然余被谴以出,若尽改其素守,以求合于群逞之徒,非艰贞之道也。"[13]

清末的流戍生活

看罢西城墙底街的老房子,我们转往堡子里的其他地方游览。

堡子里,是张家口堡的俗称,亦是当地最早的城堡。明代的张家口堡,是长城防线宣府镇(宣化)的要塞,对阻止蒙古军队进犯发挥着重要作用,在明朝三百年历次大小战争中从未失守,故以"武城"之誉而雄冠北疆。清朝平定准噶尔之战后,蒙古入侵威胁不复存在。雍正年间,先后在张家口、多伦诺尔(今内蒙古多伦县)、独石口(今河北赤城县北)设理事厅管理当地民事,故有"口北三厅"之称。乾隆年间,又在张家口建察哈尔都统署,掌管察哈尔军政及察哈尔八旗游牧之事。1880年,崇厚与俄国交涉收回伊犁,有开放张家口通商的承诺,引起张佩纶的关注。这年夏天,他专程(也是第一次)去张家口游历。他的好友奎斌,此时担任直隶口北道道台,同时办理张家口、独石口、多伦诺尔三厅开垦事宜。那次旅行,使他对直蒙地理、漠北边防以及三厅积弊有了深刻的感受。他注意到,"口北三厅"的长官,设理事、同知各一员,例由旗人担任,而旗人多庸碌无能,故建议直隶总督李鸿章上奏,改

堡子里中心部位是文昌阁和钟鼓楼（摄于2013年）

为满汉并用。又建议将张家口副将移驻多伦，协守多伦诺尔等处。

张佩纶指出："明防蒙古，以宣（化）大（同）为远边，居庸关为近边。本朝防俄，则当以库恰为远边，口外为近边。"[14]李鸿章认为，此种调整，涉及旗人利益，朝廷未必理会，你讲部堂旗员不足畏，旗员诚可畏啊。疆臣条奏必交部议，部臣必复以"应勿庸议"。"吾不畏朝廷，实畏各堂官，皆吾上司耳。"[15]张佩纶并不气馁，不断致信说服。最后，李鸿章上奏《酌改三厅移兵控扼折》，并获得朝廷批准。[16]

六年后，张佩纶流放张家口，遇到的张家口同知褚瑨就是汉人。所以他在日记中写道：

庚辰偶游张堡，略识塞上情势，三厅改用满汉并补，即余议也。……（光绪）八年，台站大旱，疏请赈贷。此数事，余几忘之，而边城吏民犹能道其事。今日重来为之慨喟不置，

从今咫尺天都远　　231

清末的张家口集市和街道(T. C. Chamberlin 1909年6月摄)

夜不成寐。[17]

张佩纶作为流放的犯官，此前曾对流放地的政治经济和边防战略发展起过积极的作用，这是他自己也未尝想到过的。

在戍所，张佩纶终日读书作字，间吟小诗，校注《管子》，体会管仲的帝王之术。也可四处走动，观山望云，在本地范围内，行动并不受到限制。北方地区，副食品比较粗劣，张佩纶刚到戍地，曾在给夫人的家信中说：

> 塞上惟牛羊肉，猪肉不甚美。无鱼。去年在鱼乡，肠胃中大有酗剂耳。菜惟豆芽、韭，韭老不堪食。近戒酒，亦不择菜，菜之美恶可勿念。[18]

在给友人的信中又说：

> 通惠河鱼颇美，犹去严濑、松江远甚，边鄙求枯鱐不可得，正当羊酪抵莼羹耳。[19]

京津的朋友圈和远在广东的张之洞，时常寄来银钱、书籍、各地土特产食物（张佩纶赴戍所，向张之洞借千金作车舟及路途花销）。[20] 他以张家口出产的蘑菇、乳饼回赠。过年的时候，宣化总兵王枫臣送礼八色，张佩纶只收了十只橘子、八个苹果。都统定安也送过橘子和笋。[21] 李鸿章更是他财务上的金主，说"无计出公陷井，区区禄米，不必限数"。[22] 每年实际赠送生活费，达一千两银子，所以他经济上并不拮据。高兴的话，还与熟悉的难友及地方官员餐聚、唱和。逢到苏东坡生日，要挂上画像拜祭，邀请因马江之战落职的前船政大臣何如璋一起饮酒。[23] 记得从前读林则徐史料，他因广州禁烟，遭戍伊犁"效力赎罪"，就是自行前往。随行大车七辆，载书二十箧。流放期间，也与难友邓廷桢及伊犁将军、参赞等举办东坡生日会。[24] 当年文官，都爱苏轼，尤其在遭受放逐厄运之时，更以"谪所一生过也得"来自我排解。[25] 此后，甲午战争时御史安维峻上奏弹劾李鸿章有私财寄顿日本,日盼倭寇东来,建议杀之。又说议和出自皇太后和李莲英,太后既已归政,又岂能遇事牵制?为此,安维峻被发遣张家口军台效力,亦顿时名满天下,传说送行者馈赠的银子达到万两,[26] 由此也可看出当时的社会风气,朝廷似乎无法管控。

单调宁静的边城生活有时也有插曲或波澜。比如某天夜里,有小偷入室,先取衣物,又举火入书房,冀得金帛。张佩纶尚未熟睡,见火光,笑曰:"欲读书乎?"贼大惊遁去,连衣物也弃之不顾。[27]

然而心境是荒凉的。

张佩纶甫到戍所,就私下告诉李鸿章:"宣府犹宇下,便有春风不度之感。鄙惟忍辱忍寒耳。"[28]李鸿章回信道:"一腔热血,冰天雪窖中洒在何处。虽读书学道,差可自娱,寂寞荒寒,如何久耐?每思至此,徒搔手问天而已。"[29]李鸿章还说:"公是有心人,惟矜气过重,视事太易,致此蹉跌,海内先后求如执事之敏果有志略者,戛戛难之,岂非运数之蹇耶?"他给张佩纶寄去新近翻译出版的《海战新义》(奥地利人阿达尔美阿等撰,天津机器局1885年印行)一书,希望张"悉心参详,较胜于故纸堆中寻生活"。他鼓励说:"以水师败者,必以水师求胜,非空言大话所能济事也。"[30]

张佩纶又对李鸿章说:"宦游十载,春梦一场。""山城多雨,关驿盘纡,京洛音书都被塞云隔断,闭门一卷,身世都忘。"[31]李鸿章则回复说:"今日作官人多,真能办事人少,若大世界,将何自立,思之寒心。"大意是劝慰他,这个官场并不值得留恋。[32]

张佩纶的书信日记中,还常常出现"塞上伧荒,日与老兵为伍,路寻牛矢,香换马通"、[33]"偕仆人行菜畦中晚眺"的字句[34](牛矢、马通就是牛马的粪便)。在其流放期间,边夫人因患病留在北京,不久去世了，他连丧礼也无法参加。

老友宝廷寄来诗歌：

> 思君令人怯，不敢存大志。
> 闭门愿常闲，饥寒甘憔悴。
> 当年快心举，今日皆为累。
> 莫矜此身闲，闲身尚多事。[35]

他回复作：

> 今寂昔岂喧，往来祗同志。
> 苦记忧国容，尚较闲居悴。
> 醉者全其真，德人固无累。
> 勿似渎上韦，梦中更争事。[36]

在逆境中，张佩纶没有熄灭情怀和抱负。

谁在和张佩纶过不去？

张佩纶对自己在马江之战的失误，是有痛切感悟的，也愿意承担责任，但对被放逐军台，觉得冤屈。尤其是他听说法国舰队司令孤拔已死，认为是自己的战功。并且由于他组织了抵抗，才使法军未能占领船政局。故流放期间，他一直关注究竟是谁在战后陷害他。

1884年9月23日（光绪二十年八月初五日），都察院代递福建在京官员上奏弹劾张佩纶、何如璋玩寇弃师，偾军辱国，朋谋罔上，怯战潜逃，请旨查办，由翰林院编修潘炳年领衔。潘炳年，字耀如，福建长安人，与张佩纶是同治十年进士同年。此折据说是王仁堪起草，[37]只是没有公开列名。延续的，仍是引发"甲申易枢"的斗争。

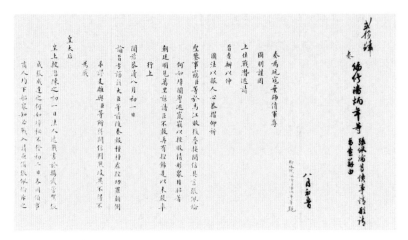

潘炳年等人弹劾张佩纶的奏折

同日,福建籍吏科给事中万培因亦奏,称张佩纶甫闻炮声,即从船政局后山潜逃,赤脚走在雷雨中,夜奔鼓山下院,以苇荐席地坐,黎明奔山后彭田乡,遣弁向城内巨绅家借絮被,匿累日不出。万培因义正词严地质问:

> 试问开门揖盗者谁?聚轮待歼者谁?闻战先逃者谁?煌煌谕旨,所谓统率兵舰屡请先发之张佩纶也;且以张佩纶素负重名,屡陈洋务,方其甫莅闽防,孰不谓其必能保障海疆、力筹战局?……卒至丧师辱国,以贻敌人之讥,臣不禁为时事痛哭也。[38]

这些所谓来自"家乡消息"的指控,将马江之战的失败责任全部甩给张佩纶,其实却与真相相悖。当时,中法军舰长时间近距离接近锚泊,谁先开火谁就取得主动。但清廷断然不允先发制人。待到法舰先发,船政军舰仓促应战,只能是被动挨打。其应敌的战术水平,也不是张佩纶所能左右和负责的。左宗棠和新任闽浙总督杨昌濬后来奉旨调查战况,明确报告朝廷:彭田距马尾十五里，以马尾言之在鼓山之前。张佩纶于是日登山观战，战毕退驻彭田。初四清晨驰赴马尾，仍回宿陈禹谟家，次日移居陈芳年新屋。嗣后往来彭田、马尾之间，并未一抵鼓山之麓，亦无乡人拒而不纳之事。左宗棠等指出："自马江败后，居民一日数惊，众论纷歧，道听途说，既可任意以增巷议街谈，岂顾情事之虚实？京员据闽信以入告，而不知闽信多本于乡人激愤之词也。"[39]

在私下，左宗棠、杨昌濬与张佩纶的沟通更为融洽。张佩纶在致友人的信中提到：

> 左相到闽，龙钟殊甚，论事论人，均无成见，现在尚未出省。谓篑胆大而不知兵，尚需指引。左以篑为子房，欲为黄石；篑亦以左为淮阴，欲为左车。而石泉（杨昌濬）敬老尊贤，谓不当受海风之寒，来残破之厂。实则闽冬而春，厂旧而新，石之愤愤更甚于左也。穆（图善）畏左如虎，见左衰而有喜色，似此安能问法事？[40]

信中左宗棠将张佩纶比作张良，而自谓黄石公，认为张佩纶胆大而不知兵，需要高人指引。张佩纶将左宗棠比作韩信，而自比李左车，愿意做其谋士。这些有趣的比喻，显示出左宗棠对张佩纶的理解和赏识，但历来未曾被外人知晓。张佩纶还提到杨昌濬对其境遇的愤愤不平。作为朝廷接办福建海防的钦差大臣，左宗棠对张佩纶与李鸿章的关系、对张佩纶后台李鸿藻的倒台都知晓得清清楚楚，他对马江之战责任的研判，应当是相对超然和客观的。

张佩纶10月7日告诉张之洞，他从另一位关系友善的闽籍绅士、前山西布政使林寿图处获知，"谋主潜同族两太史及可庄兄弟"。所谓"潜同族两太史"，"潜"即伯潜（陈宝琛），他是张佩纶挚友，与张同时会办南洋事宜，中法战争中亦因与张佩纶保举唐炯、徐延旭之罪降五级调用，故其本人当然不会参与弹劾。"同族两太史"当指两位陈姓翰林，在公呈上签名的陈姓翰林院编修有陈崧龄、陈懋侯、陈与冏、陈琇莹，究竟何人，待考。[41] "可庄兄弟"，即王仁堪、王仁东，他们是陈宝琛的妻弟。张佩纶原先与王家兄弟关系密切，但在甲申易枢前决裂了。王仁东就参与过盛昱对张佩纶及全班军机大臣的弹劾的密谋（参见本书《邯郸一枕笑匆匆："甲申易枢"与政局大变动》一文）。马江之败后，二王策动闽籍京官对张佩纶进行弹劾，更使张佩纶困惑和不满。他对妻弟朱潽说："闽人构陷朋谋秘计，不可端倪。其他均不足怪，怪在可庄兄弟，绝交下螫，有欲杀之而后甘心意，令人不解。"[42] 数年之后，他仍然抱怨："闽人不足恃，如可庄兄弟，从前在兄处何异子侄？一旦反噬，无恶不作，欲将兄就地正法，岂有不共戴天之仇乎？闽人甚狡，自古已然，不可不防也。"[43]

闽人中也一直有人称颂王仁堪、王仁东的，比如郑孝胥，直到二十年后，还作诗云：

丰润当年气属天，荷戈一去甲申年。
名流正有人微叹，转觉王家伯仲贤。[44]

有学者认为盛昱、王仁堪兄弟等都是依附翁同龢的"后清流"。盛、王等人的举动，标志着"清流"在甲申战后的分野。其实张佩纶与翁同龢交往不多，他赴张家口途经北京时，翁同龢对他很热情，仿佛平日关系"极契"。福建籍翰林院编修陈与冏告诉他，"闽揭乃虞山授意"陈与冏是闽籍京官公呈的签名者，张佩纶自然留意他提供的信息。但查《翁同龢日记》，1884年前后，翁同龢与盛昱、王仁堪等人无往来记录，翁为"后台说"仍待研究。军机大臣张之万告诉张佩纶，赴军台是阎敬铭拟定以奉迎上峰。阎敬铭则表示，本来张佩纶会放逐更远（"西行"，似指新疆），经他争取改为"近边"。总之张佩纶自己体会到,谪戍并非慈禧太后圣意,心中似乎有所安慰。⁴⁵但是,慈禧显然已经忘记了他,既不再启用他,也不在乎他的生死,他的命运只能由别人来摆布。而当初阻止他先发,劝他不要据守马尾,可以返回省城的军机大臣、总署大臣,现在全部装作没有参与过往来电商,只要把屎盆子扣到张某人的头上,自己推脱了责任,似乎也无负疚之感（可参阅本书《江湖归梦清,伉俪深情重：张佩纶的婚姻生活》一文）。

官场的龌龊就是如此,政治人物的悲哀往往莫过于此。

张佩纶当初曾是慈禧使用顺手的一杆猎枪。他为她整肃政纪和朝纲,为她走上前线去抵御法军,向她建言设立全国统筹管理的海军衙门。事情出现纰漏,却无人分担责任。又隔一年,醇亲王奕譞担任了新设的海军事务衙门的总理大臣,和李鸿章一起出海巡阅,御史朱一新上奏,弹劾太监李莲英随行,道路哗然、士民骇愕,还引发水灾云云。太后颁懿旨予以驳斥：该御史风闻不实,我朝优待谏臣,广开言路,"所奏如仅及李莲英一人之事,无论如何误听,断不因宦竖而加罪言官。惟该御史既料及内侍随行系深宫体恤之意,何又目为朝廷过举,并当时并不陈奏,迨事过数月,忽援水灾、砌词妄渎"？太后指出,当年云南报销案时,"张佩纶称朝廷慰留王文韶,是日即致地震,彼时从宽,未经责饬,以致相习成风,至今未已,殊与整饬纪纲实事求是之意大相剌谬"。今后所有弹劾,"均着就本事立时论奏,倘于后挟私臆测,附会灾祥,除原奏不准行外,定必加以惩处,以为妄言者戒"！⁴⁶张佩纶在张家口终于悟到,太后记住他的,竟是这份弹章,"余风未已,闻之悚愧"。⁴⁷

根据李鸿章听到的内幕消息,是醇亲王的不满招致了他的厄运。奉旨调查马尾海战的刑部尚书锡珍告诉李鸿章："兴献忌嫉,与时宰无干。"⁴⁸张佩纶到福州后,醇亲王曾托人转告,要他自我保护,不要去守马尾。这个善意,他没有听取,醇王显然是不悦的。他后来对李鸿章谈起张佩纶:"深咎挤琅邪(指云南报销案中弹劾王文韶)之非,劾大臣之失,赴马尾之轻率,而惜不自敛其才锋。"这番话说下来,李鸿章就无法开口商量加恩赐环了。⁴⁹

另一位"清流"邓承修在中法战争后被派为广西勘界事务大臣,行前去拜访醇王,醇王也对他说:

> 朝廷令张佩纶往福建,原为外间督抚奏报全是粉饰,欲得破除情面之人,使之有所顾忌,非要他去打仗也。伊办事固不妥,闽人所探亦多出于私憾也。⁵⁰

这话还算客观。此外,李鸿章还告诉张佩纶他另一次与锡珍交谈时,锡珍说的原话:"公以戆直为兴献(醇王)所嫉,伯潜(陈宝琛)、子峨(何如璋)皆陪客,非由他人下石。"李鸿章总结说:

> 果尔则此结不易解也。记上年三月廿后廷诤面折,好谀者必有隐恨,后此磨折皆由此生,命耶?运耶?⁵¹

"三月二十日后廷诤面折",指的是张佩纶在甲申易枢时为恭王复出所做的努力,醇王显然记仇了。

再到后来,1886年12月11日,清廷下令原先因战败斩监候(死刑暂缓执行,等待另审)的徐延旭、唐炯、张成(福建海军营务处负责人,旗舰"扬武"管带,马江之战时弃舰跳水逃生)均着加恩免予处决。徐延旭发往新疆效力赎罪,唐炯发往云南交岑毓英差遣效力赎罪,张成发往台湾交刘铭传差遣效力赎罪。⁵²徐延旭未及成行,即在北京病逝。次年3月,清廷赏唐炯巡抚衔,督办云南矿务。⁵³引发"易枢"事件的徐、唐获得解脱,马江之战中遂行作战任务且全军覆没的张成也已释放,张佩纶却仍在流戍之中。此外,在中法战争中直接承担福建地区军政指挥的闽浙总督何璟、福建巡抚张兆栋,战后除撤职之外,并未受到其他处分。福建的中小京官,只把矛头对准张佩纶。后世讲述马江之战者，也将张佩纶描画成战前不做准备、战时仓皇逃命的负面人物。

《清史稿》徐、唐、何、张四人合传，传末有一"论曰"，对这干人马总结得很中肯：

> 怯懦而无所主，事急皆遁。方其互相汲引，不恤举疆事以轻试；及其败也，其党益肆言荧听，而此数人者，遂得保首领以没。朝廷固宽大，亦失刑甚矣。[54]

当然也有人看得真切。张佩纶在给友人书信中提到：张之洞"昨有书来，深以徐唐出狱，鄙尚在戍为不平"。[55] 平时并无交往的西安将军荣禄，多次托人给张佩纶赠送食物，也算是一种敬意。[56] 台湾巡抚刘铭传，在中法战争中与张佩纶并肩抗敌，张佩纶流戍后他赠银千两，还说："如能为幼樵昭雪，方见公道。"[57]

以往研究马江之战的文章，除了引用潘炳年等人的奏折、除了讲"爱国卖国""主战派投降派"之外，却很少关注过当事人和了解真相的上层官员究竟在说什么，以及各类相关人物细微的心理活动。历史的真相，远比这些政治标签复杂得多。

与章洪钧的生死友谊

张家口历史上归宣化府管辖。张佩纶流放后，李鸿章安排自己的幕僚，也是张的好友章洪钧任宣化知府，"闻相过往，少慰岑寂""为戍客添谈助"。[58] 可见李鸿章对张佩纶的特殊关爱。

章洪钧，字琴生，清代安徽绩溪镇头村人。他与张佩纶是同治十年会试同年，与胡适父亲胡传亦是同乡好友。正是章洪钧将胡传介绍给张佩纶，再由张推荐给吴大澂，使得胡传得以发迹（可参阅拙著《秋风宝剑孤臣泪——晚清的政局和人物续编》中之《为老秀才写的介绍信：张佩纶与胡适父亲胡传的友谊》一文）。1877年，章洪钧翰林院散馆，授编修。这是当年典型的读书做官路径，虽然看似清贵，但从道光朝起，仕途拥滞，庶吉士散馆后，常常经年得不到实缺，生活异常艰苦，还不如考在榜末，以知县归班者来得实惠。[59]1881年夏，张佩纶向李鸿章推荐章洪钧，建议将章调入直隶总督幕府。7月4日，李鸿章上奏，称"臣近驻天津督办北洋海防及中外交涉事件，头绪繁多，亟须求贤助理"。请将章洪钧发交北洋差委，奉旨允准。[60]不料，御史秦钟简上奏，说李鸿章奏调章洪钧等人违反外省督抚不得奏调京职官员规定，迹涉徇私。秦钟简不知张佩纶的私下运作，怀疑章、李系属同乡，早与有约，因此请旨撤回。李鸿章复奏反驳，异常直率地说道：

> 咸、同军兴以来，以同乡而转相荐引，灭贼立功，蔚成国家中兴盛业，何可枚举。秦钟简岂毫无见闻，而独疑章洪钧有营谋请托之事？章洪钧籍隶皖南，距臣籍六百余里，素无瓜葛。同治四年，臣于署两江总督任内考试书院，始识拔章洪钧于诸生中，早相期许。近年知其留心经世之学，识力坚卓，志趣不凡，故特疏调来津，以资赞助。章洪钧守道自重，臣亦因以重其人，实非由请托而来。[61]

在李鸿章坚持下，章洪钧调往北洋任职。当年11月，李鸿章去大沽验收从英国新购的"超勇""扬威"号巡洋舰，章已随行。次年初，原先为李鸿章起草文件书函工作的幕僚薛福成被外放署理宣化府知府，由此在官场上崭露头角，所遗工作就由章洪钧接手过来。

在后来三年多的日子里，章洪钧为李鸿章做了大量文秘工作，忠恳笃诚，任劳任怨。张佩纶流放张家口之后，闲来无事，便想起老朋友的晋升和出路。他给李鸿章的信中提到：薛福成做幕僚，优得职位。章洪钧继承后，海上多事，劳苦尤甚。您应向有关方面美言，畀以直隶道府一缺，提高他工作积极性，也阻止其奉母隐居的念头。[62] 李鸿章回复说：章洪钧无出路，虽与大人物们商及，都不知他姓名。近日上层揽权，与从前很不一样，阎敬铭、张之万偶尔强出头，各引私人，未必有秉公荐士之雅。但我一定推荐，以待采择，只是幕才太乏，实在不可没有章洪钧。[63] 十余天后，正巧有奏保历年赴朝鲜防护和定乱出力人员的机会，李鸿章专门为章洪钧写了个单独附片予以推荐，奉旨以知府留直隶补用。[64] 又过半年，宣化知府郑贤坊因病开缺，李鸿章密保章洪钧堪任此职，[65] 经过一番私下运作，章洪钧竟然被瞒天过海，调到宣化任职，既解决了本人的升迁，又可以对张佩纶就近照顾。章洪钧调任后，李鸿章招翁同龢的舅子汤伯述入幕，但觉得他是书生，不谙事理。不久另聘于式枚担任文幕。于式枚，字晦若，1880 年中进士，曾担任张树声幕僚，此后成为李鸿章心腹，一直陪伴在李鸿章的下半生，他也是张佩纶的密友。

宣化与张家口相距六十里，系京西北边疆最要之缺，管辖十个州县，政务殷繁，土地寒瘠，必须善为抚绥。宣化连接张家口，为俄商往来孔道，旗汉蒙洋贸易错处，时有交涉要件，尤须表率得人。章洪钧到任后，不动声色，百废俱举，各项事务处理得井井有条。同时，将知府衙门内旧马厩改造出五间客房，素壁明窗，颇为雅洁，专为张佩纶设榻，取苏东坡《章质夫送酒六壶，书至而酒不达，戏作小诗问之》诗句"南海使君今北海，定分百榼饷春耕"之意，命名为"北海轩"。[66] 李鸿章调侃张佩纶，"宣署有北海轩可供啸傲，无妨常往"，[67] 算是一种特权。章洪钧是热情的主人，他经常派车接张佩纶来饮酒赏花，或向张赠送蔬果食物，彼此赋诗唱和，使张佩纶的流放生涯增添了乐趣。张佩纶将两个儿

清末的宣化街道（T. C. Chamberlin 1909 年 6 月摄）

子志沧、志潜，也带到府署后院，尽情嬉闹。章洪钧从宣化去张家口看望张佩纶，还留宿在张的寓所做竟夕剧谈。⁶⁸ 那个时候，犯人竟获如此特殊的待遇，真令人有神奇之感。

张家口官场当然不是世外桃源，张佩纶曾私下告诉李鸿章："察罕政事，暗无天日，托子明（察哈尔将军托伦布）一丁不识，司员舞弊，贿赂公行。"犯人如欲对流放地点有所选择，还须私下送礼。⁶⁹ 张佩纶获得优待，远有李鸿章做靠山，近则有知府大公祖章洪钧的刻意照料，这样，才使得他平安地度过放逐生涯。

1888 年 2 月 1 日，张佩纶忽得噩耗，章洪钧突患急症，他连夜赶往宣化，才知道章家全都染上传染病（疫气）。北地边城，医药俱少，主人竟已无法救治。张佩纶写道：

问君遗何言，欲言气如丝。问君敛何具，短被仍缝治。

侧身忽南望，七十亲年衰。有丧敢不告，告恐惊母慈。[70]

　　随后，章的三子贞甫及小女相续病死，再后来二子恒谦亦死，三媳又吞金殉夫。原来欢乐的府署后院，陷入巨大悲哀之中。张佩纶主持延医救治和死者入殓，成了章家的主心骨。他向远在保定的李鸿章急报详情，撕心裂肺地问道："连见其二子一女之死而无法能救，盖足令为善者短气而办事者寒心，悲夫！""琴生一生厚实，而得如此惨报，天道可凭耶，不可凭耶？"[71]

　　李鸿章从天津周馥处得到电报，又接到张佩纶派人送来的急信，立即写了回信：

　　　　匍匐往救，处分详明，无愧患难生死之交。……琴生耿介诚悫，吾党所稀，方拟俟大赦赐环，调移善地，不谓守边年余，遽尔仙去，善人福薄，酸鼻痛心。……戍客为死友主持后事，血性风义少有，知识者当共感激，又何招摇谤议之足避耶？[72]

　　戍客为知府主办丧事，实在是千古罕有的奇事，也是这场惨剧中的一抹人情的亮色。

　　23日，章洪钧夫人携灵柩和家眷离开宣化，返归原籍。张佩纶临歧奠送，泣涕如雨，一直送到泥河。归路惘惘，不堪回首。26日，张佩纶开始蓄须，未满四十岁的人，一下子显得苍老起来。后来，挚友陈宝琛见到他赐环后拍摄的照片，作诗问道："梦中相见犹疑瘦，别后何时已有髭？"[73]张佩纶留须，是对章洪钧，也是对张家口放逐生活的一种纪念。

　　28日，李鸿章再次致信，对张佩纶予以高度评价：

　　　　公与琴（生）患难生死之交，护持周挚，朋友为五伦之一，今始见矣。……新岁朋旧之感，迭起环生，心绪恶劣，所谓"侬今葬花人笑痴，他年葬侬知是谁"也。[74]

这年 5 月 15 日，张佩纶效力年满三年，奉旨得以释回。军台效力，还要缴纳台费，十台以内，每月四十三两，按三十七个月（含闰月）计，为一千五百九十一两，外加部费二百两，李鸿章为其准备了一千八百两，外加旅费归装，另寄千两。[75]

5 月 19 日，张佩纶离开张家口，经宣化踏上归程。途中他作《归次居庸》五首，其四曰：

> 今日居庸国北门，春风散作九边温。
> 醉中未觉从军久，虎啸猿叹剩梦痕。[76]

应当修缮保护好堡子里

2008 年的张家口之行给我留下深刻的印象。

游览中我发现，堡子里是个袖珍、精巧的老城，遗存了大量明清古建筑群落。行走在纵横交错的巷子里，宛若时光倒流，令人目不暇接。在一个十字街口，迎面是跨街而立的文昌阁，东西门洞上，则嵌着钟楼、鼓楼的匾额。在文昌阁下的四个门洞，辟了鼓楼东、西、南、北四条街道。各处房屋院落虽然破旧，却保留着昔日的格局。还有寺庙、道观、书院夹杂其中。不时兀出的一些老建筑的奇特屋顶，给我带来意外惊喜。一些外表看来残破的门楼，内部院屋层层相套，砖雕木雕十分精美。

我们驱车赶到宣化，想找找北海轩是否尚存。明清时代，宣化曾是京北重镇，建筑规模比张家口更为宏大。知府署在天泰寺街，我幸运地发现 2005 年刻立的"宣化府署旧址"石碑，斜倚在砖墙外面。院子里，数栋红砖宿舍楼正在拆除，全无古迹可访。往东看去，镇朔楼的雄伟身影映入我的眼帘。镇朔楼重檐九脊歇山顶，城楼上悬挂着"神京屏翰"巨匾，系乾隆皇帝御笔所

宣化府衙署旧址在张家口市宣化区天泰寺街，2008年时围墙外有一块石碑

2013年宣化府衙署已经开发成为兴泰小区了

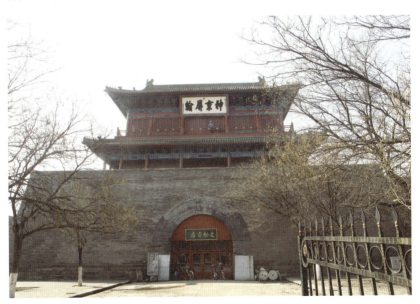

镇朔楼是宣化古城内最高大宏伟的建筑。乾隆题写的"神京屏翰"，匾高2.4米，宽6.6米

从今咫尺天都远　　247

题。张佩纶昔日来此居停的痕迹虽然早已湮灭，但这个视角，与一百二十多年前完全一样，算是我此行的凭吊纪念。

此后，我在互联网上看到，堡子里被认定为中国北方最大、保护完整且在城市内的明清古建筑群，具有很高的学术价值。报道称堡子里建于明宣德年间，至今已经有近六百年历史。现存文物古迹达七百余处，其中极具价值的重点院落九十三处。又说张家口开始保护和修复古迹，令我欣慰不已。

2013年6月，我约潘振平、陈坚二君，专程再游张家口。果然，堡子里的许多寺庙和旧院落修复出来了，原来的文昌阁，在东南、西南两个角上，还添补了小小的钟鼓楼。张佩纶住过的城隍庙街旧寓依然无法确认。我看到修复了定将军府，1891年4月，正白旗汉军都统定安与两江总督刘坤一被任命为帮办海军事务大臣，定安的老家在张家口，张佩纶流放期间，与他有过多次交往。但总体来说，张家口修复投入规模不大，速度不快，修复品质不高，整个堡子里还是残旧衰败的感觉。

倒是宣化，造起更多的新楼，原来让我震撼的镇朔楼，两侧拆迁了大量民居，建出一条平庸的商业大街，古城的风味荡然无存。

我再次探访从前的宣化府署，此地已改成兴泰小区，居民们有了新的住宅，那块"宣化府署旧址"的石碑，不知移至何处了。我想，这个世界上，大约只剩下我，还在凭吊北海轩，傻傻地寻觅张佩纶和前任知府章洪钧友谊的遗存。而现任地方官和房地产商，更热衷于拆旧建新，推动开发，祖先传下来的老屋，经我们这一代的手，还有多少传给子孙？

2016年7月31日，国际奥委会主席巴赫宣布北京携手张家口获得2022年冬奥会举办权。张家口将面临一次重大的发展机遇。

张家口开发较为迟缓，古城破坏相对较少，而历史风貌保存尚多。所以我特别期望能抓住后发机遇，将堡子里高规格地修缮复原，把前些年新造的周边建筑拆除掉。我在欧洲旅行，走在一个个起源于中世纪的古老小城镇里，感受着人家富裕、低调的生活方式，散发着的厚重文化积淀气息，常常就想，我们的老城应当获得更多更好的修缮和保护。中国北方古城，平遥的修复是个案例，动工较早，与晋商的传奇故事结合起来，享誉也大，但水平不高。大同的古迹灿烂辉煌，前些年大规模重修了城墙和一批老建筑，成为古城重建的新做法。张家口应当走一条怎样的道路？希望能够好好合计。

2015 年 9 月初稿
2018 年 7 月修订

---

1 左宗棠等：《查复马江失守被参偾事各员情形折》，光绪十年十二月二十七日，《左宗棠全集》，第 8 册，第 540—546 页。
2 《上谕》，光绪十年十月二十七日，《左宗棠全集》，第 8 册，第 547—548 页。
3 张佩纶：《复陈弢庵阁部》，《涧于集·书牍》，卷 4，第 2—3 页。
4 《张佩纶致李鸿章》，光绪十一年二月初一日，《张佩纶家藏信札》，第 2 册，第 862 页。
5 张佩纶：《天津别章梦所》，《涧于集·诗集》，卷 3，第 1 页。
6 张佩纶：《春暮就戍，叔宪、抑仲、公瑕、子涵、健庵送至淀园》，《涧于集·诗集》，卷 3，第 2 页。
7 张佩纶：《居庸》，《涧于集·诗集》，卷 3，第 2—3 页。
8 《张佩纶致边粹玉》，光绪十一年四月初五日，《张佩纶家藏信札》，第 7 册，第 3528 页。
9 《张佩纶致边粹玉》，光绪十一年五月十二日，《张佩纶家藏信札》，第 7 册，第 3547 页。
10 《涧于日记》，光绪十二年二月十一日，七月初十日，丙戌，第 5、25 页。
11 张佩纶：《梦所赠菊用原韵奉谢》之附注，《涧于集·诗集》，卷 3，第 33 页。
12 《涧于日记》，光绪十一年五月十六日，乙酉，第 11—12 页。
13 《涧于日记》，光绪十一年四月初八日，乙酉，第 1—2 页。
14 《张佩纶致李鸿章》，光绪七年五月初七日，《张佩纶家藏信札》，第 1 册，第 234 页。
15 《李鸿章致张佩纶》，光绪七年五月初八日，《张佩纶家藏信札》，第 1 册，第 244 页。

16　李鸿章：《酌改三厅移兵控扼折》，光绪七年五月二十日，《李鸿章全集》，第9册，第368—370页。
17　《涧于日记》，光绪十一年四月初十日，乙酉，第2—3页。
18　《张佩纶致边粹玉》，光绪十一年四月十一日，《张佩纶家藏信札》，第7册，第3532页。
19　《涧于日记》，光绪十一年四月十一日，乙酉，第3—4页。
20　张佩纶：《致边润民师岳》，《涧于集·书牍》，卷4，第4—5页。
21　《涧于日记》，光绪十一年十二月二十五日，乙酉，第67页。
22　《李鸿章致张佩纶》，光绪十二年十月二十九日，《张佩纶家藏信札》，第2册，第1031页。
23　《涧于日记》，光绪十二年十二月十九日，丙戌，第55页。
24　来新夏：《林则徐年谱》，第389页。
25　林则徐：《壬寅腊月十九日嶰筠前辈招诸同人集双砚斋作坡公生日诗以纪之》，《林则徐年谱》，第407页。
26　《翁同龢日记》，光绪二十二年二月十七日，第6卷，第2934页。
27　《涧于日记》，光绪十一年十二月二十三日，乙酉，第66—67页。
28　《张佩纶致李鸿章》，光绪十一年四月初五日，《张佩纶家藏信札》，第2册，第880页。
29　《李鸿章致张佩纶》，光绪十一年四月十五日，《张佩纶家藏信札》，第2册，第883页。
30　《李鸿章致张佩纶》，光绪十一年六月初九日，《张佩纶家藏信札》，第2册，第904页。
31　《张佩纶致李鸿章》，光绪十二年七月二十一日，《张佩纶家藏信札》，第2册，第1019页。
32　《李鸿章致张佩纶》，光绪十二年八月九日，《张佩纶家藏信札》，第2册，第1021页。
33　张佩纶：《复李仲彭公子》，《涧于集·书牍》，卷4，第16页。
34　《涧于日记》，光绪十一年五月十五日，乙酉，第11页。
35　宝廷：《梦幼樵用少陵梦太白韵》，《偶斋诗草》，上册，第309—310页。
36　张佩纶：《竹坡见梦用杜工部梦李白韵索和》，《涧于集·诗集》，卷3，第15页。
37　郭则沄编：《知寒轩谭荟·甲集》，卷2，林家钟所作附注，载《福州马尾港图志》，第150页。
38　万培因：《请置讳败捏奏之闽省诸臣重典密折》，光绪十年八月初六日，《福州马尾港图志》，第153—158页。
39　左宗棠、杨昌濬：《查复马江失守被参偾事各员情形折》，光绪十年十二月初七日，《左宗棠全集》，第8册，第540—546页。
40　张佩纶：《致张曾扬》，光绪十年十一月初六日，《近代史所藏清代名人稿本抄本》，第1辑，第89册，第469—470页。
41　张佩纶：《复署粤督张》，光绪十年八月二十二日，《涧于集·电稿》，第38页。签名名单见《奏报张佩纶、何如璋两员在闽省玩寇弃师、偾军辱国，并请旨查办以申国法事》，光绪十年八月初五日，《顺风相送：院藏清代海洋史料特展》，第104页。
42　《张佩纶致朱潜》，光绪十年十月二十八日，《张佩纶家藏信札》，第6册，第2975页。
43　《张佩纶致朱潜》，十八日，《张佩纶家藏信札》，第6册，第3134页。
44　郑孝胥：《题张叔宪槐阴精舍夜话图》，《海藏楼诗集》，第294页。

45	《张佩纶致李鸿章》，光绪十一年三月十二日，《张佩纶家藏信札》，第2册，第868—869页。
46	《光绪朝东华录》，光绪十二年八月二十八日上谕，第2册，第2152页。
47	《涧于日记》，光绪十二年九月初六日，丙戌，第36页。
48	《李鸿章致张佩纶》，光绪十一年八月十八日，《张佩纶家藏信札》，第2册，第932页。
49	《李鸿章致张佩纶》，光绪十一年八月十八日，《张佩纶家藏信札》，第2册，第940页。
50	《邓承修勘界日记》，《邓承修勘界资料汇编》，第116页。
51	《李鸿章致张佩纶》，光绪十一年七月初六日，《张佩纶家藏信札》，第2册，第920页。
52	《光绪宣统两朝上谕档》，光绪十二年十一月十六日上谕，第12册，第436页。
53	《光绪朝东华录》，光绪十三年二月二十三日上谕，第2册，第2236页。
54	《清史稿》，第42册，第12688页。
55	张佩纶：《复章琴生太守》，《涧于集·书牍》，卷4，第47页。
56	《涧于日记》，光绪十二年八月初七日、九月二十二日，丙戌，第32、38页。
57	刘铭传：《致陈宝琛》，光绪十一年七月二十九日，见《刘铭传致陈宝琛的七封信》，《福建文博》，1985年第1期，第85页。
58	李鸿章：《致张佩纶》，光绪十二年五月初十日，《李鸿章全集》，第34册，第30页。
59	刘体智：《庶吉士出路》，《异辞录》，第194—195页。
60	李鸿章：《章洪钧金福曾袁保龄请留北洋差委片》，光绪七年六月初九日，《李鸿章全集》，第9册，第389—390页。
61	李鸿章：《复陈奏调各员折》，光绪七年八月初二日，《李鸿章全集》，第9册，第458页。
62	《张佩纶致李鸿章》，光绪十一年八月二十七日，《张佩纶家藏信札》，第2册，第942页。
63	《李鸿章致张佩纶》，光绪十一年九月十五日，《张佩纶家藏信札》，第2册，第939页。
64	李鸿章：《奏保章洪钧片》，光绪十一年九月二十八日，《李鸿章全集》，第11册，第211页。
65	李鸿章：《郑贤坊因病开缺折》，光绪十二年四月初一日；《密保章洪钧片》，光绪十二年四月初九日，《李鸿章全集》，第11册，第381、402页。
66	《涧于日记》，光绪十二年十月初七日，丙戌，第40页。
67	《李鸿章致张佩纶》，光绪十二年十月二十九日，《张佩纶家藏信札》，第2册，第1031页。
68	《涧于日记》，光绪十二年七月初三日，丙戌，第23页。
69	《张佩纶致李鸿章》，光绪十四年正月十三日，《张佩纶家藏信札》，第3册，第1121页。
70	张佩纶：《哭梦所》，《涧于集·诗集》，卷3，第34—35页。
71	《张佩纶致李鸿章》，光绪十四年正月初三日，《张佩纶家藏信札》，第3册，第1106—1107页。
72	《李鸿章致张佩纶》，光绪十三年十二月二十五日，《张佩纶家藏信札》，第2册，第1100—1101页。
73	陈宝琛：《黄斋以小像见贻题寄》，《沧趣楼诗文集》，上册，第6页。

74 《李鸿章致张佩纶》,光绪十四年正月十七日,《张佩纶家藏信札》,第3册,第1123页。
75 见《张佩纶致李鸿章》,光绪十四年正月十三日;《李鸿章致张佩纶》,光绪十四年正月十七日、二月十六日,《张佩纶家藏信札》,第3册,第1121、1123、1136页。
76 张佩纶:《归次居庸》,《涧于集·诗集》,卷3,第40页。

江湖归梦清，伉俪深情重

张佩纶的婚姻生活

人们大多知道张佩纶是李鸿章的女婿、张爱玲的祖父，却往往忽略了张李姻缘其实只是张佩纶的第三段婚配，张佩纶此前还娶过大理寺卿朱学勤的女儿朱芷芗、陕西巡抚边宝泉的女儿边粹玉。虽然这两位夫人都因病早逝，他们却也都爱得深沉，携手走过艰难的岁月。最近我阅读了张佩纶家藏书札中私人生活的一批信件，更加深了对他婚姻往事的了解。

朱夫人：有梦还随燕子飞

张佩纶是在同治十三年七月十八日（1874年8月29日）第一次迎娶新娘的，[1]时年二十六岁。他的丈人朱学勤，字修伯，是浙江仁和（今杭州余杭区）塘栖镇人，咸丰三年（1853）进士。从咸丰八年考取军机章京后，一直参与中枢运作，经历慈禧太后和恭亲王发起的"祺祥政变"，又与同治一朝政治、军事、外交、内政事务相始终，深得恭亲王信任，位不高却权重，是外官竞相巴结联络的对象。同治七年授光禄寺卿，九年二月授宗人府府丞。旋丁忧，十一年七月开复，仍在军机章京上额外行走。朱学勤为人低调，办事缜密，交友广阔。公余潜心学问，博古通今，广搜宋元古籍善本,家有"结一庐藏书阁"。曾国藩曾以"学足论古,才足干时,后来之重器也"相赞誉。[2]

张朱姻缘是谁牵的红线,待考。张佩纶同治十年辛未科(1871)考取进士。父亲张印塘,官至安徽按察使,但早逝于太平军造反后兵荒马乱的咸丰四年(1854)。张佩纶是翰苑新贵,颇得朱学勤赏识。朱学勤同治十三年十月三十日(1874年12月8日)授大理寺卿,可惜两个月后(光绪元年正月初四日,1875年2月9日)因病去世,使得张佩纶在这段婚姻中,与朱学勤的翁婿交集,仅仅只有短暂的四个月。

如同一切京官,张佩纶最初的翰林生涯十分清苦。他在给姐夫宗得福的家信中说:"长安居,颇不易。……京秩无不高寒,而敝署尤为清苦,俸钱最薄。盐关津贴,近俱未复,惟同年世好有外任者,相率为馈岁之举,美其名曰'炭敬'。上至宰相、御史大夫,莫不恃此敷衍。冷官滋味,岂复可耐?"他的婚礼,"奉慈命已于前月毕姻,所费不过五两,无烦借及天钱"。[3]这么小的花销,听来让人难以置信。朱学勤嫁女,是否贺客如云我不知道,但翁同龢在日记中记载,他是前去祝贺的。难道举办婚礼的钱都是女家出的?朱学勤待姑爷,实在太厚爱了。

张佩纶后来回忆:"入翰林,始娶于仁和朱氏,时余家甚贫,妇力而俭,亲执女工,烦辱之事,甚有矩法。事吾母五年,贫而不忧,虽妇之能贤,亦外姑马太夫人之教于家者豫也。"他所说的外姑即岳母,当年马太夫人嫁给朱学勤时,朱的经济状况比张佩纶还要窘迫。"太夫人节啬以相其家,家日以给足。自大理(朱学勤)盛时至今,四十余年如一日,吉凶宾嘉之礼,蚕桑谷麦之宜,以及赡姻鄘课,僮奴种瓜作瓠,筑肉臛芋,皆中程度。米盐靡密,初若烦碎,然太夫人精力能推行之,他人不能也。"[4]

芷芗为张佩纶生了志沧、志潜两个儿子。陈宝琛回忆，光绪三年十一月十一日（1877年12月15日），那天微雨之后初晴，张佩纶闭门谢客赶写出《论劾陕抚谭钟麟复奏失实折》，他去张宅小坐，忽然家人过来报告，夫人生了个儿子。张佩纶大喜，当即用陈宝琛的字（伯潜）加上家族辈分排序，名之曰"志潜"，小名"陈儿"，用的是陈宝琛的姓氏。[5]

光绪五年四月初六日，张佩纶生母毛太恭人去世，享年六十岁。祸不单行，五月初五日（1879年6月24日）夫人朱芷芗去世。七月初五日，新生女儿韵苏（小名簪儿）亦殇去。[6] 张佩纶在给六姐的家信中说：

> 弟妇体素健，年来家事棘手，颇形瘦弱，亦未以为意，而外姑处略有要事，仍须弟妇前往料理。三月初四，在朱宅因劳乏触动胎气，吐血而归，嗣后服药得愈。十八（日）生女后，尚无他恙。闰月慈亲（张佩纶母亲）病时增减，弟妇不能静养，以致满月后下床即头昏眼花。慈亲病革，弟妇勉强出屋料理身后事宜，并时至病榻前问视，触受外感，遂成脾泄，以致不起。计于归未及五年，艰苦同尝，持家勤俭，生前有见解与弟不合处，犹不免求全责备，至今思之，实为弟之功臣。[7]

芷芗作为大家千金，婚后能挑起张家拮据困顿的生活担子，实在难能可贵。她从小受父亲钟爱，又随祖父朱以升（字次云，道光二十年庚子科进士，官至昌平州知州）学古文。阅史博闻强记，凡历代谥法年号，背诵如流，不差一字。朱学勤承恭亲王嘱托，修订《枢垣纪略》，欲作《军机大臣表》，详查书籍及携出值房秘本，均令她办理。她乘闲考订皇朝后妃封拜年月，朱学勤遂教她作《历代后妃表》，惜未能成，但体例已具。张佩纶读《汉书》校正乾嘉学者钱坫（字献之，号十兰，钱大昕之侄）《新斠注地里志》，偶与张之洞谈起《汉书》列传中有不列传人物的姓氏，若摘录，可便于查阅，她就马上动手整理摘录，分门别类，甚有条理。可惜居于斗室，每天还要操持油米茶盐，最终没有完工。她本不会作诗，婚后始稍肄习，就积有篇什。其中最完善者，乃《春秋宫词》数十首。张佩纶曾抄录一首她写的怀君之作（当时张佩纶随扈东陵），曰：

> 雪色桃花不着绯，似人扶病减腰围。
> 无心更教鹦哥语，有梦还随燕子飞。
> 妆镜久疏眉上黛，药炉消尽嫁时衣。
> 新愁旧恨重重裹，不独怀人泪暗挥。[8]

芷荪告诉张佩纶，出嫁之前，她梦见万骑环列，有个人走上一座高台，相貌非常像张佩纶。她还对丈夫说："君必贵，惜吾不及见矣。"[9]后人从《涧于日记》里读到这条记录，认为万骑高台，正是督师之兆。"夫人第见其陵霄独立，甲帐嵯峨，而不知毕生蹉跌由此。"[10]这当然有点事后附会。但芷荪劝他避世偕隐，当时张佩纶风头正劲，未予理会，直到后来兵败遣戍，才佩服她的远见。[11]

妻子亡故半年之后，某夜，张佩纶梦见芷荪缟衣而坐，悄无一语。惟作五律一首，送与夫君：

> 魂远君尤远，魂归君未归。
> 十年成断翩，五夜感元机。
> 月冷空床簟，风寒客邸衣。
> 梦中无一语，握手暂依依。[12]

张佩纶梦中醒来，诗句历历可记。只是忽起疑惑，这诗，究竟是自己心中所念，还真是太太魂魄所作？思来想去，不由潸然泪下。

边夫人：朝露虚留一梦缘

张佩纶第二段婚姻开始于光绪九年，对象是边宝泉的女儿边粹玉。

边宝泉，字润民，汉军镶红旗人，同治二年进士，授编修。历任浙江道监察御史、户科给事中、陕西督粮道、陕西按察使、江西布政使。光绪九年十月，擢陕西巡抚。最后还出任闽浙总督。边宝泉是辛未科同考官，故张佩纶在书信中一直称他为"润师"或"润民师"。

大约在光绪八年下半年，张佩纶在一些私人信件中开始提到："润师已送女北来续婚，尚无定日，鄙见在入春后耳。"[13] "边夫人已到，拟明年续婚。"[14] 次年初又谓："续婚改期二月，……一切草草。悼亡之感正因新妇入门益多怅触。过来人当能喻之。"[15] 李鸿章光绪九年三月十八日致张佩纶信中也说道："途次与琴生（章洪钧）闲话，始知仲春之杪喜续鸾胶。"时间也是对得上的。[16]

李慈铭曾在光绪十年五月二十三日（1884年6月16日）日记中说：

> 陕西巡抚边宝泉者，汉军旗人也。亦巧宦而不学，与南皮同年同乡，夤相樛附。丰润因娶其女为后妻，而女丑甚。佩纶初娶吾乡朱修伯大理女也；昔年丰润之生母死，旋又丧妻，未及小祥，娶一妾，惑之甚。及服阕而娶边女，边女既陋，丰润不礼之。[17]

芷芗、粹玉生前都没有留下照片，后人无从知道她们的相貌。张佩纶告诉朋友，"新妇尚慈祥柔顺，惟体近弱耳"。[18] 现存张佩纶家藏信札中致粹玉的家信，除一封写于光绪九年外，其余均为光绪十年五月张佩纶奉旨会办福建海疆事宜，出发南下，至十二年三月粹玉去世之前所写，近七百天中，达一百二十四封之多。从信中看，两人感情甚笃，"不礼之"云云，不知从何谈起。

张佩纶行前，粹玉已经怀孕待产，这使他放心不下，家信中饱含关心言语和殷殷嘱咐。比如就在同一个五月二十三日，张佩纶刚刚行抵天津，即作家书曰：

> 昨夕乃展转不得寐，儿女情长，此亦发于自然，不必讳耳。现拟廿八放舟，相去日远。我于家事向来胸襟开阔，不甚介意。但望妹善自珍卫。儿辈安心读书，即兄远怀更慰矣。[19]

五月二十三日，粹玉照管下的志沧、志潜，也用歪歪斜斜的稚气笔迹给爸爸写信：

儿苍、潜叩上父亲大人膝下：

> 敬禀者。儿于本月初八日接读手谕，十九日又接读手谕，二十二日又接读手谕。母亲现服调理药耳，此时饮食稍增，尚请不必悬念。边师已还，外祖母命笔问好。儿等时时刻刻无匪（非）用功。
>
> 儿苍、潜肃叩 五月二十三日

张佩纶对此信格式做了修改，对错别字做了记号，并留言"时时刻刻无非淘气。可恨之至。以后将所写字十日一次带来。我已托黄老伯管潜儿，许老师管苍儿，二哥哥兼管，须小心"。[20]

这些家书，将粹玉的身体境况，和一个在外叱咤风云的男人对夫人孺子的关爱，表现得淋漓尽致。阅读这些温馨的家书，想到那个道貌岸然的李慈铭，却在同一天日记中妄议别家的私生活，不觉可叹可笑。

李慈铭日记中提及张佩纶及边夫人，源于他的弟子樊增祥（字云门）外放陕西宜川县令，恰好张之洞由山西巡抚调任署理两广总督过京，邀樊加入幕府。这个善意举动，触动李慈铭的神经，以

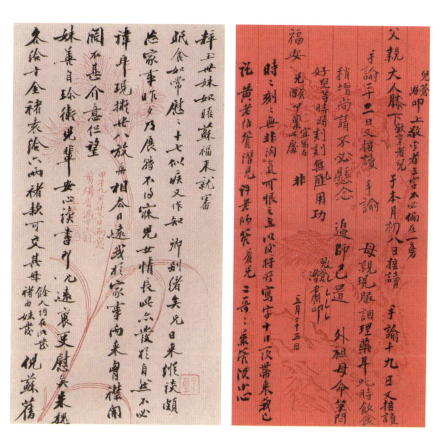

光绪十年五月二十三日张佩纶致边夫人的信和志沧、志潜致父亲的信

为张要与其争夺弟子。其实张之洞同治六年任湖北学政时,樊增祥恰好中举(乡试考官为侍讲学士常恩),他对樊的文字颇为赏识。樊增祥"虽天资高异,而己巳岁以前,无书可读,见南皮后,始知学问门径。南皮亦奇其敏惠,尽以所学授之"。九年,他"从南皮师游,始有捐弃故技,更授要道之叹"。[21]而李慈铭初识樊增祥,要在同治十年。[22]此外,张佩纶是常恩同治十年辛未科会试的门生,对樊增祥的情况也应熟悉。[23]

李慈铭光绪十年五月二十三日日记

但李慈铭在日记中说:"近日南皮、丰润两竖,以朋党要结,报复恩怨,恶余之力持清议,深折奸萌,二憾相寻,欲致死力于我,遂广引纤子,诱以美官。南皮俭腹高谈,怪文丑札,冀以炫惑一时聋瞽,尤恶余之烛其隐也。故日寻干戈,以云门盛气负才,益笼络之。诱以随往粤东为掌书记,甘言重币,煽惑百端,许以捐升同知,或登之荐牍。"又说:"边女既陋,丰润不礼之。惧宝泉之怒也,因谋之南皮,合力推挽于高阳,擢之为秦抚。因语云门曰,边公唯我所为也,已为若先容,当留置幕府,择善地,或即权首邑。云门既恶所选宜川山北苦寒,且荒脊甚,闻丰润言,不能无动。继入南皮饵,遂欲从之过岭。"[24]

当时刚刚经历了惊心动魄的"甲申易枢"事件,李鸿藻被逐出中枢,张之洞旋而调署两广,张佩纶外放会办福建海疆事宜,对于未来前景,二张心中各有忐忑和盘算,却都不会想到要拿李慈铭做对手,李慈铭也从来不是制衡二张言行的"清议"（可参阅本书《邯郸一枕笑匆匆:"甲申易枢"与政局大变动》一文）。李慈铭的自大和妄想,把自己放置在既重要又受虐的角色上,虽无人理会,却躲在家中,将满腹牢骚悄悄写入日记。

张佩纶到达福州后,军书旁午,天天为布防、调兵做准备,也为家事担忧。闰五月十五日,他在致李鸿藻信中,谈及"继妇在都小疾,承吾师命世嫂（即李鸿藻的儿媳）往视,感泐无已。门下不能尽心国事,以为公羞,乃致家事尚烦顾念,徒呼负负而已"。[25]

当时正处中法战争前夜,局势危急。闰五月二十一日法国代办谢满禄发出最后通牒,要求清政府命清军退出越南北圻,并索赔军费二百五十兆法郎,限七天内回复,否则法将自取押款及赔款。次日,慈禧太后召见醇王和军机大臣商量对策,确定撤兵但拒绝赔款。同日两艘法舰驶入闽江,张佩纶请示和战。总署回复:"当向法领事告以中法并未失好,彼此均各谨守条约,切勿生衅。该国兵轮勿再进口,以免百姓惊疑。"[26]

二十五日,法国舰队司令孤拔乘"益士弼"舰进入闽江,张佩纶再次请示是否采取行动。主政的醇亲王私下询问翁同龢,张佩纶连电,甚为焦急。衅不开不能截击,衅既开彼已深入,应当怎么办呢?[27]翁也束手无策,只是安慰醇王"勿过焦劳"。二十六日,李鸿章电告张佩纶,法领事林椿来密言,公使巴德诺及孤拔与外交部商定,通牒限满即攻打马尾船厂。若中方允将船厂作抵押,可免法方动兵,将来中法谈判定约后交还。李鸿章说:"此为救急之计,鸿不敢许。诸公可否相机与议?"[28]二十七日,清廷派曾国荃为全权大臣,往上海与法使谈判条约。总署大臣周家楣致电张佩纶:"醇邸属阁下珍重,勿蹈险。"张佩纶则电复李鸿章:"公乱矣。宥电无旨,不敢议,纶亦不告诸公,即日至马尾。"[29] 他连夜冒雨乘船,自行移节,二十八日清晨赶抵马尾,部署迎战法军。

亲赴马尾是张佩纶一生命运的转折点。

当时无论福建全省设防备战,还是马尾船政局的卫戍,首要责任都在闽浙总督何璟、福建巡抚张兆栋以及福州将军穆图善,张佩纶只是"会办福建海疆事宜",手中还持有醇王嘱其"勿蹈险"的密电。他的朋友,船政大臣何如璋在写给父母亲的家书中就说:"缘船政系差事,不同守土之官,胜敌自佳,否则亦可退守省城,以图后举。"[30] 但张佩纶认为形势危急,责无旁贷,亲率海陆军与法军对峙。此时法军其实尚未准备开战,故双方在互用火炮瞄准的紧张状态中度过了惊悚的一天。

此后,张佩纶天天向北京拍电报报告军情,天天向各地催讨援兵。六月初三日,李鸿章致函张佩纶曰:

> 敬悉移驻马尾。独当其冲,有辟易万夫气概,欣佩之余,转增危悚。不独鄙心以为危,即清卿(吴大澂)之勇,席卿(锡珍)、仲山(廖寿恒)之漠不相关者,无不动色相戒。曼农(张佩纶六弟张佩绪)更垂涕而道,求为谏阻。相距过远,又奚从劝阻之哉?法人立意败盟。即炮攻船厂而毁之,万一有此事,陆营枪炮不足制其死命,将何以处耶?虽电奏在先,而醇邸犹传语勿冒险,亦爱才之甚矣。沅帅(曾国荃)沪议恐必无成,公须刻刻防备退步,为国爱身,以图复振,而慰速怀,日夜企祝。[31]

同日,张佩纶致函粹玉,不露痕迹地安慰说:

> 兄现驻马尾,看山饮酒、静坐读书,较在省尤适。[32]

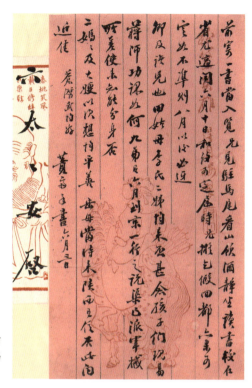

光绪十年六月初三日张佩纶给边粹玉的亲笔信，称"现驻马尾，看山饮酒，静坐读书"

读到此信，我不能不感慨。一个文官，毫无军事指挥经验，能在国家危难之际，主动承担责任。同时还用最善意的谎言安慰远在北京的太太，这何等不易。李鸿章以为中国军力不及法国，不以开战为然，劝张佩纶"刻刻防备退步"。张佩纶其实是可以找到退路的，但他不予理会，他是一位与命运抗争的英雄。

到六月初六日，进入闽江的法舰达十一艘，局势日益危急，清廷依然未确定和战大计，苦盼的各地援兵均未到来。此时福建官场，惟有张佩纶要与法国作战，举国装聋作哑，不予支持，一如十年后的甲午，那时变成李鸿章的北洋与日本的战争。中国人，既不知道怎样运用国际法与外国人抗争并获取利益，又没有民族国家的团结意识。十一日,总理衙门给张佩纶去电,坦承"闽事方棘,主者甚劳苦,天实鉴之。(曾国荃)沪议未就,敌船全力注省,难保无战事。两害相形取其轻,事急莫若腾空船厂,撤全军以顾省城根本重地为第一义。……总以勿呆守马尾,避其锐气,伺隙而为方妙。仍请尊处酌夺"。[33] 这算是对同僚的私下关照吗?张佩纶出京前,亦兼任总理衙门大臣,他认为:

> 书生初当巨寇,必以亲临前敌为第一义;否则军无固志、民有讹言,吾心胆为之摇惑矣……醇邸属勿冒险,乃小棠(周家楣)电来,译署亦劝勿拘守,合肥(李鸿章)及伯潜(陈宝琛)均劝弃厂、均劝避炮,用意有厚薄浅深之不同,大都为爱惜鄙人起见。然自鄙人到厂,民心大定,茶市复开,骤然退去,绅民必且失望,无论鄙人素志矣。且法船相逼二里许,一旦弃厂,法必来据,且恐匪徒乘机攘夺。[34]

他决定坚守不退。

达摩克利斯之剑一直悬至七月初三日(1884年8月23日),马江之战爆发,福建海军全军覆灭。张佩纶本意留守马尾,稳定人心,但当战争爆发,军队的武人全无抵抗之力,他这个文弱书生又岂能只手回天?本来,朝廷对他的处境相当明白,并没有问责他,还命他接替何如璋担任船政大臣。左宗棠奉旨调查,评判也是正面的。但闽籍京官不放过他,民粹舆论不放过他,各种弹劾伴随他"仓皇逃跑"的流言脏水扑面而至,似乎马江之败全在他的昏庸误国,张佩纶最终被撤职,发配流放。这个未满三十六岁的年轻官员被描画成张皇怯懦的小丑,而他面对困境的坚守,在历史记录中被清零、被忘却了。

李鸿章事后为其归纳说:

> 公之过津也,本无意久留闽,迫于舟次知谅山反约,犹

从容入险。闻到闽后意气陵躐一切,势不能坐守省垣,乃自请驻厂。夫会办全省军务,何独一厂哉?法早欲毁厂,固明知之,厂船不敌西船,当亦知之。若三月以前之朝局,则法必就款,目前朝局,款必无成,不款必战,战必败,此路人皆知,而当局懵焉,此愚所不解者也。是以事前欲公将船调守他隘,弃厂不顾。电商不允,又电署转商不允,失此机会,遂无挽救之方。[35]

总理衙门章京,十六年后因抗言反对向各国宣战而被慈禧太后杀头的总理衙门大臣袁昶,当时就直言说出大实话:"吾丈承前人积弊之余,仓猝布置,以新集之军当方张之寇,事机虽钝,厂率获全,乃铄金之口不加诸从前废弛战备之人,反集矢于受任未久、事权不属、愤起以一身当其冲者,黑白倒置,良可怪异。"[36]

这时,张佩纶还惦记着刚坐满月子的粹玉,抽空写信问候她身体情况。直到堂侄张人骏来信,才知道新生儿早已夭折,[37]粹玉也将消息向他瞒着。

彼此瞒着,心中却深爱着。

这不是文学家也难以设计的悲剧冲突吗?

光绪十一年四月二十一日,张佩纶抵达张家口戍所,粹玉也知道了夫君被革职处分的消息,日夜思念成疾。张佩纶在给粹玉的信中写道:

> 蒉(张佩纶字蒉斋)罢官遣戍,所谓自我得之自我失之,毫不介怀。且静中澄思,觉后福方长,归期不远。故旬日中心旷神怡,无一毫烦恼之意。惟念及闺中,因我忧思成疾,辄悒悒不乐。师门及我家粹玉皆极有关系之身,若一味思虑是非所以,仰体亲心下副余意也。药去病是标证,自养病是内功,总以宽心自养为主。或买几盆鲜花,或买几尾金鱼,均

足以消愁遣闷。……粹心宽一分，或病减一分也。今日并无他求，但望粹之病愈则一无忧虑，粹岂可不自宽自保哉！³⁸

好一个"自我得之自我失之，毫不介怀"，这是张佩纶对于官场挫折的自白，真正展现出这位清流的傲骨和耿直。

张佩纶在家信中还谆谆嘱咐：秋凉之后，最害人之物，为螃蟹和柿子。想来夫人胃气素弱，或不至食。然如水果凉茶，亦须留意。中药要慢火煎，补药如人参须服二煎方有益，"久病之人往往恨药，做小姊太太者尤不肯多服药，以为高雅娇贵，往往以此自误"。

张佩纶还说：

> 蒉闻主人（张称边夫人为天粹阁主人）病则忧，闻主人病稍好则喜，故言之稍切。虽夫妇之情应尔，然蒉之所以敬爱主人者，实已无微不至。主人若不自慎重，何以对我？³⁹

可是粹玉却没能从丈夫的慰勉中调解出来，她在忧郁中病情加剧，光绪十二年三月初八日（1886年4月11日）去世于北京。⁴⁰

张佩纶后来作诗《追悼》，怀念他的第二位夫人：

> 肠断魂消未死前，更无人处有啼鹃。
> 浮云幻尽三年态，朝露虚留一梦缘。
> 耿耿望夫真化石，深深埋玉早成烟。
> 衾裯动郁山河恨，倘结来生更惘然。⁴¹

凤姬：小袖云篮同一梦

李慈铭日记中提到张佩纶的"妾"，即凤姬，应当是在同边夫人成婚之前娶入家中的，她的家世及迎娶时间待考。所谓"未及小祥，娶一妾"之"小祥"，是古时父母丧后周年的祭名，祭后可稍改善生活及解除部分丧服，但不能婚娶。估计张佩纶不会犯这类礼制上的错误。凤姬育有一子，名寿武。她本人却在张佩纶即将出发福建之前的五月初三日（1884年5月27日）突然去世。李鸿章称之为："得初四日手书，知有朝云之悼，所谓不如意事常八九也。"[42] 张佩纶在凤姬去世当日，曾与李鸿藻商量出发赴闽行期是否要推迟，李鸿藻建议他"明日请训，亦直截了当，召对时无妨将家事据实上陈，少缓数日起程，定蒙圣慈垂宥耳"。[43] 所以张佩纶出发的时候，心情蒙有另一层忧郁。只是李慈铭并不知道，后世史学研究者也完全忽略了这个细节。

对于奉派会办福建海疆事宜，张佩纶最初的感觉是矛盾的。四月十三日旨下，他立即给李鸿藻写信："本日奉阁抄，鄙人忽作闽峤之游，不知何故？然正可藉作脱身矣。"[44] 这里的"脱身"，是指离开"甲申易枢"后的北京官场。李鸿藻此时已经退出军机处，信息不灵，回信表示："承示敬悉。此事出人意表，然为阁下计，亦甚妙。否则实难脱身也。"[45]

同时，张佩纶又致函李鸿章，希望他帮忙筹划，将他与会办北洋海防的吴大澂对调：

> 如吾师能为道地，改清卿南行，而鄙人在北洋较为合宜。盖闽省无知兵大员，清卿前往，可坐得开府，而鄙人近依左右，乞退较易。如以清有现成兵与器为辞，而留鄙人京东，可办团练，必可动听。得请以后，以曹驻滦乐而吴小轩住烟台，公已主和，北门之管不过虚张战势，今真战则清亦不必定胜也。唯会办北洋，门面较阔，而闽海则南洋之一隅，或恐清卿不屑而我公不愿。然鄙人特藉此为退闲地，亦非争也。可否，乞决之。钧断不必与清卿露鄙意，如公不能行，亦不相强，要之，决不南行。午节后当过津，纵谈十日，即在津引疾投劾矣。如不我信，有如皦日，一切面谈。[46]

无疑，张佩纶对于此行背后的凶险看得十分清楚（可参阅本书《邯郸一枕笑匆匆："甲申易枢"与政局大变动》一文）。但李鸿章无法为他运作，只能安慰说："只要饷需有著，从实处做起，以备缓急，将来事业必就，圣意似藉以磨炼玉成，非果贬谪也。何虽多疑？"还建议他找李鸿藻商量，称"清卿奉旨后尚无来信，自不可向彼露此议。倘商由贵宗人南北更调，奉劝不必多练陆队，专为督操水师，夏秋后铁舰必来，吾亦可卸肩矣"。[47]允诺张佩纶若能换来北洋，就将北洋海军交他训练。但李鸿藻已失去运作力量，张佩纶又设想能否请病假不去。二十二日，李鸿藻致信回复："尊事往复代筹，迄无良策，莫名焦灼。此时引疾，万不能行，非徒无益也。"[48]

既然如此，张佩纶只能走上危险之程。

事后张佩纶曾对边夫人说："深悔五月间不借凤姬事托病不行也。"[49]当然在真实的政治环境中，张佩纶这个理由是说不出口的。当时若以小妾故世而不赴前敌，恐怕他即刻就被政敌攻击，身败名裂了。凤姬的灵柩本拟七月间下葬，因张佩纶不在京中，后来又流放张家口，遂停厝着一拖再拖。

初到福建前线，张佩纶也会想起凤姬。"绅民馈鲜荔者，日啖三百。恨凤姬已化，无人为擘轻红耳。"[50]

次年二月下旬，张佩纶在赴戍北上途中获悉，儿子寿武二月初二日（1885年3月18日）因病死于北京。张佩纶写信安慰边夫人说："兄沿途时有梦兆，此乃定数、定命，无可如何，妹因此戚，足见慈爱，然气体本弱，无益之悲徒损神增疾，殊可不必。"[51]同时又写诗悼念：

    嗟余凶门出，本志在外侮。
    已玷帷幄筹，遑作家人语。
    弱弟道省余，欲言色先沮。

旷论齐彭殇，消息稍茹吐。
念汝诞弥月，咳名例宗武。
出汝后仲兄，私冀能绳祖。
临行妾母绝，垂绝犹提汝：
颇望汝兴家，不忧汝失乳。
礼秩遂如嫡，头角亦如父。
号咷里巷惊，天花骤飘雨。
汝生我河汾，汝没我查沪。
草草父子缘，瞥若风萍聚。
哭遍实悼云，舍哀知愧杜……[52]

诗中透露出他出行前与凤姬的生离死别，也透露出寿武出生时他奉旨赴陕西查案（光绪九年八九月间事），此后他赴福建，与儿子相处时间，不过短短半年。在国事动荡的岁月里，"草草父子缘，瞥若风萍聚"，令人嗟伤不已。

到了五月初三，凤姬去世周年之日，张佩纶在张家口流放地作诗祭奠："旧情孤想起长吁，晓酒熏衣着意勖。""小袖云篮同一梦，六如亭外感髯苏。"[53] 他把自己与凤姬的情感，比作苏东坡和他的侍妾王朝云，显然是爱得很深。诗中六如亭，是苏东坡流放惠州时埋葬朝云的地方，亭柱上镌有苏东坡撰写的楹联，恰好能够表达同遭贬斥的张佩纶此时的心情：

不合时宜，惟有朝云能识我；
独弹古调，每逢暮雨倍思卿。

李夫人：风兰留墨促新篇

张佩纶婚姻生活十二年，死二妻一妾，原因与19世纪的医学水平相关。他的朋友张之洞，先后娶贵州都匀知府石煦之女、湖北按察使唐树义之女（唐炯之妹）和四川龙安知府王祖源之女（也是其好友王懿荣之妹）为妻，亦都因得病或难产亡故。当时虽然有"克妻"之说，但在男权社会里，男人依然可以续弦或娶妾，不像女人"克夫"所受宗法舆论压力之大。

光绪十四年四月，张佩纶结束流放生涯，赐环回京。然后他前往天津，与李鸿章商量自己未来的安排。李鸿章一直欣赏张佩纶的才华，与他的父亲张印塘亦是至交，故很早就在为他的生计作谋划，请他主讲保定莲池书院。为此，还将原先担任莲池山长的著名学者张裕钊调往湖北江汉书院，引起张裕钊和书院学生的不悦。

这年八九月间，张佩纶要娶李鸿章女儿为妻的消息开始流传。比如叶昌炽在八月二十八日日记中说："云丰润已为合肥之坦腹，咄咄怪事。"[54] 九月初二日，张裕钊函吴汝纶："张幼樵已为傅相乘龙之选，曾闻之否？外间咸称莲池一席，渠已改计不就，此言虽无据，然十八九其信。"[55] 十月初七日，李慈铭日记谓："闻合肥以女妻张幼樵，合肥止一女，继室赵夫人所生，敏丽能诗，甚爱之，今甫逾二十，幼樵年四十余，美须髯，已三娶矣。"[56]

十月十三日（1888年11月16日），张佩纶举行第三次婚礼，娶李鸿章女儿经璹（小名鞠耦）为妻。他在日记中写道："就婚合肥师节署。内人年廿三岁，师之爱女也。"[57]

美国记者卡彭特报道说：

> 所有的天津人都在为李鸿章女儿的婚礼而激动。这场持续三天的婚礼将在这周举行。这是今年的一桩大事。经过时，我看见衙门里摆放着鲜花，有人告诉我，婚礼的礼物装满了三个房间。玉石、珍珠、宝石以及大量的丝绸和丝绒已经送

了过来。李鸿章是清朝北方贸易的监管者,所以所有大商人都给新娘送上了礼物。[58]

十五日辰刻,张佩纶率夫人行"庙见礼"(古代婚礼仪式之一,婚后至迟三个月,须择日率新娘至夫家宗庙祭告祖先,以表示婚姻已取得夫家祖先的同意),午刻行"反马礼"(即"回门"礼,俗称回娘家。新妇出嫁第三天,在丈夫陪同下返回娘家看望父母)。张佩纶其实就住在北洋大臣衙门里,所以"回娘家"只不过是个形式,但所有仪式在三天里全部完成,也可看出张、李两方对婚礼程序的重视。

张佩纶如何会娶鞠耦,野史中有不少记载。最出名的,是曾朴小说《孽海花》中,那个被影射为张佩纶的"庄仑樵",读到鞠耦的两首七律,视其为红颜知己,向李鸿章求媒而成。其诗曰:

鸡笼南望泪潸潸,闻道元戎匹马还。
一战岂容轻大计,四边从此失天关。
焚车我自宽房琯,乘障谁教使狄山。
宵旰甘泉犹望捷,群公何以慰龙颜。

痛哭陈词动圣明,长孺长揖傲公卿。
论材宰相笯中物,杀贼书生纸上兵。
宣室不妨留贾席,越台何事请终缨。
豸冠寂寞犀渠尽,功罪千秋付史评。[59]

在小说家笔下,李鸿章的女儿同情庄仑樵的马江之败,欣赏他的才气。张爱玲曾经拿着这些诗向父亲张志沂求证,父亲说,诗是假的,求婚的故事也是假的。去年,刘永翔先生撰文考证,这两首诗,其实是曾朴本人所写,本是吟哦甲午战争时唐景崧抵抗日本割台的,写小说时被移作讲甲申时守马江的张佩纶,[60]所见甚是。

还有一个"洋八卦",是卡彭特讲给美国读者听的。他说李鸿章夫人本来不同意这桩婚事,因为新郎比新娘大二十岁,而且还没有官职。李鸿章说,女婿将来会得到一个很高的官职,甚至比我的职位还要高。夫人说,那么他将来只能去做皇帝了,因为李鸿章是文华殿大学士,已经位极人臣了。

关于张佩纶娶函鞠耦的缘由,他本人曾向友人解释。比如在给张曾扬的信中说:

> 佩纶四月放归,怅怅无所之,二三知好亦有为我计者,率迂阔不可用。乐山(湖北巡抚奎斌)延张廉卿(裕钊)去,合肥师属主讲莲池。颇思小休,而家事无安顿法,初亦不忍言继室。惟儿辈渐长,两弟在远,中馈无良佐,吾将坐困于虀盐婚嫁中,闻合肥有女甚贤,遂援伯鸾故事聘之,蓬头椎髻,人境不喧,从此与世相忘,不轻出矣。[61]

他还对朋友说:李鸿章为他安排了莲池教席之后,又"深以鄙人无家为念",遂妻以爱女。"佩纶与合肥累世通家,交情恳挚,因就婚焉"。时事多艰,朝政不以修攘为急,风气日趋奔兢,他为自身计,决意就此隐晦,不再返归官场,[62]赋诗自谓曰:

> 非隐亦非吏,闭门即山居。
> 非主亦非客,扫地真吾庐。
> 谁持腐鼠味,妄意猜鹓雏。
> 恶声纵相随,岂识吾舟虚。
> 况此兰斋内,贤妇相于喁。
> 琴音月皎皎,花气风徐徐……[63]

在诗中,他以《庄子·秋水》之典故,把自己比作抛弃功名利禄的鸾凤,而将对他的种种猜忌,一概看作腐鼠气息。又把自己的婚后生活,描绘成夫唱妇随,琴瑟和鸣。

李鸿章夫人与女儿鞠耦的合影

张佩纶流放期间，断绝了收入来源，李鸿章每年私下补贴他千两银子做生活费。成了李家快婿后，衣食更加无虞。只是从前"清流"，如今"淮戚"，议论者颇多。比如梁鼎芬有诗曰："篑斋学书未学战，战败逍遥走洞房。"而张佩纶认为，"局外人造言腾谤，风影万端，殊无谓也"，不听就是了。他告诉老友奎斌：鞠耦为"合肥师极所钟爱，闺教素娴，略通文史，散朗有林下之风"。[64]婚后半月，恰是张佩纶四十岁的生日，李鸿章为他办寿。他在日记中写道："宴饮甚欢，回忆前尘，每存乐不可极之意。静坐省心，良久就枕。"[65]另一位欣赏他的恩师，前军机大臣李鸿藻也作贺信谓："吾弟得贤内助，闻世兄辈已赴津门，近惟伉俪双安，膝

江湖归梦清，伉俪深情重　273

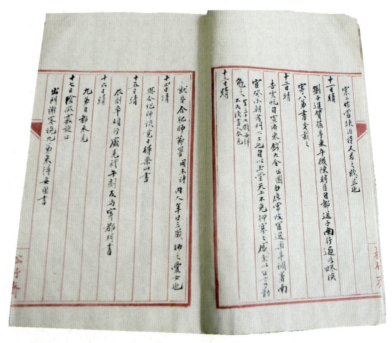

张佩纶光绪十四年十月十三日日记,记录"就婚合肥师节署。内人年廿三岁,师之爱女也"

前均吉,欣慰无量。"[66]

婚后某日,张佩纶闲读宋人笔记《清波杂志》,其中提到宋初学者胡瑗名言:"嫁女须胜吾家者,娶妇须不若吾家者。"张佩纶问鞠耦,你认为这个道理对吗?

鞠耦说:"此矫世之言也,非圣贤之言也……然充类尽致,则贵家之女将无可嫁之士,而贫士可以乞丐之女为妻矣。岂理也哉?夫嫁女须胜吾家,娶妇须不若吾家,第以防其骄而已。其妇女平日若教以三从四德,何至入门而骄其尊章,傲其夫婿哉?不清其源治其本,而于姻戚之家斤斤计较其贫富贵贱,所见似高而实陋耳!"

张佩纶说，这正是我平日之论，不知何以卿与吾暗合也。[67]

婚后张佩纶与鞠耦感情甚洽，过着平静的生活。他在日记中记载："鞠耦生日，夜煮茗谈史甚乐。""鞠耦蓄荷叶上露珠一瓮，以洞庭雨前瀹之，叶香、茗色、汤法、露英四美具兼，兰骈小坐，遂至夕照衔山时。"[68]

张佩纶的先后三位岳父、三位太太都如此看重他，可见他的才华和为人都很不错。张爱玲后来在《对照记》中，公布了张佩纶和鞠耦的照片，从照片看，张佩纶留着短须，身体已经发福。而鞠耦，相貌端庄，一派大家闺秀的模样。两人生活在一起，彼此恩爱。既然不再从政，就吟诗读书。朱学勤生前搜书甚丰，殁后藏书由长子朱澂保管。光绪十六年，朱澂病故，子弟不能守，张佩纶通过朱学勤次子朱潽，收购"结一庐"珍籍，坐拥书城，无比喜悦。购书资金，有人说"出李夫人奁金，数甚巨"。[69]张佩纶自己说："款巨至万余，罄奁资不足，借贷得此。"又说"兄此次一力担承书事，一毫未借合肥之力。若藉新妇家之金而谋故妇家之书，书雅物，如此已俗，且亦不合于义"。[70]究竟书款从何而来，至今尚未考订明白。张佩纶没有收入来源，估计还是李家所出。这批古书，最后由张志潜的哲嗣张子美先生捐赠给上海图书馆，包括宋刻本二十四种，五百三十一册；元刻本三十八种，三百七十四册；明刻本一百七十八种，一千四百四十一册；明抄本十一种，八十四册，以及其他碑帖、清刻本、清抄本等，总计达四百五十种，三千二百七十四册之多。[71]

张爱玲说，她的祖父母还曾合著过一本武侠小说，但书名已经记不清了。承网友陈万华提示，我找到了黄裳先生的《续侠义传》和《张佩纶的藏书》二文，[72]获知这部小说就叫《续侠义传》，1950年2月，他在上海南阳路买过张家旧宅散出的家刻线装本。

1991年人民文学出版社还出版了排印本,署"佚名著"。该书共十六回,接续《侠义传》(后改名《三侠五义》《七侠五义》),如果不是黄裳的考证,我真的无法想象张佩纶和鞠耦还能撰写这样的作品,实在是多才多艺啊。

旧时讲妇德,芷芗、粹玉、鞠耦均堪称懿范。旧时不讲爱情,张佩纶却与三位妻子深爱。在历史研究中,我们很少知晓那些叱咤风云的男人真实的私生活,也很少关注官宦家眷的所思所想和命运。当我们的视野关注到尘封的细节,应当为这些聪慧贤淑的女人一叹。

2017年1月初稿

2018年10月修订

---

1 《翁同龢日记》,同治十三年七月十八日,第3册,第1097页。
2 张佩纶:《资政大夫二品顶戴大理寺卿军机处行走朱公神道碑》,《涧于集·文集》,卷上,第76页。
3 张佩纶:《复宗载之姊丈》,《涧于集·书牍》,卷1,第1页。
4 张佩纶:《朱外姑马大人六十寿序》,《涧于集·义集》,卷上,第46页。
5 陈宝琛:《为仲昭画松感赋》,《沧趣楼诗文集》,上册,第203页。
6 《涧于日记》,光绪五年七月二十日,己卯下,第1页。《通议大夫安徽按察使张府君墓志铭》,《涧于集·文集》,卷上,第64页。
7 张佩纶:《致宗氏六姊》,《涧于集·书牍》,卷1,第13页。
8 《张佩纶致六姊》,《张佩纶家藏信札》,第5册,第2446页。
9 《涧于日记》,光绪六年三月初四日,庚辰上,第14页。
10 郭则沄编:《知寒轩谭荟》,第158页。
11 张佩纶:《乙酉五日》,《涧于集·诗集》,卷3,第5页。
12 《涧于日记》,光绪五年十一月初四日,己卯下,第29页。
13 张佩纶:《致顾皞民观察》,《涧于集·书牍》,卷2,第12页。
14 张佩纶:《致陈弢庵学士》,光绪八年十一月二十二日,《涧于集·书牍》,卷2,第23页。
15 张佩纶:《复顾皞民观察》,光绪九年,《涧于集·书牍》,卷3,第3—4页。

16 《李鸿章致张佩纶》，光绪九年三月十八日，《张佩纶家藏信札》，第 2 册，第 651 页。
17 李慈铭：《越缦堂日记》，光绪十年五月二十三日，第 14 册，第 10317 页。
18 《张佩纶致奎斌》，光绪九年三月四日，《张佩纶家藏信札》，第 9 册，第 5052 页。
19 《张佩纶致边粹玉》，光绪十年五月二十三日，《张佩纶家藏信札》，第 6 册，第 3450 页。
20 《张志苍、张志潜致张佩纶》，光绪十年五月二十三日，《张佩纶家藏信札》，第 6 册，第 3445 页。
21 余诚格：《樊樊山集叙》，《樊樊山诗集》，下册，第 2028 页。樊增祥：《樊山续集·自叙》，《樊樊山诗集》，中册，第 653 页。
22 李慈铭：《越缦堂日记》，光绪十年五月二十三日，第 14 册，第 10317 页。
23 常恩是张佩纶同治十年辛未科会试的副考官。张佩纶曾说："樊大令增祥乃常师丁卯湖北门生，丁丑散馆，知县。凤以师事孝达（张之洞），都中亦有往还。"见《张佩纶致奎斌》，《张佩纶家藏信札》，第 9 册，第 5117 页。
24 李慈铭：《越缦堂日记》，光绪十年五月二十三日，第 14 册，第 10317—10318 页。
25 张佩纶：《致李兰孙师相》，《涧于集·书牍》，卷 3，第 41—42 页。
26 《总署来电》，光绪十年闰月二十三日，《涧于集·电稿》，第 3 页。
27 《醇亲王致翁同龢函第五十五》，《翁同龢文献丛编之四：中法越南之争》，第 131—132 页。
28 李鸿章：《寄会办闽防张学士》，光绪十年闰五月二十六日亥刻，《李鸿章全集》，第 21 册，第 190 页。
29 张佩纶：《复北洋李中堂》，光绪十年闰月二十七日，《涧于集·电稿》，第 7 页。
30 《何如璋家书》，光绪十年闰五月二十九日，《梅州文史》第 6 辑"何如璋专辑"，第 179—180 页。
31 《李鸿章致张佩纶》，光绪十年六月初三日，《张佩纶家藏信札》，第 2 册，第 849 页。
32 《张佩纶致边粹玉》，光绪十年六月初三日，《张佩纶家藏信札》，第 6 册，第 3462 页。
33 《译署寄张会办等》，光绪十年六月十二日，《李鸿章全集》，第 21 册，第 218 页。
34 张佩纶：《致安圃侄》，《涧于集·书牍》，卷 3，第 53—54 页。
35 《李鸿章致张佩纶》，光绪十年八月二十五日，《张佩纶家藏信札》，第 2 册，第 851 页。
36 《袁昶致张佩纶》，光绪十年十月二十一日，《张佩纶家藏信札》，第 14 册，第 7996 页。
37 《张佩纶致边粹玉》，光绪十年八月十九日，《张佩纶家藏信札》，第 6 册，第 3469 页。
38 《张佩纶致边粹玉》，光绪十一年四月二十一日，《张佩纶家藏信札》，第 7 册，第 3542—3543 页。
39 《张佩纶致边粹玉》，光绪十一年八月四日，《张佩纶家藏信札》，第 7 册，第 3573 页。
40 《涧于日记》，光绪十二年三月初九日，丙戌，第 7 页。
41 张佩纶：《追悼》，《涧于集·诗集》，卷 3，第 41 页。
42 《李鸿章致张佩纶》，光绪十年五月十二日，《张佩纶家藏信札》，第 2 册，第 848 页。
43 《李鸿藻致张佩纶》，光绪十年五月初三日，《张佩纶家藏信札》，第 11 册，第 6005 页。
44 《张佩纶致李鸿藻》，光绪十年□月十三日，《张佩纶家藏信札》，第 7 册，第 3847 页。
45 《李鸿藻致张佩纶》，《张佩纶家藏信札》，第 11 册，第 5998 页。
46 《李鸿章致张佩纶》，光绪十年四月十四日，《张佩纶家藏信札》，第 2 册，第 840—841 页。
47 《李鸿章致张佩纶》，光绪十年四月二十日，《张佩纶家藏信札》，第 2 册，第 842—

843页。

48	《李鸿藻致张佩纶》,光绪十年□月二十二日,《张佩纶家藏信札》,第11册,第6002页。
49	《张佩纶致边粹玉》,光绪十年八月八日,《张佩纶家藏信札》,第6册,第3465页。
50	《张佩纶致朱潘》,光绪十年六月一日,《张佩纶家藏信札》,第6册,第2966页。
51	《张佩纶致边粹玉》,光绪十一年二月二十六日,《张佩纶家藏信札》,第7册,第3511页。
52	张佩纶:《悼寿武》,《涧于集·诗集》,卷2,第18页。
53	张佩纶:《凤姬忌日作诗奠之》,《涧于集·诗集》,卷3,第4—5页。
54	叶昌炽:《缘督庐日记》,光绪十四年八月廿八日,第3册,第1503页。
55	张裕钊:《与吴至甫》,《张裕钊诗文集》,第627页。
56	李慈铭:《越缦堂日记》,光绪十四年十月初七日,《近世人物志》版,第244页。
57	张佩纶:《津门日记》,光绪十四年十月十三日,第1册,上海图书馆藏稿本。
58	《采访"清朝的俾斯麦"》,《匹兹堡电讯》,1889年1月27日,《西洋镜》,第15辑,《海外史料看李鸿章》,上册,第50页。
59	曾朴:《孽海花》,第115页。
60	刘永翔:《〈鸡笼〉诗的流传——〈鸡笼〉诗与张李姻缘》,《东方早报·上海书评》,2016年3月13日。
61	张佩纶:《复张筱帆太守》,《涧于集·书牍》,卷5,第2页。
62	张佩纶:《复邵实夫观察》,《涧于集·书牍》,卷5,第3页。
63	张佩纶:《兰骈馆自题效香山松斋体即用其韵》,《涧于集·诗集》,卷4,第7页。
64	《张佩纶致奎斌》,光绪十四年十月十七日,《张佩纶家藏信札》,第9册,第5109页。
65	张佩纶:《津门日记》,光绪十四年十月二十九日,上海图书馆藏稿本。
66	《李鸿藻致张佩纶》,光绪十四年十二月初十日,《张佩纶家藏信札》,第11册,第6033页。
67	《涧于日记》,光绪十五年五月二十一日,己丑,第44页。
68	《涧于日记》,光绪十七年六月初三日、二十二日,辛卯下,第2、19页。
69	柴小梵:《梵天庐丛录》,第1册,第254页。
70	《张佩纶致朱潘》,光绪十六年九月二十八日、十二月初七日,《张佩纶家藏信札》,第6册,第3157、3178—3179页。
71	王世伟:《朱氏结一庐藏书入藏上海图书馆记》,《历史文献》,第5辑,第137页。
72	见黄裳:《来燕榭书跋》(增订本),第442—445页;《来燕榭文存二编》,第178—185页。

用人无当窝里斗

直隶总督衙门内部的人际斗争

凭空飞来的"驱张"事件

光绪二十年（1894）甲午战争爆发的时候，张佩纶已退出政坛十年。先是流放张家口，光绪十四年赐环后，娶了李鸿章的女儿鞠耦，住在天津直隶总督衙门后院的兰骈馆里做娇客，过着宁静恬适的生活，不太过问政事。他非常明白，自己从前是著名的"清流"，得罪过官场中许多有头有脸的人物，又在福州打了败仗，如今贴上"淮戚"的色彩，就很难重回政治舞台了。

这年七月初一日（8月1日），中日两国宣战。双方陆军在朝鲜排兵布阵，准备决战。两国海军奉命多次巡弋朝鲜洋面，寻找战机。战场气氛日益紧张。

八月十一日，朝廷忽然发布上谕："御史端良奏请将革员驱令回籍，以免贻误事机等语。革员张佩纶获咎甚重，乃于发遣释回后，又在李鸿章署中，以干预公事，屡招物议，实属不安本分。着李鸿章即行驱令回籍，毋许逗留。"[1] 这样，早已在公众视野消失的张佩纶，重新被拉到闪亮的聚光灯下，引起朝野内外的关注。

端良的奏折是这样写的：

> 查革员张佩纶，曩年在福建马尾偾事之后，荷蒙天恩不

加重诛,仅予发遣。及至释回,该革员投在大学士直隶督臣李鸿章门下,为司文案、营务等处笔札。李鸿章以女妻之。近闻复令在电报馆总理事务。张佩纶自恃其才,往往将电奏电报文字随意改写,道府提镇文武各官,为系督臣至亲,群相侧目,莫敢有言。窃维士贵品行而后学问,李鸿章统属北洋之大,何患无才,而必用一品行有亏之人日在左右,不特为诸将掣肘,抑且为外国所笑,奴才心实耻之。可否请旨饬下直隶督臣李鸿章,将该革员张佩纶驱令回籍,俾免受其蒙蔽,以致贻误事机。[2]

接获谕旨,李鸿章甚为恼怒,张佩纶劝慰说,"人言宜恤,君命当遵",准备中秋之后迁居。[3]但驱张事件张佩纶无辜躺枪受罚,自然要为自己辩护。他给几位知心的师友写信,倾诉在督府的见闻行踪,以证明没有干预公事。这些信件,连同他的日记,记录了李鸿章及其核心幕僚在战争前期的谋划动向,披露了许多不为人知的细节,对于甲午战争研究是十分宝贵的新鲜史料。

张佩纶不是李鸿章的幕僚

端良指责张佩纶为李鸿章司文案,又在电报馆总理事务,往往将电奏电报文字随意改写,道府提镇文武各官,群相侧目,莫敢有言,这项指控显然是假的。张佩纶受到弹劾后,八月二十二日给堂侄张人骏写信,详述自己的冤枉:

> 今年土匪(按指东学党起义)乃袁道世凯张皇入告,合肥正校阅海军,归而秘甚,不告黄知。后幕中微泄,已在合肥归后数日合肥四月廿三回,约谈廿五六日。……黄猝问合肥,云闻朝鲜有土匪此不得谓秘干预矣,一笑,袁道请兵,确乎?答曰:确。

余云：缓告日本，命一大将，以重兵往，至少亦须七八千人，备以海军全队。此打日本，非打土匪也。师须将题目认清。合肥且言且行，云：迂哉，日本方和好，那有此事。恐蒉之再言，即疾趋至签押房。从此蒉遂不开口论此事。

张佩纶在信中还有声有色地描绘：

直至五月廿五，（合肥）颇有窘意，问有何策？蒉云公宜奏明筹饷募兵，此大患也，不宜轻视。合肥云，我有电，何必奏？蒉云宜奏。相持许久，至签押房，召盛道（盛宣怀）及于晦若（于式枚）筹议不决，又遣人召蒉，蒉不愿至签室，五人飞促，勉一往，示以廷寄。蒉乃拈出云：内有迅速具奏语，何云不必奏乎？于是议乃定。合肥欲蒉秉笔，蒉云：既非（海）关道，亦非幕府，断不敢作奏。晦若对：宜属盛。合肥骂云：尔看他这伸头缩颈模样，能做奏么？放着两翰林，如何叫一捐班不通之人主稿？蒉乃回顾晦若，此军务，兄不宜辞。即散去，稿定未写毕，两电催奏，于是合肥以蒉料内外事如观火，急欲其参画此事，软磨两日。时密与盛议和，知师之意，和战不定也，始终坚辞。[4]

以此信看，张佩纶显然未曾参与机密，而是在闲谈时偶尔向李鸿章询问和建言。鉴于此信的写作时间相对略晚，需比对其他史料，特别是其受到弹劾之前记录下的史料，来验证此信描述是否确实。

查四月二十七日张佩纶日记，他写道："晦若略谈时微闻朝鲜事。合肥秘不告，晦若亦不肯言。可笑！"[5]

五月二十六日，张佩纶日记中又称："日本以兵胁朝鲜，欲使为自主之国，不认中属。合肥甚愠，与幕僚集议竟日。余废人也，所谋未必合时，殊为愤闷，姑无言预坐而已。"[6]

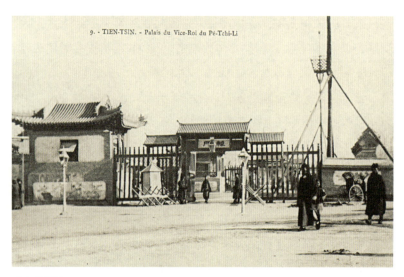

直隶总督署

到了六月十三日,朝鲜局势日益恶化。庆亲王奕劻向光绪帝建言,请简派老成练达之大臣会商。光绪帝命翁同龢、李鸿藻与军机大臣、总署大臣会同详议处理朝事之策。[7] 此距甲申易枢,翁、李被逐出军机处已有十年。十七日,李鸿藻写信派专人送往天津,向张佩纶了解战事情况。张佩纶二十一日回信:"一切未详悉、未预谋,亦是实情。"又说李鸿章检阅海军,四月"廿三回,从旁闻有发兵之说,鄙人亦略有一二语,不正厝意,此后绝口不谈。直至五月廿五,合肥始下问到,黉察其意,和战并未定见,惟劝早早复奏。稿甫脱,誊写未毕,而催复奏之电至,大以为见事之敏欤。鄙人与于晦若因商折奏,鄙意不愿,委婉辞去。嗣后或和或战,有告有不告。其告者必进正论,不听亦不争,如此而已"。他说自己是"废籍闲人,而又合肥至戚,亦宜引嫌。反复思维,不如一默,希知我者谅其苦衷也"。[8]

比对以上书信日记,尤其张佩纶给恩师李鸿藻的回信,我们可以确认，他在直隶督府中未担任幕僚、未职掌文字，李鸿章若有询问，他亦有建言，是一个冷静的旁观者。

此外张佩纶还说，他本人七月初左腿胯患一疽毒，十一日后发起高热，不能坐立。十七日小愈，旋又复发，一日十余次水泄，狼狈万状。缠绵病榻几及一月，八月初三四才能蹒跚行走。旋患感冒腹泻，直至被劾回籍时尚未大痊。[9] 所以从七月初九起至八月初二日，同李鸿章一月未见，初二日才与李鸿章一起吃饭。[10] 这话说得不准，查照日记，七月二十一日他与李鸿章曾有一见。[11] 但总体上联系确不密切。十六日他接到内兄朱潪电报，获知第一任岳母马太夫人（朱学勤夫人）去世噩耗，也是延至八月初二日会食时才告诉李鸿章的。[12]

李鸿章身边的小圈子

在中国旧小说里，最摄人心魄的军事家是诸葛亮。诸葛亮开头的身份是军师，后来成了战事的直接指挥者。他端坐营帐，羽扇纶巾，淡定从容地发布一道道指令，得令的军头们纷纷披挂上阵，所有的运筹谋划，来源于他能掐会算的最强大脑。到了近代，战争规模越来越大，装备越来越先进，行动中的协调配合越来越复杂，这种靠个人谋划的方式已经难以适应作战需求。19世纪初叶，德国开始进行军事革命，从沙恩霍斯特、格奈泽瑙到毛奇，新型的总参谋部成为战争的指挥者、咨询者、命令制定者和传达者。而不具备军事天赋的皇帝和文臣，越来越放手依靠高级军官和受过严格训练的专业参谋人员来遂行作战指挥。

明治维新之后，日本仿效西方，建立内阁体制，设有陆军省和海军省，负责军政管理。同时又设立陆军参谋本部和海军军令部,作为军事指挥机构。军令部长相当于海军参谋总长。

五月初,为介入朝鲜和对华作战准备,日本设立战时指挥机构"大本营",由天皇直接统帅。幕僚长为有栖川宫炽仁亲王和小松宫彰大将(他是陆军参谋本部的参谋总长),陆军参谋为川上操六中将(参谋本部次长),海军参谋为中牟田仓之助海军中将(海军军令部长)和桦山资纪海军中将(海军大臣),此外还有兵站总监部统监、运输通信部长官、野战监督部长官、野战卫生部长官等。

六月初八日,日本统一海军指挥权,取消按区域划分舰队的方法,将全国海军重新划分为常备和警备两个舰队。军队进入战时状态,随时准备抓住机遇,与中国一搏国运。

而此时的中国,决策者是光绪帝及协助其处理政务军务的军机大臣。慈禧太后已经归政,重大决策时皇帝会向她汇报请示。至十月初五日,又另设督办军务处,派恭亲王奕䜣督办,庆亲王奕劻帮办,翁同龢、李鸿藻、荣禄、长麟会办,节制各路统兵大员,有点类似日本的大本营。只是军机处、督办军务处行走的都是兼差文臣,并无军事知识,亦无参谋助手进行预案评估,更不能私养幕僚,全靠即兴讨论,或是各人周边往来密切的门生密友,私下七嘴八舌出些主意。外交和国际动向归总理衙门主管,决策流程亦是如此。此外,任何御史言官,皆可风闻上奏,对战事评说批判,甚至随时要求更迭军事首长。

军机处、督办军机处和总理衙门,每天将各种谕旨和有关指挥的要求建议,用电报发给驻扎天津的直隶总督、北洋大臣李鸿章。李鸿章既是文官,也是大帅。在平定太平天国的战争中,他创建淮军,前些年他又创建北洋海军,一直负责华北、东北方向的国土安全和朝鲜事务。他虽然很早就购买洋枪洋炮和军舰,派人出国留学,学习军事,但军事现代化仅仅停留在武器层面,没有建立参谋部为其统辖军队。用西式装备武装起来的北洋海军，军服却是中式对襟丝绸面料。按照《北洋海军章程》，丁汝昌作为提督，他的指挥班底，仅有提标中军参将兼理粮饷事宜一员，提标大副都司、二副守备各一员，提标总察全军轮机事务参将一员，提标总察全军军械事务游击、守备各一员，此外再加随员、文案、翻译、书识若干，没有舰队司令部，没有日军早已建立和西方更早通行的参谋作业。

按照湘淮军传统，李鸿章是用自己手下的几个亲信来指挥协调整个军事行动的。头号亲信是盛宣怀。盛宣怀是李鸿章同年盛康之子，很早进入李鸿章手下，李鸿章视盛亦如子弟。此时身兼津海关道、轮船招商局督办、中国电报局总办，后来还兼任总理后路转运事宜。由于他与李鸿章走得近，手中又握有电报局和招商局，得以转发各类来往电报，传递各种信息，俨然扮演着"总参谋长"的部分角色。

此外，外交事务李鸿章用罗丰禄，前敌营务处用周馥，文秘用于式枚，加上他的儿子李经方，外甥、天津军械局总办张士珩。张佩纶特别强调，"电报乃伯行（李经方）密管，秘不示人"，[13]他本人根本不是"电报馆总理事务"。以上人马，构成直隶总督身边的军事指挥核心，去应对前方瞬息万变的战事。虽然他们手下还握有若干"营务处"，但都不是近代意义上的军事机构。本质上，中方作战指挥尚停留在中世纪，而他们面对的，却是蒸汽时代规模最大的跨国战争。

谁策划了陷害张佩纶的突然袭击

听闻弹劾事件，李鸿章的前幕僚吴汝纶曾对李家师爷范当世

李经方

盛宣怀

说:"丰润(张佩纶)所处极难,今番之劾,似非怨家,殆亦专与师相为难者。"[14]

张佩纶则告诉京中好友王懿荣:"端疏出于贿参,其意止要鄙人不在合肥左右而已。其一触即发,自是要人为之。"所谓"贿参",即花钱买人参奏,这是晚清官场中经常发生的黑箱运作,其内幕大多难以查清。所以张佩纶反复推测,究竟是众怨李鸿章,自己无端受到牵连呢,还是自身旧怨积久而发?他请王懿荣"为我探明底里"。[15]

不久渐渐看清,陷害张佩纶的,其实竟是李鸿章身边最亲近的盛宣怀和李经方。

从新近披露的张佩纶书信中,透露出他对入朝作战的不同观点和用兵建议,颇得李鸿章赞许,邀他参与赞画。但张佩纶听闻李、盛又在谋划议和,遂坚辞不就。李鸿章要他辅佐前敌指挥卫汝贵,亦被拒绝。张佩纶推荐宋庆、曹克忠主持军事,李鸿章也未采纳。但这些讨论和谋划,引起盛宣怀的不悦。张佩纶说:"杏孙来三次,盖欲窃取余论以迎合合肥,可厌之至。"[16] "盛为赘所不齿,且师(李鸿章)当贳两(次)骂之,其贿参固宜"。[17]

光绪二十七年(1901)初,张佩纶在辛丑议和期间致军机大臣鹿传霖的信中提到:

> 甲午之役,合肥以刘省三(刘铭传)不出,环顾诸将无可属,约至密室,欲以侍督卫汝贵一军往驻平壤。非不欲慷慨请缨,一洗马江之耻,而政府既有嫌隙,合肥方蹈危疑,骤举败将,又是姻亲,必骇物听,遂力辞之。然傅相坚不许回里。端坐悒悒,卒因此招忌,盛宣怀及李□□,以五百金贿参驱逐,从此鄙人颓然自放,不复萌用世之想。[18]

张佩纶不愿参与军务,还有更深层次的考虑。这次礼部尚书李鸿藻借朝鲜战事重新进入核心圈,但排名落在翁同龢之后。张佩纶觉得,自己在政治上与李鸿藻的默契,要超过李鸿章。"黄言之,高阳必纳"。今后此李提建议若为彼李支持,翁同龢和军机大臣孙毓汶就会猜想是张佩纶出的主意;反之,在许多与北京的沟通协调中,李鸿章还会怀疑他暗通李鸿藻,"生出种种窒碍,自处甚难"。[19]张佩纶甚至认为:"端良所云,人人皆知其浅陋不近情,直不必辨,政府必虑其复用,从而下石。"[20]这层思考,张之洞也想到了。他给张佩纶拍电报提醒:"因高阳会议(朝事之策),有复用之机,忌者下此毒手。"[21]政治谋略中要盘点的方方面面,实在很复杂。

李经方做过驻日公使,属于知日派。根据张佩纶记录,李经方六月二十三日晚由南方到天津,随后多次拜访张佩纶,劝他帮助李鸿章,被张拒绝。[22]樊增祥此前曾密告张之洞,说张、李郎舅关系很不对付,"小合肥欲手刃之",[23]但在张佩纶日记书信中,找不到两人直接争论的迹象。

另有一种观点,由于前方缺乏统帅,李经方本人跃跃欲试,以为可荣立军功，完全没有想过战争的残酷后果和自己缺乏指挥作战的能力，而为张佩纶所阻。这个说法见于野史笔记，[24]也没有直接证据，但在七月二十七日，北洋电报总局督办佘昌宇致函盛宣怀，或可证实小圈子中拍马屁者谋划的秘密：

> 平壤岌岌可危，该处乃三韩最要之地，倘被倭占，东三省已失门户，非特朝鲜大势全去，东三省岂能安枕耶。……鄙意此本傅相重任，而万无亲征之礼（理）。刘省帅（刘铭传）又托病不出，现在伯行星使已到，淮军有将无帅，断难用兵，非伯行代相前往不可。但此举傅相不便陈奏，伯行又难自请，必须廷臣封章入告，望兄设法暗中托人陈奏。如能奉旨赏给三品卿衔，授为钦差大臣督办朝鲜事务，实于大局有益。吾兄智珠在握，当以其言可采否？[25]

九月二十九日，御史安维峻上奏弹劾盛宣怀：

> 张佩纶本获谴之员，李鸿章以女妻之，因而任以文案。此次军务，张佩纶意在主战，与该督争论，大相龃龉，至耻为其婿。盛宣怀既迎合该督之意，阴为和议计，又恐平日弊端为张佩纶所讦发，乃用反间之计，函托御史端良将张佩纶参劾。而盛宣怀亲笔寄端良之信，英人以二百金从该御史家丁手购去；李鸿章复以四百金购自英人，诘以何故诬陷其婿？盛宣怀初不承认；及该督出其所购手书示之，则答言："是我亲笔。但此事系伯行少大人吩咐，不敢不从。"所云"少大人"，即该督之子李经方，伯行其字也——该督语塞。[26]

安维峻是甲午战争期间风头极劲的言官，批评李鸿章毫不留情，此时却出头为张佩纶讲话。他的弹劾后来不见动静，所谓"亲笔书信"也未见下落，但未尝不含有一定的真实性。前线战事如此急迫，中方指挥能力如此落后，李鸿章的核心团队还在窝里人事倾轧，焉能望其获得胜利？

那个端良，确实不是什么好鸟。他本人不久后陷入了另一桩丑闻。光绪二十一年十一月底，御史溥松上奏，称京城内外匪徒滋事劫案层出，请饬严禁务获究办，诏令步军统领等衙门严拿送部究办。端良旋即上奏，称案内赵春宜、张春祥等系属商人，并无不法情事。次年二月十八日奉上谕，经查明张春祥等确系商人并非匪类，溥松所参各节毫无实据。惟端良于奉旨交查之件未经明发，何以先作剖辩，显系受人嘱托。溥松、端良均着革职以示惩儆。[27]翁同龢评价说，此两人，一挟私、一受托，名声本坏。[28]但这种经常受贿受托，作弹劾或拉皮条的政坛讼棍，有时写个奏折，竟还能上动天听，成为害人的工具。

伶仃落寂的兰骈馆

自打和鞠耦结婚后，张佩纶住在直隶总督行署后院新装修的兰骈馆里。他曾作诗《新居落成赋谢合肥公》，称"云林深护草堂幽，风月亲劳上相筹"。[29]兰骈馆之得名，张佩纶作《兰骈馆记》解释称：

> 姬琭斋中，蓄兰百本。烟蕤既畹，风穗欲波。时玩贞姿，弥惬幽赏。光绪戊子七月十四日，馥馥一花，垂垂交蒂。香清益远，秀出天成。姬琭生时，尝有斯异。佥曰昔为英媛之兆，今其嘉耦之征乎？清露未晞，神风若引，余适扁舟来谒相国，心焉奇之，既协和昏，特甄灵贶，命所居曰兰骈馆，用嵇含《伉俪篇》意也。以余狷洁无情，名声为戾，谷阿失性，霜风害柯，纵无人而自芳，殆之子兮日远，而相国矜兹骍节，宠以沐薰，迥孔操而琴谐，解湘累而佩结……

> 今者垂条立干，修德蕴真，即非王者之香，谅在善人之室，与子偕老，不采何伤。《易》曰"同心之言，其臭如兰"，我二人其庶几乎？[30]

文意大致是说，鞠耦屋中，养着百盆兰花。光绪十四年七月十四日，有一花盛放，清香悠远。当初鞠耦出生时，也有兰花开放，这次是什么征兆呢？原来是我乘轻舟来天津谒见傅相。待到结婚，就将居所命作"兰骈馆"，蕴含着伉俪情深的意思。《易经》中说："二人同心，其利断金。同心之言，其臭如兰。"我二人也希望是这样啊。

光绪十六年十月十九日，李鸿章亲笔书写"兰骈馆"素榜，悬于屋中。张佩纶对此又有新解："适得江秋史所藏《兰亭》，乃定武肥本，有阮文达跋，合肥有神龙本，乃王秋坪所藏者，覃溪先生书《神龙兰亭考》于后。两美必合，皆稧帖之佳者。而南阮北翁聚于一笥，亦佳话也。"[31]这样解释"兰骈馆"——收藏两部《兰亭帖》，成双的宝物，也是很贴切的。

这些年，张佩纶在李府做姑爷，但与李鸿章的沟通却不如过去。他曾私下告诉李鸿藻："合肥相对三年，既不欲谈时政，每至同坐词竭，此外可谈者少。"[32]又说："佩纶枯闷无憀，以极爽快之性，而强之处极委曲之地；以极孤冷之性，而强之处极烦嚣之地。此三年中，视塞上三年，尤觉逼仄，竟不知造物何意弄人。"[33]这种苦闷，并不为外人所知。

现在根据上谕，张佩纶将被逐出督府，兰骈馆里气氛凝重，仆人们开始准备搬家。八月十五晚上，老天下着雷雨，自然没有月色，张佩纶心情忧郁，闭门谢客。次日，他向李鸿章说妥，携鞠耦一起，迁往派水草堂暂居。

八月十七日早晨，张佩纶向岳父辞行。李鸿章说要上折为

天津直隶总督衙门的内宅

他辨析,张佩纶表示已给李鸿章添了麻烦,前方军务方殷,傅相圣眷稍减,上奏绝非所宜。"且既以党人累公,又何可以渎奏再累?"李鸿章默然。张佩纶长揖,"谓公请专意军事,勿为小人之言所误"。今后"非奉旨不再来署,师生翁婿从此为别,竟未敢定再见之期"。[34]

同日,清军在朝鲜的陆路战场遭受败绩的电报传到天津,万余人马据守的平壤陷落,统帅叶志超弃城狂逃至安州。十八日(9月17日)早晨,消息又传到朝廷讨论军情的会议上。李鸿藻愤怒地说,李鸿章非严予处分不可,非拔花翎褫黄褂不可!翁同龢支持李鸿藻,遂定议向光绪帝建言:李鸿章未能迅赴戎机,以致日久无功,请拔三眼花翎,褫去黄马褂以示薄惩;或交部严加议处,恭候钦定。皇帝选择拔翎褫褂。[35] 所谓三眼花翎,是用三枝孔雀羽毛做成的官帽装饰,相当于欧洲国家最高等级勋章。有清一代,获赏三眼花翎者，除少数王室成员外，满大臣中仅傅恒、福康安、和琳、长龄、禧恩，汉大臣惟有李鸿章（后来还赏过徐桐），是本年正月初一为庆贺慈禧太后六旬大寿特颁的旷世恩典。现在剥夺，就是巨大的处分和羞辱。下午一点半钟，上谕发下，诸臣各自出宫歇息，而恰在此时，千里之外的黄海大东沟海域，中日两国海军主力的决战已经打响。

十九日下午，李鸿章二公子李经述去看望张佩纶夫妇，告知平壤失守、黄海战败和李鸿章被拔翎褫褂的噩耗，温婉的鞠耦决定立即回府看望。父女见面时，李鸿章却惦念刚被驱逐的女婿，说蒉斋素来刚直，我劝不过他，你要他给京中李鸿藻和其他朋友写信啊。鞠耦说，高阳如有权力，不致书也必无事。其他朋友多为词人墨客，如此急难之际，致书无济于事，徒伤品行。张佩纶后来评价说："闺人见理甚明，年未三十遭此难处之事，合肥闷恨万分，竟能委曲开慰，素患难行乎患难，良为可敬。"鞠耦心细，还注意到从前李鸿章常到兰骈馆一起吃饭，如今只能独自在签押房自食（李夫人已在两年前去世），"近来食少事烦，已形衰惫，经此变态，更是食不下咽，此生生要老翁性命而已"。[36] 国事堪危，家事不宁，李鸿章处在这种困顿无措的局面中，情何以堪。

八月二十九日，李鸿章还是上奏为张佩纶辩护，说张曾任翰林院侍讲学士，以直言敢谏蒙皇太后、皇帝特达之恩。马江之役以船旧兵单为法人所乘，获咎遣戍军台，人犹谅之。释戍后臣察其意气已平，学养益粹，始将女儿嫁之。"人无贵贱贤愚，孰不爱其子女。臣久悉兼圻，何难求一快婿……使非臣深悉其立身之本末，安肯以爱女畀之品行有亏之人。此臣区区怜才之苦心不待自明，而可上白于朝廷，下质于天下后世者也。"又称端良未谙外间事例，纯构虚词，张佩纶在臣处杜门谢客，外人罕见其面。各种

> 張佩綸獲咎甚重李鴻章何得再為剖辨仍令回籍不准在該督署中居住

光绪帝对李鸿章奏折的亲笔朱批

干求奔竞踵门投书者一概拒绝。至于其在署中，亲戚往来无干禁例，臣以其心地极为忠诚，遇有疑难之事亦与之商榷，而张佩纶拘执姻嫌，畏首畏尾，不赞一词。今年春夏之交以足疾就医，病榻支离不相见者几及一月。事机贻误，咎独在臣，与张佩纶丝毫无涉。这番解释，与张佩纶书信中的说法完全吻合。李鸿章还说，时下张佩纶已经病痊回里，无待驱逐。惟其籍贯直隶，凡在直境无不可以寄居。可否仰恳天恩，准令照常居住。

奏上，光绪帝全然不给半点面子，再颁上谕：

> 张佩纶获咎甚重，李鸿章何得再为剖辨？仍令回籍，不准在该督署中居住！[37]

九月二十五日，日军开始渡过鸭绿江进攻中国本土。张佩纶听到消息说，九连城（丹东附近）将要不守，而李鸿章一筹莫展。又闻光绪帝几天前得了疟疾，心中不由想起杜甫的诗句，"独使至尊忧社稷，诸君何以答升平"，觉得应将此诗向当事诸公诵读。[38]

诸公此时自然无暇读诗，宫中最大的事情其实是在筹划十月初十慈禧太后的六旬生日大典，各种进贡的礼物源源而至，升平署也在紧锣密鼓地排演喜庆的戏文。

在同日，给事中余联沅参奏：天津军械所委员张士珩，盗卖军火，得银四十万，与张佩纶等瓜分，李鸿章勒令各营取具领状，请饬查办。上谕着王文锦确切查明，据实具奏，毋稍徇隐。原片着抄给阅看，将此谕令知之。[39] 言官一如既往，风闻即可弹劾，却对政局战局，丝毫无补。

张佩纶对中日三次冲突的看法

虽然是李鸿章的女婿，张佩纶对于如何处置朝鲜事务和如何应对日本的挑衅，一直有自己的看法。

早在光绪八年六月初九日（1882年7月23日），朝鲜发生"壬午之变"。汉城驻军因俸米事件起事，暴动群众冲入王宫，刺杀大臣，袭击日本公使馆。国王生父大院君李昰应被迎入王宫，掌握政权，王妃闵氏逃走，日本向朝鲜派出军队。当时李鸿章因母亲去世，回籍奔丧，清廷命张树声派吴长庆、丁汝昌率海陆军前往朝鲜，平定事变。而朝鲜大臣李裕元、金宏集与日本公使花房义质签订《济物浦条约》，允诺赔款五十万日元，并派使谢罪。在赔款未付清前，允日军千人留守使馆。日本声称与中国有同样的出兵权。七月二十二日，李鸿章奉诏返回天津，在当晚会见了回籍葬兄、恰好也在天津的张佩纶。[40] 张佩纶此时是"清流"健将，对于壬午之变的最后处置极为不满，认为"存朝鲜当自折服日本始，折服日本当自改仁川五十万之约始"。他与李鸿章争执，坚决要求朝鲜改约，或派军舰与日本交涉，修改朝日条约。[41] 他的意见未被采纳。

光绪十年十月十七日（1884年12月4日）在朝鲜庆祝新式邮政局成立的宴会上，亲日派开化党大臣与日本公使竹添进一郎共同策划，刺杀亲华派官员，发动"甲申政变"。然后伪称清兵作乱，招日军保护，占领王宫，控制国王，组织亲日政府，宣布废除对华朝贡关系。十九日，袁世凯统率驻朝清兵开进王宫，逐走日军，将国王迎至清军营中。竹添放火烧毁日本使馆，乘轮船仓促回国。几天后，中日各派军队再赴朝鲜时，政变已经平息。

次年二月，日本政府派专使伊藤博文来华，与李鸿章及会办北洋事宜大臣吴大澂进行外交谈判，以解决双方的争端。经多次交锋，依日方要求，于三月初一日形成《天津会议专条》的草稿。其要点，一是中日双方从朝鲜撤出驻兵；二是促朝鲜训练自己的军队，中日两国均不派员担任教官；三是将来朝鲜有事，两国或一国要派兵，应先行知照对方，一俟目的达到，应立即撤回。

此时张佩纶流戍军台，正路过天津。听说议约之事，对第三条予以坚决反对。他回忆说：

> 时正遣戍过津，是日合肥饯别，清卿（吴大澂）作陪。嘱看草约，蒉辞不阅，合肥云："军台非王臣乎？不阅即是不忠！"蒉乃阅之。至此处力争，以为不可。曰："如此两属矣，朝鲜必不能无事。中国守信义，派兵必照会，倭则不然，且虑其蓄谋报复，我猝不及防，为害甚大，不如去之。"合肥悚然。清卿坐洋磨盘式椅上云："门生以为无害。"合肥云："会办不以为然。"蒉云："不阅既为不忠，阅而不挑更为不智。此事早晚必见，公且姑记余说。"[42]

由于谈判已经多轮往返，为让日军当下撤退，李鸿章、吴大澂还是决定接受条款，经总理衙门报朝廷核准，初四日李、伊正式签署。后来的事实证明，《天津会议专条》为中日甲午战争爆发埋下了祸根。日本正是利用此约的共同出兵权干预朝鲜内政。日本外相陆奥宗光说：《天津会议专条》"包含将来不论在任何情况下（中国）向朝鲜派遣军队时，必须事先照会我国的条款。这在中国显然受到一次严重打击，并使其一向主张的属邦论也因之大大减少了它的力量"。[43] 九年之后，光绪二十年五月初三日，当中国驻日公使汪凤藻照会日本，中国军队应朝鲜邀请，出兵镇压东学党，保护属邦之时，日本回复称根据《天津会议专条》，日本同时出兵，"帝国政府从未承认朝鲜为贵国属邦"。

光绪十九年八月十一日（1893年9月20日），张佩纶在日记中还记录了他同李鸿章的部下、山东道员刘含芳的一席对话：

> 刘芗林来。余在翰林屡论朝鲜君昏后谬，臣下朋党，军政不修，终为日本所吞并。而袁伟廷（袁世凯）狃于花房、竹添之役（按即壬午之变），侈然自大，于朝鲜则操之过蹙，于日本则漠不加意。心以为危，以询芗林。芗林亦以日本甚贫不足虑立论。余终不谓然，语云"知己知彼，百战百胜"，徒知日本之贫而不知中国之苟安姑息，患更甚于日本也。北洋将骄卒怨，合肥老矣，左右又无良佐，徒恃一虚骄尚气之袁伟庭以支吾朝鲜，恐厝薪火上，自以为安耳。吾谋不用，尤愿吾言不验，则中国之福耳。芗林既去，为之太息久之，所谓曲突徙薪，无人领会也。[44]

此时恰在甲午战争爆发前一年，张佩纶对于朝鲜、日本局势的预判，对于李鸿章部属的担心，后来都应验了。

朝鲜一直是东北亚的火药桶，甲午战争其实是中日两国在朝鲜的第三次军事交锋。前两次，中国虽占军事上的优势，日本却在善后谈判中夺得了战场上未曾得到的分数。外交棋盘上的每一步子都不能走错，一个简单的承诺，会形成无法挽回的损失。对

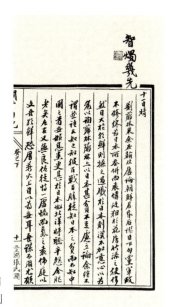

民国年间,张佩纶之子张志潜将《涧于日记》呈逊帝溥仪阅看,溥仪在张佩纶与刘含芳对话之页批注"智烛几先"

于《天津会议专条》,张佩纶一直耿耿于怀,但欲收覆水,其实就看实力。东学党初起之时,张佩纶建议派主力入朝,即所谓"此打日本,非打土匪也"。只是到了甲午年间,中国原来尚存的一点点军事优势,也随着湘淮军和海军的腐化变质荡然无存。对比战略眼光,张佩纶比李鸿章、吴大澂都要深远得多。而淮军和海军的蜕变和战事上的失败,李鸿章确实难辞其咎。

张佩纶谈用人之败

光绪二十一年,惨烈的战事每况愈下,终致威海熸师、马关议和、台湾割让,曾经辉煌的北洋海军烟消云散。

张佩纶一直关注战败的原因，从他观察的角度进行总结。有三封信值得特别关注。

一封是写给岳父李鸿章的，时间在《马关条约》签订之后。他说：

> 蕢承国士之知，于戌还以后，申以婚姻，亦尝自表颓唐，惧非坦腹之选，而公相攸之意至坚，谓此举华夷皆惊，并告人以国事、家事均有所属，相期至此，能不勉承？乃七年之中，谗闻横生，公既志不及远，徒为公孙禄没身之计。蕢求去不得，尚复如重耳安齐。若有终焉之志者，实欲略效小忠，得一当以稍酬知己之言。既已万事瓦裂，公主战而蕢谋不从，公主和而蕢谏不纳，家事则避忌而不得深言，国事且驱逐而不能侍侧，天人相舛，竟令蕢之于公并无丝毫涓滴之助，言之痛心。然身虽在远，形迹隔而神魂通。目击我师四十年之勋名威望，一旦为倭约丧尽，不能不沥胆披肝，激切长言。听否在公，蕢当自尽其道。

他特别提出了用人问题：

> 公云："非变法，国不可保，遑计身家？"此则名论，然亦似是而非。……北洋水陆各军何尝不参用西法者？乃当一羊质虎皮之倭奴，便已相率溃散，可知变法尤在变人，若仍用时相私人以为才，仍取泰西余唾以为法，徒使千圣百王所留之礼仪廉耻扫地无余，卒之人心不古、徒法不行，国仍不保。[45]

另一封是写给李鸿藻的。关于用人，他的锋芒就更鲜明了：

> 合肥素仁厚，止以喜用小人之有才者，晚年为贪诈所使，七颠八到，一误再误，晚节若此，爱莫能助，夫复何言。

> 祸端萌自袁世凯，炽于盛宣怀，结于李经方。……小李

卖父误国，天地不容，自己终身废弃，盛亦累经弹劾，虽有大力庇之，终为财色冥殛。独袁以罪魁祸首，而公论以为奇才，直不可解。……蒉自七月初九卧病至八月初，月余未见合肥，不能复争，所密谋者，三君之外，一张士珩而已，焉有不用其一策，而日日仍参预谋议者乎？都下诸公主持清议，皆呆人也。[46]

第三封是写给王懿荣的，他说：

记合肥与弟缔姻时即欲代治公事，引嫌而止，今蒉所深悔者止此一事。如果当日竟为办事，言听计从，以我之猛济其宽，淮将海军何至如此？日本即不寝谋，亦堪一战，逸口嗷嗷，何由动听，此是鄙人不老辣处，所以然者，一肚皮线订书为害耳！[47]

在后人眼里，张佩纶是个纸上谈兵的白面书生，殊不知他竟有睥睨天下的眼光和抱负，李鸿章对他也曾有过巨大的期许。马江之败和人际倾轧，使他意兴阑珊。假如他真为李鸿章"代治公事"，北洋的局面会好些吗？甲午战争中国能够取胜吗？我也未必相信。他是转折时代中的旧式文臣，并不懂现代化的国际政治和军事。但在光绪九、十年间，他亦是设立总理衙门海防股和海军衙门的倡议者，他的见解，比同时代的官僚同行高明得多。因此，看一看他记录下的甲午战争前期直隶总督衙门内院的种种秘辛，反省当年"用人无当窝里斗"的教训，对于总结甲午战争失败原因，还是很有意义的。

2017 年 3 月初稿
2018 年 7 月修订

1　《光绪宣统两朝上谕档》，光绪二十年八月十一日，第20册，第418页。
2　《光绪朝东华录》，光绪二十年八月乙卯端良奏，第3册，第3456页。
3　《涧于日记》，光绪二十年八月十二日，甲午下，第17—18页。
4　张佩纶：《致张人骏》，光绪二十年八月二十二日，《张佩纶家藏信札》，第5册，第2740—2742页。
5　《涧于日记》，光绪二十年四月二十七日，甲午上，第82页。
6　《涧于日记》，光绪二十年五月二十六日，甲午上，第89页。
7　《翁同龢日记》，光绪二十年六月十三日，第6册，第2753页。
8　《张佩纶致李鸿藻》，光绪二十年六月二十一日，《张佩纶家藏信札》，第5册，第3927—3928页。
9　张佩纶：《复陈弢庵阁部》，《涧于集·书牍》，卷6，第4页。
10　《张佩纶致张人骏》，光绪二十年八月二十二日，《张佩纶家藏信札》，第5册，第2729页。
11　《涧于日记》，光绪二十年七月二十一日，甲午下，第14页。
12　《张佩纶致朱潘》，光绪二十年七月十五、八月十三日，《张佩纶家藏信札》，第6册，第3199—3203页。
13　《张佩纶致张人骏》，光绪二十年八月二十二日，《张佩纶家藏信札》，第5册，第2732页。
14　吴汝纶：《答范肯堂》，光绪二十年八月二十日，《吴汝纶尺牍》，第66—67页。
15　张佩纶：《复王廉生太史》，《涧于集·书牍》，卷6，第1—3页。
16　《涧于日记》，光绪二十年五月二十八日，甲午上，第90页。
17　《张佩纶致张人骏》，光绪二十年八月二十二日，《张佩纶家藏信札》，第5册，第2750页。
18　张佩纶：《复鹿滋砚尚书》，《涧于集·书牍》，卷6，第55页。
19　《张佩纶致张人骏》，光绪二十年八月二十二日，《张佩纶家藏信札》，第5册，第2744—2745页。
20　《张佩纶致张人骏》，光绪二十年八月二十二日，《张佩纶家藏信札》，第5册，第2736页。
21　《涧于日记》，光绪二十年八月十六日，甲午下，第18页。
22　《涧于日记》，光绪二十年六月二十三日、七月二十三日、八月初五日，甲午下，第8、14、16页。
23　《樊樊山致张南皮密札》，《花随人圣庵摭忆》，第1册，第416页。
24　如《张佩纶阻李经方为帅》，刘体智：《异辞录》，第129—130页。
25　《佘昌宇致盛宣怀函》，光绪二十七年七月二十七日，《盛宣怀档案资料选辑之三：甲午中日战争》下，第172页。
26　《福建道监察御史安维峻奏参贻误军机之津海关道盛宣怀折》，光绪二十年九月二十九日，《中日战争》，第3册，第163页。
27　见溥松：《奏为京城内外匪徒滋事劫案层出，地方营翼束手，请饬严禁务获究办事折》，光绪二十一年十一月二十九日，录副档号：03-7416-065；光绪二十一年十一月乙丑、十二月丙子上谕，《清实录》，第56册，第979、989页；光绪二十二年二月癸未上谕，《清实录》，第57册，第36页。

28　《翁同龢日记》，光绪二十二年二月十八日，第6册，第2934页。

29　张佩纶：《新居落成赋谢合肥公》，《涧于集·诗集》，卷4，第7页。

30　张佩纶：《兰骈馆记》，《涧于集·文集》，卷下，第36页。

31　《涧于日记》，光绪十六年十月十九日，庚寅，第103页。

32　张佩纶：《致李兰孙师相》，《涧于集·书牍》，卷5，第33页。

33　张佩纶：《复李兰孙师相》，《涧于集·书牍》，卷5，第38页。

34　《张佩纶致张人骏》，光绪二十年八月二十二日，《张佩纶家藏信札》，第5册，第2731—2732页。

35　《翁同龢日记》，光绪二十年八月十八日，第6册，第2775页。

36　《张佩纶致张人骏》，光绪二十年八月二十二日，《张佩纶家藏信札》，第5册，第2730—2734页。

37　李鸿章：《复陈张佩纶在署中绝不干预公事折》，光绪二十年八月二十九日，《李鸿章全集》，第15册，第437—438页。

38　《涧于日记》，光绪二十年九月二十五日，甲午下，第25页。

39　光绪二十年九月戊戌上谕，《清实录》，第56册，第500页。余联沅奏，见《清代军机处随手登记档》第140册，第171页。

40　据张佩纶称，其"七月间乞假回籍，将两兄一弟两姊之柩均买地分葬"。见《张佩纶致陈宝琛》，光绪八年九月十九日，《张佩纶家藏信札》，第7册，第3941页。

41　《张佩纶致李鸿章》，光绪八年七月二十五日，《张佩纶家藏信札》，第2册，第508页。

42　《张佩纶致张人骏》，光绪二十年八月二十二日，《张佩纶家藏信札》，第5册，第2739—2740页。

43　陆奥宗光：《蹇蹇录》，第15页。

44　《涧于日记》，光绪十九年八月十一日，癸巳下，第10页。

45　《张佩纶致李鸿章》，光绪二十一年，《张佩纶家藏信札》，第3册，第1154—1160页。

46　《张佩纶致李鸿藻》，光绪二十一年八月廿六日，《张佩纶家藏信札》，第7册，第3927—3933页。

47　张佩纶：《复王廉生太史》，《涧于集·书牍》，卷6，第3页。

旧时代生儿育女的艰难历程

从张佩纶的子嗣说开去

一

熟悉张佩纶家庭情况的人,都知道他育有三子一女。与原配朱夫人生志沧、志潜,志沧早逝,无子嗣;志潜有二子:子美、子闲。与李鸿章女儿李经璹(鞠耦)生志沂、茂渊,张志沂的女儿就是张爱玲。此外,他与边夫人婚后没有孩子。

张爱玲在《对照记》里说,老女仆管张志沂叫"三爷"。我向张志潜后人张恭慈先生请教张家上辈旧事时,他也把祖父的哥哥弟弟叫作"大爷爷"和"三爷爷"。但我研究张佩纶家藏信札和日记,却发现他至少生育过十个子女,外加一次小产。其中有六个是在一岁半以前夭折的。

仔细说来,张佩纶本人二十六岁娶朱夫人,生过二男一女。女儿叫韵苏,出生一百三十六天后夭折(1879年4月9日至8月22日)。然后他纳一侍妾凤姬,生子名寿武(小名书儿),[1] 一岁半夭折(1883年10月至1885年3月18日)。边夫人也有生育,1884年7月,张佩纶去福建会办海疆时孩子出生,旋即去世,似乎尚未取过名字。1888年,张佩纶流放归来,与李鸿章的女儿鞠耦成婚。婚后前六年,寄寓天津总督衙门,虽未见生育的确切资料,却不能排

张佩纶的儿子张志潜、张志沂和女儿张茂渊

除曾经怀孕及生育。1895 年张佩纶夫妇移居南京，至 1903 年初去世，资料显示有过五次生育。

1895 年农历六月，张佩纶在南京得子，取名补儿。根据张佩纶的说法并参考其日记，他在甲午战争爆发后被逐出天津直隶总督署，1894 年 10 月 30 日出发游览盘山，途经蔡村、河西务、香河，初五日进山，[2] 在山中梦见拙庵和尚，表示愿意随他南下游览。孩子出生后，张佩纶梦见已故十余年的哥哥张佩经送一僧人进入房间，心甚惊讶，哥哥还赠送了四件古青铜器作贺礼。孩子出生十二天后遽然夭折，他又梦见一个和尚辞别。所以他怀疑，补儿的魂魄是否被拙庵带走了，这个孩子是有来历的。"不劳佳客听啼声，已觉聪明是凤成。岂料吾家千里足，空中天乐早来迎"，对自己也是一个安慰，并将心中疑虑，写成诗歌，并加上一个长长的标题以示纪念。[3]

鞠耦对补儿之殇则更痛心。她作《哭补儿》，曰：

生平忠孝志，望儿能补足。

泡幻须臾间，与夺亦何促。[4]

补儿出生时，张之洞正任两江总督，他先遣人上门致贺，未满三天又派人告知张佩纶不宜住在南京，理由是张佩纶为驱逐回籍人员，"有宵人伺察搜寻"，"随时随事多方搜求，弹射横加"，建议他暂住扬州。张佩纶断然拒绝，张之洞又致书"相约彼此暂勿往返，以避谗口凶焰，只可书简往来"。[5]此事正与补儿丧事相叠，使得张佩纶极为不满，称之"下令逐客"，与张之洞的友谊就此破裂。

1896年底，鞠耦又生子传儿，李鸿章为他起大名志沆。张佩纶说："金陵偕隐，幸得麟儿，于愿已足。"[6]李鸿章叮嘱女儿女婿："传孙丰肥长大，可喜，须早种牛痘。乳姆既可饱食，一年后照西法喂牛乳，绝无流弊。"[7]鞠耦也说："冀传孙他日有所成就，稍吐父母抑塞之气。"她还请父亲为志沆亲笔写红纸联幅以留纪念。[8]但这个孩子在1897年7月左右夭折。李鸿章获悉后，写信安慰女儿说："传孙之殇，可为长太息者，汝夫妇心绪可知。天下万事，莫不有命，岂可以人力强争？"[9]

当年9月30日，张佩纶在致李鸿章的信中提到："槁木死灰，久不通问矣。八月廿四日（9月20日）由金陵惘惘出门，为北归计。即携两椟归葬，皆世妹意也。"[10]"椟"者，指木盒，亦指棺材。张佩纶说，不把两具棺材送回丰润老家，鞠耦就吃不下药。又说："两椟本可附葬，目世妹寒心，恐不能有子，欲自卜一寿藏，而以两椟先埋其侧，谓他日果无子，聊以自娱，言之可痛。"所谓"寿藏"，即寿冢，亦称生圹。意思是张佩纶夫妇要预筑坟墓，将补儿和传儿的灵柩埋在旁边。

1898年4月30日，鞠耦生子阿龙，张佩纶向岳父报喜："世妹于今日得男，自发动至胞衣均下约计三时之久，尚不过累。儿颇敦实，世妹亦甚平稳，堪以上慰系注。"[11] 这个孩子就是张志沂。我在百度上检索，称张志沂1896年出生，显然是将志沆与志沂搞混了。

1900年4月25日，鞠耦又生一子。张佩纶写信告诉江西按察使柯逢时："三月廿九（农历）得一子。"[12] 1901年，张佩纶奉旨赴北京协助李鸿章辛丑议和，他在给陈宝琛的信中提到，五月"三十日赴津，行时得家书，去岁所生一子，乳名阿当者，殇于春初，行时本未退热也"。[13]

阿当去世时，八国联军占领京津，国家正深陷危机。张佩纶人在京中，无法顾及家眷。他给军机大臣鹿传霖的信中写道："乙未（1895）以来，共殇三男。气为之馁，岂不达哉。命不如人，无可如何也。"[14] 古时孩子未到成年就死去称"殇"，"共殇三男"，指补儿、传儿和阿当。此外还有朱夫人所生长子张志沧，1898年2月11日去世。张志沧于1895年1月31日娶陈启泰的女儿成婚，至此尚不满三年。其长媳，大约刚满十八岁。半年之后，张志沧之子，张佩纶长孙患病，药不能投，酿成惊风，温凉杂下。又复殇折，年龄大约一岁。"沧儿身死，而种又绝，廿四年直如一梦耳"，[15] 张佩纶如此哀叹。

此后，1901年7月，鞠耦怀一死胎，男孩，小产。1902年6月3日，又生一个女儿。[16] 张佩纶的后代多为男孩，晚年得女也很愉快。他说："文忠（李鸿章）去年谕内人须生一女，较男亲切，而今年适得明珠。欲以虎类名之，而内人以《女诫》'生女如鼠，犹恐如虎'，坚不欲以虎为名，只好随同画稿。"[17] 这个明珠，即张爱玲的姑姑张茂渊。网上有资料说张茂渊1901年出生，显然也是弄错了。

旧时代生儿育女的艰难历程　305

想想，当年观念开通、家境优渥的李鸿章女儿的生育史尚是如此，现在的妇女真是活在天堂里了。

二

20世纪之前，人类的生育史上有一句话，叫"高出生率，高死亡率"。高出生率是由于缺乏避孕手段，高死亡率则涉及卫生医疗和公共环境。英国学者劳伦斯·斯通在《英国的家庭、性与婚姻，1500—1800》一书中指出："近代初期家庭与今日家庭的最大不同之处不在于婚姻或出生，而在于死亡的不断出现。死亡居于生命的中心，就像墓地居于农村的中心一般。死亡在所有年龄中都是一寻常事件，并非主要发生在老年人身上。"斯通说，17世纪40年代，英国人的期望寿命是三十二岁。在所有小孩中，死亡率最高的是新生婴儿。在法国，一岁内的婴儿死亡率平均约在21%，但实际的比率还要高出许多，因为大量在出生后头几天或头几周就死亡的婴儿，其出生根本就未被记录下来。[18]这种情况，直到19世纪也未曾真正改善。

人类生育子女是为了延续子嗣。在中国，更有儿孙满堂、多子多福的传统理念。男女行周公之礼后，女人便是怀孕生产。但种的繁衍一直很艰难，民间有"生一千，死八百"的说法。虽然康熙年后，中国人口总数有了很大的增长，可是婴幼儿的存活率依然很低。清代人口学的研究表明，当时人均预期寿命也仅有三十岁左右。[19]

平时我阅读史料，常常接触到官员子嗣死亡的资料。

比如1889年5月31日张佩纶致函李鸿藻："惊悉女公子已于廿三日委化。孝友聪明，乡党所共知。瑶草琪花，不能久于尘世，

伦敦西敏寺有座著名雕塑,描绘伊丽莎白·南丁格尔夫人(1704—1731)死于难产的情景,骷髅死神从坟墓中钻出来,将手中的长矛指向她,她的丈夫将长矛挡开以保护她。此情景令参观者印象深刻,也显示当年欧洲上流人士的生育不易

闻者皆为惋惜。"[20]

1892年1月4日,张佩纶日记记载李鸿章二公子李经述的第五子去世,这年李经述才二十七岁。[21]

一个月后,2月3日(光绪十八年正月初五日),李鸿章举行了隆重的七旬大寿,次日,十四岁的小儿子李经进却病逝了。这个孩子气质敦厚,中西文字渐能通晓,跟随著名学者范当世学习作文。李鸿章本人在给长子李经方的信中说:"进儿本弱,猝患瘟疹,三日而亡,适值初六酬客彩觞,不无缺憾。暂厝义园,少缓应令归骨故乡。"[22]住在天津直隶总督衙门里的张佩纶,也表示"殊堪惋惜"。5日,李经进在津郊下葬,张佩纶作为姐夫"往视之,甚为惨恻"。[23]翁同龢称,经进"极聪慧",是吏部右侍郎徐郙(后来官至协办大学士、礼部尚书)未成婚的女婿。仅仅"三日病耳。相国初

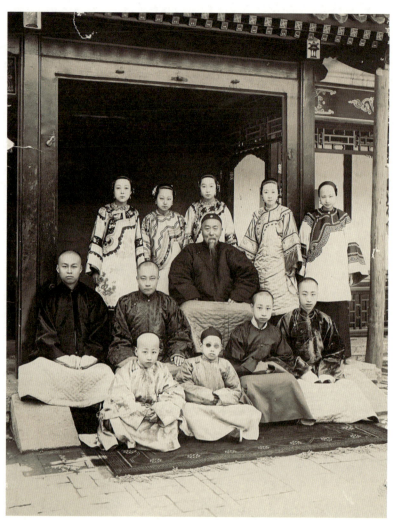

儿孙满堂的李鸿章。由左至右,中排:儿李经迈、儿李经述、李鸿章
后排:孙李国杰夫人张氏、李经述的女儿、女儿李经璹(鞠耦)、李经迈夫人卞氏、李经述夫人孙氏
前排为孙子辈:李经述四子李国熊、三子李国煦、二子李国燕、长子李国杰

五日（作）寿，将吏云集，致祝之物争奇竞异，亦已泰矣。倚伏之理可畏哉！相国笃信洋医，此亦为其所误"。[24] 按照翁同龢的看法，李经进是被西医耽误了。虽然老年丧子，但李鸿章似乎并未过于悲戚。德国驻华公使巴兰德、日本驻华公使大鸟圭介致函慰问，他答复说："本大臣忝膺重寄，自不至以童孺之戚，有损天和。""日来治事见客，一切如常。"[25] 这种冷静，有点像斯通著作中列举的一位名佩内洛普·斯拉的夫人，她在某些方面是相当疼爱孩子的母亲，然而她并不为年幼子女的病容或早死所动。在那个时候，孩子的夭折实在是太过普遍的现象了。

1896年，李鸿章外甥张士珩的儿子过世。张士珩为其写墓志称："亡儿继需，余年三十始生产，十年而死。余年已四十矣，惟此一子，能读书史，又温恭顺让，宜有成而卒早夭，余能无痛乎？"张士珩又说：当初"余妇来归，初乳即失男，又一女殇，继连举两女。先君以妇之贤，嘱望其举子甚殷，比三十始得儿"。[26] 则他此时已有五次生育，夭折三人。

我在郭松义先生的论文里也看到他做的统计：

比如湘军统领胡林翼妻彭氏，生七子俱不育，妾生子又殇。最后只剩一女，无子承嗣。

协办大学士、军机大臣英和，十三岁与漕运总督阿思哈的女儿萨克达氏结婚，在随后的几十年里，他家共生子女、孙儿女、曾孙儿女三十七人，早殇者二十一人（另有一孙年谱中未记生死）。这二十一个孩子中，有两人分别在十三、十四岁夭折。另十九人中，六岁殇一人，五岁殇二人，三岁殇三人，一岁殇二人，其余十一人均在出生和婴儿期夭折。

学者王先谦，三十八岁连殇二子四女。四十三岁又纳宋、毛二妾，不久生两个女儿，但第二年又先后死去。直到他七十三岁，毛氏为他诞下一子，但未能等到儿子长大，王本人就去世了。他的子女的早亡率，达到88.88%。[27]

官员士大夫尚且如此，普通百姓就不用说了。

由于缺乏大数据的样本，历史人口学以往只能通过人口户籍档案和地方志进行绝对数量增减的统计，对于死亡率，尤其是少年儿童乃至婴儿死亡率的研究则很不充分。学者们找寻家谱和年谱进行个案分析，这种家谱年谱，反映的多是缙绅家族和富裕家庭，贫民和流民子女的死亡几乎是无声无息的。并且，即便缙绅家族和富裕家庭的谱牒，也很少记载死亡的具体原因。从前上流社会妻妾成群，我们往往看到大家族里有众多子女，但同样存在夭折婴幼儿童未被记录的现象。比如张爱玲的父亲张志沂在家中被称作"三爷"，而他前面的哥哥寿武和志沆，就消失在家族记忆和祖先祭祀之外，更消失在研究者的视野之外。因此，仔细阅读张佩纶浩瀚的私人信件，辅之以日记和其他史料，重新梳理出他的生育编年，对于清代人口学的研究，是一个不可多得的宝贵案例。

三

探究张佩纶所生子女夭折的具体原因，目前依然资料不够充分。

说起儿童和婴儿的死亡原因，我们首先会想到贫困、饥馑和战乱。这对张佩纶的小家庭并不适用。张佩纶成婚于同治末年，生育期在光绪朝，他私人生活前期虽有穷翰林穷京官普遍存在的拮据，但还是安稳的。在与李鸿章女儿成婚后，应当是富裕的。

其次是公共卫生和环境，包括饮水、污水管道建设和垃圾排泄物处理，在 20 世纪之前，这些都是严重的疾病传染渠道，也是常常被疏忽的致命源头。张佩纶和鞠耦在南京七家湾租住了五年。七家湾是条小巷，位于朝天宫东南，现在与建邺路平行，与仓巷相交，早年以住有七家回民而得名。张府究竟住在巷中何处无从考证。七家湾的回民，以宰牛为业。附近的评事街，过去叫皮作坊，是出售牛皮和皮革制品的地方。张佩纶在家信中称："杀牛煎髓，夏令臭秽，不能纳凉，冬春秋亦然。"[28] 讲的就是环境不适合居住。张佩纶在此连殇数位子孙，他说"七湾居，不甚利。白下俗说，有'眼泪流到七家湾'之语，心甚恶之"。又说"七湾因陋就简，偏连遭殇折，令人悚惕"，但他把环境因素归结为风水。

许多人不能相信，张佩纶 1895 年初迁南京时，这个城市的上流居住区既无自来水，更无抽水马桶和下水道系统。迟至 1928 年国民政府定都南京之后，才在《首都计划》中决定开展自来水工程。1930 年 3 月，成立自来水工程处。在此之前，南京人祖祖辈辈饮用的，是内河水、井水和长江水。城内河道旁，市民浣衣洗碗、淘米洗菜，同时还洗刷马桶、倾倒垃圾，秦淮河早已不是文人墨客笔下的风景胜地。1923 年，二十五岁的中学教师朱自清写了《桨声灯影里的秦淮河》，他说："秦淮河的水是碧阴阴的，看起来厚而不腻。"文章的重点是讲河岸的景色和歌姬，并不涉及环保，文青写散文，恐怕只能如此。再经过后代语文老师的讲解发挥，秦淮河似乎就更美了。只是十年之后，《中央日报》直言不讳地将其称作南京的大臭阴沟："水是混浊的、深黑的，简直是鱼虾不幸的刑场。水发出教你不愉快的一种化学上的气味，水的味道我不敢尝，恐怕酸咸甜苦辣，五味齐全。水里的溶质，我不敢分析，恐怕尿粪瘟一切俱有。"[29] 河中的粪水还带来霍乱、伤寒的传播。根据英国某市十年间统计伤寒病例，用坑厕的高至 2.7%，用桶厕的为0.83%，而用水冲厕的仅占0.18%。30年代卫生署专家黄鸣龙说："京中河水之不洁，本一望而知。水受居民影响，本在所难免。然水质如此恶劣，其受居民影响如此之大，如此之速，殊非意料所及。"[30] 至于南京之井，多属浅水型，甚易污染，且含矿物元素，味道苦涩，不堪饮用。而在清末，从士大夫到老百姓，更缺乏公共环境卫生的概念，且习以为常，从而造成疾病传播和儿童早夭。为此，张佩纶和鞠耦甚至想离开南京，搬回河北丰润老家居住，被李鸿章劝阻。李鸿章认为，七家湾固然小口不利，但北方穷乡，焉得有合式房屋可购？且股息在南，取携不便，家用何出？[31] 1900年前后，张佩纶夫妇下决心买下白下路的张侯府，自建西式洋房和花园。居住的环境才获得改善。我以前参观过白下路张佩纶的旧居，以为他在南京的生活恬适安逸，却不知道那栋房子直到他去世前方才完工。他在南京居住，环境不好，子嗣多灾多难，其实并不愉快。就这点论，就可看到，现代城市生活所带来的公用事业和公共卫生进步，对于健康和长寿，有着巨大的作用。

第三是医疗条件。张佩纶到宁后，一直抱怨没有合适的医生。鞠耦体弱多病，哥哥李经述和表兄张士珩推荐了本地的中医张大咸、张新之。张新之是安徽合肥人，1890年以江苏候补知府的身份办理宣城县盐局。当时醇亲王病重，听人推荐，就电商李鸿章帮助延请。李鸿章向同乡打听，皆称其"粗读医书，诊病偶效，实未精通"。[32] 但他还是被醇王府请去，当然也没有效果。另有位赵履鳌医生为张士珩治病，一个多月的诊费是两千元，又说出诊一次要五十元。[33] 李鸿章说："赵履鳌医名素所未闻，如此重价，谅当有效。"[34] 鞠耦嫌其昂贵，只请他看过一次。李鸿章相信西医，从19世纪80年代起，传教士就在南京建立起数家医院，1892年

张佩纶夫妇在南京白下路273号的旧居，建筑面积504平方米

美国贵格会还在南京设立了妇儿医院，这是首家针对妇女儿童特定人群开设的专门医院。[35] 鞠耦曾延请美籍医生比必（Robert C.Beebe）看病，她评价说："其人如中国油滑者，模棱更甚。"[36] 张佩纶也认为"江宁洋医本领甚劣，中医有等差，洋医亦然，不可执一而论也"。[37] 当年南京市是仅次于北京、上海、天津、广州的大城市，中西医疗仍不普及，加上19世纪与20世纪交替之时，磺胺类药物和抗菌素亦未发明，伦琴射线刚被发现，X光机尚未传入中国，许多疾病西医本身也无法诊疗。

鞠耦生志沂时，搬出七家湾，改住到李经述家中书房暨花厅对面的三进院中，又托李鸿章从天津邀请加拿大籍传教士女医生赫尔德（Leonora Annetta Howard，张佩纶在家信中称作郝女医）专程出诊，不用本地产婆。新式接生、妇产科医生和助产士、母婴保护，都是现代医学发展的产物。旧式产婆既不能保证卫生条件预防感染，亦无法在

旧时代生儿育女的艰难历程　　313

难产中实施急救,更无法对自身有病的产妇采用各种保障手段,所以妇女的每次生产,就像是到鬼门关上走了一回,风险极大。

传儿就是郝女医接生的。这次她又带着厨师仆役前来南京,前后住了四十多天。张志沂的接生一切顺利,张佩纶"酬以英蚨三百翼,别送洋人应用各物约值三五十金之数"。[38]所谓"英蚨三百翼",即三百银元,当初每元的币值低于一两白银,依张家的地位和本地中医的出诊费用,尚不属贵。后来鞠耦生阿当和小产(生下一个八月死胎),也请郝女医出诊。小产那次,郝医生对胎儿情况判断失误,鞠耦全无责怪,张佩纶虽有不满,亦保留了面子上的礼貌,依旧馈赠礼金和礼物,"以为下次再见张本"。[39]现代妇产科知识和西式接生,系由传教士传入,以往西方人撰写的回忆录常常褒奖传教士医生的业绩,但具体案例多未保留。所以张佩纶家信中关于历次接生的记录,就显得弥足珍贵。至于郝女医不在南京的时候,婴儿保健、疫苗接种(当时已种牛痘)如何进行,儿科疾病是找中医还是西医,这些资料均不清楚。文献中我们只能看到"发热""温寒"之类简单记载,但一个简单小病,几天里夺走生命却是极为寻常的。达官贵人家和平民百姓家皆无法幸免。

通过阅读张佩纶家藏书札,我找到其生育状况的新材料,对清末妇婴保健状况也窥得一鳞半爪。这些史料,对于清末出生率、存活率和死亡率等人口社会学研究,是重要和有益的补充。也体会到,只有在20世纪之后,随着整个社会对于市政建设和公共卫生的高度重视,随着医学临床技术和现代药物学发展之后,母婴保健和婴幼儿存活率才得到根本改善。

中国和欧洲的历史过程均是如此。

2018年5月初稿,6月修改

1 "书儿",见张佩纶:《用欧阳子斑斑林间鸠韵寄内》所附注释,《涧于集·诗集》,卷3,第9页。
2 《涧于日记》,光绪二十年十月初五日,甲午下,第28页。
3 张佩纶:《被逐后游盘山,梦拙庵和尚愿随余南游;补儿生,复梦先四兄送一僧入室,心窃讶之;儿生十二日遂不育,复梦一僧别主,岂拙庵来此夺舍耶?何狡狯悠忽若此也》,《涧于集·诗集》,卷4,第27页。关于补儿出生时间,张佩纶曾说"乙未六月,生儿不育",见《张佩纶致张之洞》,光绪□□年二月十八日,《张佩纶家藏信札》,第7册,第3935页。
4 见张士珩:《亡儿继需圹志》,《弢楼遗集》,卷中,第43页。
5 《张之洞信札》,光绪二十二年,《张佩纶家藏信札》,第16册,第9413—9418页。
6 《张佩纶致李鸿章》,光绪二十三年正月二十八日,《张佩纶家藏信札》,第3册,第1179页。
7 《李鸿章致张佩纶、李经璹》,光绪二十三年正月二十二日,《张佩纶家藏信札》,第3册,第1184页。
8 《李经璹致李鸿章》,光绪二十二年十二月二十三日,《张佩纶家藏信札》,第3册,第1174页。
9 《李鸿章致李经璹》,光绪二十三年六月十五日,《张佩纶家藏信札》,第3册,第1185页。
10 《张佩纶致李鸿章》,光绪二十三年九月初五日,《张佩纶家藏信札》,第3册,第1189—1191页。
11 《张佩纶致李鸿章》,光绪二十四年闰三月初十日,《张佩纶家藏信札》,第3册,第1228页。
12 张佩纶:《致柯巽庵都转》,《涧于集·书牍》,卷6,第35页。
13 张佩纶:《复陈弢庵阁部》,《涧于集·书牍》,卷6,第64页。
14 张佩纶:《复鹿崧砚尚书》,《涧于集·书牍》,卷6,第66页。
15 《张佩纶致宗得福》,光绪二十四年七月初六日,《张佩纶家藏信札》,第5册,第2392页。
16 《张佩纶致张人骏》,《张佩纶家藏信札》,第5册,第2826页。
17 《张佩纶致张士珩》,《张佩纶家藏信札》,第9册,第4770页。
18 劳伦斯·斯通:《英国的家庭、性与婚姻,1500—1800》,第41—42页。
19 陈熙:《清代家族人口繁衍研究——兼论支脉重构在微观历史人口学中的应用》,《福建论坛·人文社会科学版》2013年第2期,第98页。
20 《张佩纶致李鸿藻》,光绪十五年五月初二日,《张佩纶家藏信札》,第7册,第3888页。
21 《涧于日记》,光绪十七年十二月初五日,辛卯下,第98页。
22 李鸿章:《致李经方》,光绪十八年二月十三日,《李鸿章全集》,第35册,第324页。
23 《涧于日记》,光绪十八年正月初七日,壬辰上,第6页。

24 《翁同龢日记》，光绪十八年正月十三日，第 6 册，第 2545 页。
25 李鸿章：《复德国驻京钦差巴兰德》《复日本国驻京钦差大鸟圭介》，光绪十八年正月十六日，《李鸿章全集》，第 35 册，第 311 页。
26 张士珩：《亡儿继需圹志》，《觳楼遗集》，卷中，第 41 页。
27 郭松义：《清代男女生育行为的考察》，《中国史研究》2006 年第 2 期，第 153 页。
28 《张佩纶致李鸿章》，光绪二十二年正月初四日，《张佩纶家藏信札》，第 3 册，第 1166 页。
29 张鸣春：《南京的臭阴沟》，《中央日报》1933 年 7 月 18 日。
30 董涛：《南京自来水事业与市民生活》，《大江周刊·论坛》2013 年 3 月，第 86 页。
31 《李鸿章致李经璹》，光绪二十三年六月十五日，《张佩纶家藏信札》，第 3 册，第 1185 页。
32 李鸿章：《京局速送醇邸交麦信坚等》，光绪十六年十月十一日巳刻，《李鸿章全集》，第 23 册，第 123 页。
33 《张佩纶致李鸿章》，光绪二十三年九月初五日，《张佩纶家藏信札》，第 3 册，第 1192 页。
34 《李鸿章致张佩纶》，光绪二十三年九月初八日，《张佩纶家藏信札》，第 3 册，第 1198 页。
35 徐建云：《近代南京所建立的主要西医院、校》，《南京中医药大学校报电子版》，第 469 期（2017 年 6 月 15 日）第 4 版。http://njucm.cuepa.cn/show_more.php?doc_id=2270905。
36 《李经璹致李鸿章》，光绪二十四年八月初二日，《张佩纶家藏信札》，第 3 册，第 1271 页。
37 《张佩纶致李鸿章》，光绪二十三年九月初五日，《张佩纶家藏信札》，第 3 册，第 1194 页。
38 《张佩纶致李鸿章》，光绪二十四年四月初二日，《张佩纶家藏信札》，第 3 册，第 1231—1232 页。
39 《张佩纶致李鸿章》，光绪二十七年六月十三日，《张佩纶家藏信札》，第 3 册，第 1304 页。

喝保卫尔牛肉汁，与李鸿章同款

一份英国"滋补"饮料在中国的流传

我 2015 年出版的拙著《秋风宝剑孤臣泪——晚清的政局和人物续编》中提到，李鸿章是某些西式补品的拥趸。四川总督刘秉璋的儿子刘声木记载，李鸿章晚年颐养之品，只日服牛肉汁、葡萄酒二项，皆经西医考验，为泰西某某名厂所制，终身服之，从不更易。牛肉汁须以温水冲服，热则无效，葡萄酒于每饭后服一小杯，以助消化。[1]

李鸿章的老朋友吴汝纶在给友人的信中也写道：

> 西人养老扶衰之品，以牛肉精为最。尊公之病，但服牛肉精四五十日，必当霍然，不知旧疾之何往。近时贵人，如李傅相、恭醇二邸，皆以此物为至宝，穷而在下，与某游者……无不遵服此药，以其真有奇效也。尊公若肯附纳鄙言，遣人赴天津，向洋行大字号购此物，不过二十余金，足以去疾复常。[2]

"牛肉汁"或"牛肉精"在李鸿章书信中常有出现，比如在给儿子李经方的信中说："伯王前索牛肉精，寄去四盒，其太福晋老病，当合用，恭邸要野白术，寄去二斤，或亲往送呈，或专弁交，汝酌办。"又说："孙燮臣（家鼐）函索牛肉精，寄去两盒，专弁送交。"[3]

翁同龢日记中也有记载，如"早起服牛精汁半匙，鸡汤兑，一匙汁十二匙汤",⁴ "得荣侄（翁曾荣，翁同爵次子）上海函并牛精汁四小瓶，……托蔡穆如带来"。⁵ 显然，翁同龢也有自己的牛肉汁来源。尤其值得注意的，是在1895年2月20日，时任直隶布政使的陈宝箴（陈寅恪的祖父）为其诊病，称翁"肝旺而虚，命肾皆不足，牛精汁、白术皆补脾要药，可常服"。⁶ 说明牛肉汁已被纳入某些官僚士大夫认可的中医药体系。后来，军机大臣李鸿藻患病，翁同龢"以牛精汁送兰翁（李鸿藻）",⁷ 这牛肉汁是很拿得出手的补品。

牛肉汁是什么东西？吴汝纶说：牛肉汁"即牛肉之精华也。缘天下至养人之物，无过牛肉。牛肉入胃，消化较他肉为速，以其劳胃经消化之力少也。然衰疾老罢之身，亦往往不受牛肉，西人于是用机器搜取牛肉之汁，而弃其渣滓，又用他药制造此汁，使之入胃即化，不复使胃家出力消之，以此为调养衰老至精之圣品，此乃饮食类之一物，非药也。不但非峻厉之剂，亦非寻常补养之方，乃饮食中扶养衰胃之要物耳。……进牛肉精一匙，则其养血助力之功，足抵平人服牛肉七八两之用，而吾胃仍安然不劳"。⁸ 又说："至培养之品，以牛肉精为最有力，惜其药过贵，吾与执事，皆无力购办。若场前买牛肉精一打、两打培补之，可令身速强而病愈速也。"⁹

1906年在上海出版的余姚颐安主人所撰竹枝词《沪江商业市景词》中，有《牛肉汁》一诗，略做介绍：

> 肥牛蒸肉制成浆，小巧洋瓶取汁藏。
> 蛋白质多推妙品，功能补胃润枯肠。¹⁰

但牛肉汁对我来说，仍然是个抽象的概念。究竟是什么样的，我仍然搞不清楚。《秋风宝剑孤臣泪》出版之后，徐家宁给我发来一个微信：

《伦敦新闻画报》上刊载李鸿章访问英国时采购"保卫尔牛肉汁"的漫画插图

您寄来的书收到了,非常喜欢。从早上一直读到现在。刚看到李鸿章晚年爱吃牛肉汁一节,想到英国《伦敦新闻画报》报道李鸿章访问俄、英、美等国时,配了一幅石印版画,是李鸿章在安排工人装运带回国的英国商品,其中除了维多利亚肥皂、雷明顿打字机外,还有现在仍在售的保卫尔(Bovril)牛肉汁。

从家宁提供的线索,我在互联网上展开了搜索,获知保卫尔曾是一种非常知名的牛肉汁品牌,这个产品是由住在加拿大的苏格兰人约翰·庄士敦(John Lawson Johnston)在19世纪70年代创立的。普法战争时,法皇拿破仑三世订购了一百万罐牛肉作为军粮,供应牛肉的任务由庄士敦负责。虽然英国殖民地和南美可以提供大量的牛肉,但在冷藏技术发明之前,运输和储存均是十分困难的事情。在此之前,1865年,有位李比希男爵(Justus von Liebig)曾经创制"OXO"汤料，用水浸泡生牛肉，滤出汁液后煮沸，让水分蒸发，再将残渣压成方块。而此时，为了完成订单，庄士敦发明了一种被称为"庄士敦液体牛肉"的产品，将牛肉加工成厚稠的流质浆液，之后被称为"保卫尔牛肉汁"（Bovril），并进行了成功的市场推广。到1888年，超过三千家英国酒店、杂货店和药房销售保卫尔牛肉汁。1889年，这家企业成功上市。保卫尔装在琥珀色的玻璃瓶子里，可以用热水或者牛奶冲饮，也可以作为汤、炖品、粥的调味料，或者直接涂在面包片或吐司上。保卫尔当年在斯塔福德郡特恩河畔的波顿镇生产。这一品牌，直到今天，仍由英国联合利华集团拥有并销售。

从保卫尔的发展历程看，它本来是提供给军方的高能量便利食品，也成为运动员、探险家的最爱，后来推广的范围更为广大。到了清朝高官这里，则变成了"养老扶衰"的滋补品。是谁最早向李鸿章推荐了保卫尔？不详。但在网络上，特别是在eBay网站里，我看到保卫尔当年发布的大量广告画片，领略到这个品牌曾经在市场上发起过声势浩大、丰富多彩、生动活泼的营销活动，将其营养和健身价值说成适应妇孺老幼、一切社会阶层。当年所产生的声势，广泛深入民心，才使得远隔千山万水的中国高官李鸿章，也被深深吸引，成为这个产品终身的消费者。

在李鸿章去世之后，保卫尔依然在中国上流社会流行，成为崇尚西方文明人士的一种滋补品。新版胡适传记《舍我其谁》一书记载，胡适出洋留美之前，1908年起，担任上海《竞业旬报》主编，每出一期，社中送他十块钱编辑费。1909年2月以后，胡适又在中国新公学兼职教英文，每天上六点钟的课，一礼拜教课三十个钟头，月薪八十元。然而由于学校财政困难，薪水常常不能全部领到，而《竞业旬报》也不能按期出版，胡适偶尔就要典

"保卫尔牛肉汁"的发明者约翰·庄士敦

当物品来花销。有一回刚把皮袍子质押了八元,却忽然病了,卧床几天,连书也读不得。胡适病中,朋友叶德真常去看他,聊天排遣。等胡适病稍有好转,欲喝进口补品保卫尔牛肉汁,想到前些天典当皮袍的钱还有,便请叶德真替他去黄浦滩的一家铺子买回一瓶,用掉了三块银钱。那会儿,在城隍庙吃一碗酒酿圆子只要两个铜板;吃肉面,四个铜板;乘电车,一个铜板;米价每担三元六角;学徒满师后工钱一个月一元;普通职员,六元。当时银元和铜元的兑率大概是一比一百二十八,这进口的保卫尔,价钱确实昂贵。[11]

林语堂曾说过:"英国人所感兴趣的,是怎么保持身体的健康与结实,比如多吃点保卫尔牛肉汁,从而抵抗感冒的侵袭,并

早年伦敦街头的保卫尔广告

早期广告：在所有火车站，十分钟就能喝到一杯保卫尔

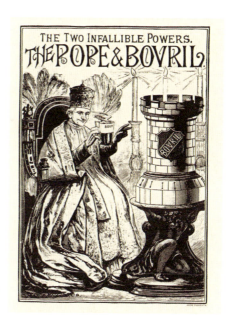

保卫尔广告：两个绝对可靠的力量——教皇和保卫尔。图中利奥十三世在饮保卫尔。利奥十三世，1878—1903年在位，和李鸿章是同时代人

一头牛来到征兵站："我听说他们需要保卫尔，我排在队伍最前面。"可见当年该产品的军用品性质

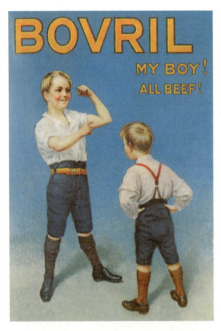

对年轻人来说，吃了保卫尔就有力量

对老年人来说，吃了保卫尔就有健康

保卫尔的新广告和新颖包装

节省医药费。"[12] 在林语堂笔下,保卫尔也是英国人强壮身体的滋补剂。

后来在香港的茶餐厅,保卫尔用热水冲兑,被称为"牛肉茶",曾经流行了一阵。在英国疯牛病流行之后,由于香港政府禁止入口英国牛肉产品,2004 年,联合利华宣布了保卫尔的新配方,推出不含牛肉、采用酵母萃取物(yeast extract),同时可供素食者食用的版本,据说口感与牛肉制品完全一样。中文名字称作"保卫尔调味酱"。但在英国本土及世界其他国家出售的保卫尔牛肉汁,仍然含有牛肉成分。从包装上看,含有牛肉的,有 BEEF 字样。

每个时代都有风行的食品和推广营销的策划手段,欧美商人善于经营销售,1886 年创制的可口可乐饮料,直到今天,依然兴旺不衰。但保卫尔,似乎已被其他形形色色的新颖食品所替代,也被绝大多数消费者所淡忘。我遍搜国内各种销售进口食品的超市，找不到保卫尔现货的踪迹。可是且慢，保卫尔并没有被雨打风吹去，在淘宝网上，我依然看到保卫尔红彤彤的包装，注明原装进口的 Bovril 品牌的 69.9 元至 94.5 元一瓶（在天猫上仅有马来西亚代购，172 元二瓶），也看到其中充斥着假冒伪劣的"李鬼"：形形色色的"保衝爾"（18 元）、"保爲爾"（25-32.8 元）、"保衡爾"（33.99 元）、"保街爾"（16 元），不一而足，说明这个滋补品，依然有着特定的市场和消费人群。一个食品品牌，前后拥有一个半世纪的生命力，还真是非常不容易的。

我忽发奇想，是否可以网购保卫尔牛肉汁来品尝一下呢？2015 年 10 月 8 日晚，我在上海"汉源汇"举办新书分享会，徐家宁也来捧场，我请嘉宾和听众一起喝了保卫尔，这在现场掀起了小小高潮。只是味道又咸又稠，大概和所有人的想象和期望都不一样。服务生兑了水后，依然感到滋味奇特，有人说像是"酱油加板蓝根"。有个读者评论说，白兰氏鸡精也是这种味道。但毕竟通过互联网，我找到李鸿章生前喜爱的同款滋补品，这种历史与现实的穿越，重返历史现场的实践，不仅体现在观感上、文字上，还体验在味蕾上，是一种非常有趣的感受，也是一次电商采购实践，就这一点说，我们比前代人真是方便得多了。

那天在汉源汇品尝保卫尔，总体在口感上是不太令人满意的。会后我一直想，就凭这样的味道，李鸿章、吴汝伦和胡适等一干大人先生，为什么就会痴痴地着迷呢？或许是冲兑比例没有掌握好？后来听说，在上海徐家汇附近的一家秉承香港风范的"查餐厅"，仍有"保卫尔牛肉茶"出售。作为再一次的体验，我访到查餐厅，花 18 元点了一杯正牌调制的牛肉茶。片刻，牛肉茶盛在一只老式的玻璃杯中被端将上来，轻呷一口，味道依然是咸咸的，感觉比我们冲兑的更淡些。在那股奇特的前调过后，舌苔上泛出

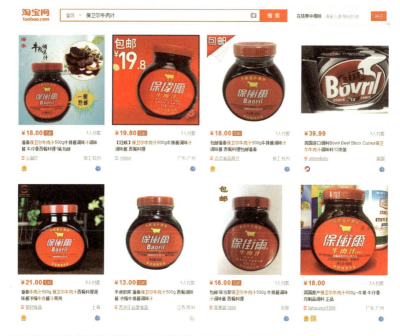

网上销售的各式各样"保衛爾""保衝爾""保爲爾""保偉爾"等

今日上海"查餐厅"仍在出售的香港风味"保卫尔牛肉茶"

喝保卫尔牛肉汁,与李鸿章同款

些许鲜鲜的滋味来，这种独特的味道，我是深深地记住了。

2015 年 11 月

1　刘声木：《苌楚斋随笔 续笔 三笔 四笔 五笔》，下册，第 931 页。
2　吴汝纶：《与王西渠》，癸巳四月二十五日，《吴汝纶尺牍》，第 47 页。
3　李鸿章：《致李经方》，光绪十六年三月初十日、四月十八日，《李鸿章全集》，第 35 册，第 42、63 页。
4　《翁同龢日记》，光绪十六年七月十四日，第 5 册，第 2427 页。
5　《翁同龢日记》，光绪十七年十一月初六日，第 6 册，第 2527 页。
6　《翁同龢日记》，光绪二十一年正月二十日，第 6 册，第 2824 页。
7　《翁同龢日记》，光绪二十二年八月十四日，第 6 册，第 2981 页。
8　吴汝纶：《与王小泉》，癸巳五月十一日，《吴汝纶尺牍》，第 49 页。
9　吴汝纶：《与王佩卿》，甲午四月二日，《吴汝纶尺牍》，第 123 页。
10　顾炳权编著：《上海洋场竹枝词》，第 161 页。
11　江勇振：《舍我其谁：胡适》，第一部，第 4 页。
12　林语堂：《中国人》，第 327 页。

临事方知一死难

李鸿章最后岁月的新考证

李鸿章在总布胡同宅第去世

我曾经有个误解,认为李鸿章去世的地点是在北京贤良寺。这个说法,最初是读大学时从梁启超所著传记《李鸿章传》一书中看来的。贤良寺位于东城的核心地段,北面是金鱼胡同,西面是校尉胡同,与王府井大街仅隔着东安市场。清末,贤良寺西跨院对外出租,类似高级招待所,进京觐见的大员清晨从东华门入宫,这里是个便捷的居停之处。李鸿章到京出差办事都借寓此处。三十多年前,1988年,我到贤良寺去踏访,当时住在西跨院的八旬老人王懋章先生,也说李鸿章死在这个院子。他说他父亲1916年就搬进西跨院住了,对院子的前后变迁和掌故极为熟悉。1990年,我写了《踏访贤良寺》,发表在《解放日报》的"朝花"副刊上。后来扩充、修订成《半生名节:贤良寺·李鸿章》(见拙著《天公不语对枯棋——晚清的政局和人物》),都介绍了这个观点。

加深我对于李鸿章住在贤良寺印象的,是曾国藩孙女婿吴永的晚年回忆《庚子西狩丛谈》。吴永用了很多细节,记述李鸿章1895年签订《马关条约》之后,被免去直隶总督、北洋大臣的职务,挂着大学士和总理衙门大臣的头衔,在北京工作和生活。"久

李鸿章在贤良寺西跨院内与随从及俄军军官合影

居散地,终岁僦居贤良寺。"他描述说:

  公每日起居饮食,均有常度。早间六七钟起,稍进餐点,即检阅公事;或随意看《通鉴》数页,临王圣教一纸。午间饭量颇佳,饭后更进浓粥一碗、鸡汁一杯。少停,更服铁水一盅,即脱去长袍,短衣负手,出廊下散步,非严寒冰雪,不御长衣。予即于屋内伺之,看其沿廊下从彼端至此端,往复约数十次。一家人伺门外,大声报曰:"够矣!"即牵帘而入,瞑坐皮椅上,更进铁酒一盅。一侍者为之扑捏两腿;良久,始徐徐启目曰:"请君自便,予将就息矣,然且勿去。"时幕中尚有于公式枚等数人,予乃就往坐谈。约一二钟,侍者报中堂已起,予等乃复入室;稍谈数语,晚餐已具。晚间进食已少。饭罢后，予即乘间退出，公亦不复相留，稍稍看书作信，随即就寝。凡历数十百日，皆一无更变。[1]

吴永虽然没说李鸿章死于贤良寺，但他对李鸿章在贤良寺居住时栩栩如生的描绘，给我带来联想上的误导，一些李氏传记的作者恐怕也是如此。一直记得拜访王懋章先生的那个夜晚，我站在西跨院，想象着李鸿章背负双手，在屋檐下从东厢房到西厢房之间往复散步的情景。西跨院一年之后拆除了，空地上盖起了校尉小学，我多次拍过照，收录在《天公不语对枯棋》一书中。

此外，李鸿章的老部下、四川总督刘秉璋之子刘声木在《苌楚斋三笔》中也记录：

光绪庚辛之间，合肥李文忠公鸿章以议和居京，气体已衰，而饮啖甚豪。其家中虑其食多，恒量为裁制，文忠转不悦，常因食多致疾。西医属其不必多食，不听，属其不必食某物，亦不听。又属其万不可食糯米物，本日即饱食，次日仍自告西医。时合肥郑魁士总戎国俊亦在京，时至贤良寺行馆，文忠尝属其私购食物，藏于袖管带来。每总戎来见，文忠必尽逐诸客，幕客多戏谓之袖筒相会。……病故之前十日，因食多，致疾甚厉。西医因屡进忠言不听，直告之曰："中堂再如是乱吃，必须死矣。"文忠不听而去，语人曰："西医之言何戆也。"又逾七日，西医已谓万不能治。文忠之如夫人莫氏，即季皋侍郎经迈之生母，犹日求单方服之，未二日即病故。[2]

最近，我阅读张佩纶家藏信札，却发现这些颇有背景的作者多年之后的回忆，远不如李鸿章去世前后当事人所写的信件来得准切。其中首次披露的张佩纶致侄子张人骏（时任山东巡抚）函，十分明确地指出：李鸿章"殁于总部第中，盖七月病后销假，亦眠

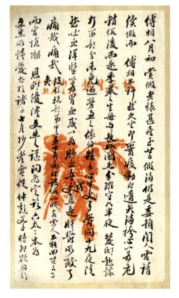

张佩纶致张人骏亲笔信

食需人，不能回贤良寺矣。"³ 所谓"总部第"，即现在西总布胡同的宅第。

这带来了新结论。

总布胡同，因明朝的总捕衙门设在此地而称作"总捕胡同"，乾隆年间改作"总部胡同"，至清末改称总布胡同，且以朝阳门内南小街为界，分称东、西总布胡同。

再查史料，光绪二十四年九月初二日（1898年10月16日）李鸿章致李经方函，落款处即写"仪翁书于总布胡同寓"。⁴ 证明早在戊戌年间李鸿章即已入住，并非如人们所理解的一直住在贤良寺。光绪二十五年四月十二日致李经方函，又作"仪翁书于总布胡同寓斋"。⁵ 同年十一月二十六日，他约德国驻华公使克林德二十八日上午"惠临贤良寺敝寓面谈一切"，可见贤良寺仍是他的居停。⁶ 接着，李鸿章出任两广总督，离京南下广州，北京爆发义和团事变和八国联军的入侵。光绪二十六年正月二十九日，李鸿章致盛宣怀的电报中提到："总布胡同住宅既有成说，务勿为浮言所惑。"[7] 同年闰八月十八日（1900年10月11日），李鸿章以议和全权大臣的身份，在俄国军队护送下，从天津重返满目疮痍的北京，住在贤良寺，[8]也在这里接待访客。贤良寺的大门外由高大健壮的西伯利亚枪手警卫，二道门由他自己的侍从团把守。外国人记载，"总督的卧室位于第二个庭院的一侧，非常简陋"，[9]坊间流传他已被俄国人控制。联军宣布，在北京城被占领的情况下，另一位议和大臣庆亲王奕劻的住地和贤良寺，为联军仅承认的"清国政府管辖的两个小院"。九月初六日，女儿鞠耦给他写信，信封地址是"速寄都城贤良寺"。其他家信，也都寄往贤良寺。我所见到写有贤良寺的最后一个信封，是光绪二十七年八月十三日。九月十八日张佩纶致李鸿章家信，出现了"都城总部胡同"地址。这个实寄封，与他致张人骏信件的内容，可以相互印证，两处居所，李鸿章都在使用。

再检阅张佩纶日记。光绪二十七年四月二十六日（1901年6月12日），张佩纶在日记中写道："季皋母子到，住总布胡同，师相晚饭后回宅。"次日又记：早上"师相八点半回辕"，处理完一天公务后，"仍回总布宅"。五月初五日，他早晨"未至总布宅拜节。季皋来，与之同陪幕府公宴。宴后作书，止师相回寺，以今日腹泻，三遗矢也"。[10] 季皋即李鸿章第三子李经迈，其生母为李的姨太太莫氏。日记记录了莫夫人在辛丑议和后期到达北京，照料李鸿章生活起居，住进总布胡同自宅的情况，以及端午节李鸿章拉肚子，住在总布胡同宅中，张佩纶和众幕友聚餐后，写信劝阻李鸿章不要前来贤良寺的细节。

由此可以判定，贤良寺是李鸿章的行辕，既具有办公会客功

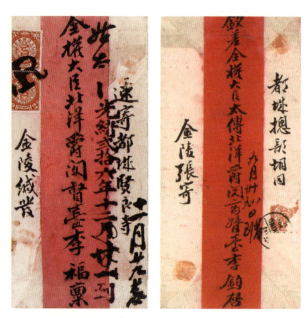

张佩纶寄李鸿章,分别写有贤良寺和总部胡同地址的实寄封

能,又可以住宿,而为世人熟悉。总布胡同则是私宅,李鸿章生命的最后岁月,按照传统习惯,应当在家中寿终正寝,所以病重之后,他就转回到总布胡同居住了。

谈判《辛丑条约》

我们知道,《辛丑条约》是中国近代史上空前屈辱、赔款最多的一个不平等条约,庆亲王奕劻和李鸿章作为全权大臣,代表清政府在条约上签字,李鸿章为此背负了卖国贼的恶名。其实,《辛丑条约》源于八国联军占领北京,慈禧、光绪两宫逃亡,中国面临被占领和瓜分的民族危机。八国联军入京,源于义和团攻打使馆,各地滥杀教民,清政府还向西方各国宣战。义和团源于山东教案引起的瓜分危机,和戊戌变法失败后洋人同情光绪皇帝而引起的慈禧太后的怨恨。而戊戌变法,源于甲午战争失败后社会各阶层力图改革振兴的努力。这是一场绵延半个世纪的历史变迁,中国第一次现代化进程失败后所面临的深刻危机,以一种扭曲和愚昧排外的形式表现出来。

对于现代化进程失败,李鸿章当然有不可逃避的历史责任。李鸿章很早就认识到中西方的实力差距,主张学习西方先进军事装备和技术,但在每一场对外危机来临之时,他又认为既然打不过列强,就要避免决战,主张妥协。第一次现代化失败的转折点,是中国军队在甲午战争中的全军覆没,其中重要原因,与贪腐、军事技能低劣和望风而逃、毫无必胜信念直接相连。李鸿章后来在贤良寺里对吴永说,我办了一辈子的事,练兵也,海军也,都是纸糊的老虎,何尝能实在放手办理?不过勉强涂饰,虚有其表,不揭破犹可敷衍一时。如一间破屋,由裱糊匠东补西贴,居然成一净室。乃必欲爽手扯破,自然真相破露,不可收拾,但裱糊匠有何术能负其责?这是自我开脱,作为洋务运动的最高负责人,花费了巨大的国帑资源后,怎么能用一句轻飘飘的"裱糊匠",就把自己的历史责任开脱掉呢?

但就事论事地说,李鸿章庚子年奉诏入京,是为了解决当时最严重的国家困境,通过谈判和妥协,让两宫平安回京,恢复主权和秩序。此时,清政府极度虚弱,首都被敌占领,从高级官员到普通百姓毫无颜面,军队也不具备抵抗的斗志。义和团攻打使馆区,许多百姓跟着看热闹,联军攻打北京城,许多老百姓也跟着看热闹。北京被占领后出现的最刚烈反应,就是一些官员举家投井或上吊自杀。从下图李鸿章衣衫褴褛的轿夫随从,即可透射

李鸿章从贤良寺乘轿出发,去进行议和谈判(照片由徐家宁提供)

出大清帝国奄奄一息的惨状。

梁启超在《李鸿章传》中曾经设想:

> 当是时,为李鸿章计者曰,拥两广自立,为亚细亚洲开一新政体,上也;督兵北上,勤王剿拳,以谢万国,中也;受命入京,投身虎口,行将为顽固党所甘心,下也。虽然第一义者,惟有非常之学识、非常之气魄,乃能行之,李鸿章非其人也。彼当四十年前方壮之时,尚不敢有破格之举,况八十老翁安能语此?故为此言者,非能知李鸿章之为人也。第二义近似矣,然其时广东实无一兵可用,且此举亦涉嫌疑,万一廷臣与李不相能者,加以称兵犯厥之名,是骑虎而不能下也,李之衰甚矣!方日思苟且迁就,以保全身名,斯亦非其所能及也。虽然,彼固曾熟审于第三义,而有以自择。

从后来披露的史料看,英国驻香港总督卜力(Sir Henry Black)曾经谋划过"两广独立",拥李鸿章为王或总统,联络流亡日本的孙

庆亲王奕劻和李鸿章在签署《辛丑条约》时与各国公使合影

中山来施行新政。孙中山在日本友人宫崎寅藏的陪同下已经乘船到达香港外海,但李鸿章最终选择第三策,北上与各国谈判和约。这是一项极为艰难的使命,但在当时特定的环境下,却得到朝野的普遍赞扬,与后来史书中千夫所指的气氛完全不同。时人说他"晚年因中日一役,未免为舆论所集矢,然自此番再起,全国人士,皆知扶危定倾,拯此大难,毕竟非公莫属,渐觉誉多而毁少,黄花晚节,重见芬香,此亦公之返照也"。[11]梁启超也说,"天下唯庸人无咎无誉",他对李鸿章,总体上说是佩服的,而非简单地斥之为"卖国"。

前些年有部流行的电视剧,说在《辛丑条约》签字时,庆亲王奕劻踌躇不定,手一直发抖,几次拿笔又放下。李鸿章对庆王说:"人最难写的就是自己的名字,签在这卖国条约上,就是千古骂名,王爷还年轻,路还长着呢,还是由我来吧。"这显然是令人惊讶的胡编乱造。若无流亡西安的清廷慈禧太后和光绪皇帝批准,若无首席全权大臣奕劻和他共同签字,列强能够承认《辛丑条约》

的合法性吗？在京期间，李鸿章承担巨大压力与列强周旋谈判，筋疲力尽、身心交瘁，最后抑郁而亡。若说他私下还有什么个人快感，恐怕是借洋人之口，迫使朝廷诛杀和放逐了官场中几个最顽固保守、盲目排外的政治对手，同时保全慈禧太后本人不被追究。他是老谋深算的政治家，岂会主动代庆王当背锅侠，去独自签订什么"卖国条约"？

当年法国媒体曾经这样评价他：

> 李鸿章是一个无人可比的外交奇才，比如说，他经常出尔反尔，广泛进行舆论宣传，善于利用各种矛盾寻求利益最大化。三十年间，他没少在各种协议上签名。李鸿章作为议和大臣，曾与英国、日本、法国、俄国等国家就甘托克、缅甸、朝鲜、北圻，清朝的台湾、伊宁、满洲等地进行谈判，也曾指挥军队，与这些国家兵戎相见。他用尽一切办法捍卫国家主权及领土完整。
>
> 近年来，李鸿章却显得有些进退失据。参与戊戌变法的维新人士将早期积极参加洋务运动的李鸿章视为顽固的保守派。而1898年9月慈禧太后发动政变后，李鸿章却被深受保守派影响的慈禧太后弃用。
>
> 义和团运动将这位外交家的外交生涯推至顶峰。他再次挽救了清朝政府。但是，条约的签署却令他悲痛万分。他不希望清朝沦为各国的势力范围，而条约却使得清朝不得不向各国彻底敞开了大门。[12]

李鸿章临终情景

关于李鸿章临终的情形，在前述张佩纶致张人骏的信中透露了重要信息：

> 傅相八月初赏假，老怀甚喜。至廿日假满，仍是委顿。闺人（即张佩纶夫人李经璹）电请续假而傅相不许，然久坐即腰酸，动即遗矢满裤，心以为危。销假后，尚是季皋（李经迈）之生母（即李鸿章妾莫氏）与长孙国杰分班守下半夜。庆邸赴豫，行留部分，未免过劳。兼之俄约棘手，心中更多郁闷。十九夜陡然吐血，洋医以为胃血，吾谓直是肝郁所致耳，痛哉痛哉！

此前，七月二十三日，李鸿章已患感冒，鼻塞声重，精神困倦。但由于二十五日（1901年9月7日）为签订和约的日子，他还是抱病前往西班牙公使馆画押，回来后病情加重，寒热间作，痰咳不止，饮食不进，[13]心中满是悲愤和无奈。八月一日，慈禧太后懿旨赏假二十天。在此期间，八国联军开始从北京撤退，太后、光绪两宫从西安准备回京，李鸿章和庆王继续就相关事项与外国公使洽谈。二十一日，李鸿章电奏："静养两旬，诸病痊愈，惟身体软弱，腰腿酸痛，尚可力疾从公，应即销假。"[14]二十九日，庆亲王奉旨前往河南迎銮，北京的局面和剩下的交涉就交李鸿章一人承担。这一时期，李与俄国谈判俄军从东北撤退极不顺利，俄国人还增加了要求中方向华俄道胜银行转让路矿权益的内容。他的健康继续恶化，用张佩纶的话，久坐腰酸，稍动则大便失禁。在这样衰弱的状态下，九月十九日仍去俄国使馆谈判和争吵，回来后呕血一碗，医生说是胃血管破裂，必须静养，只能服食鸡汤、牛奶、参汤等流汁。李的病症加剧，绝非刘声木所述"贪食"引起。美国报纸报道："和俄国公使雷萨尔（Павел Михайлович Лессар）关于满洲条约的激烈争执，似乎是导致李鸿章死亡的直接原因。"他们进行的"是一场风暴式的争执。李鸿章带着强烈的

1901年夏天时的李鸿章

情绪回到家中，并出现大出血"。[15]此后还有随员记录，说他语多舌强，所论皆公事时事，心神似觉恍惚。但在对俄交涉上，始终没有退让。吴汝纶说："西人常言傅相遍体皆老，独脑气不老。此公关国休戚，祝其长生者，殆遍天下也。"[16]二十五日，李鸿章之子经述、经迈致电盛宣怀，说父亲以庆王不在，恐怕事情延搁，总是不遵医嘱，起床办事，而身体难以支撑。请他密电枢府，将病情如实报告以争取假期休息。"中外以此老为孤注，亦宜加意护惜，留以有待"。[17]

也是在这个时候，盛宣怀忙不迭地为太后回銮的专车采购各色器物和食品。本来下令向洋人宣战，又被洋人打得逃往太原、西安的太后，现在乘坐的御用火车车厢里，要配置镀金钢丝外国铜床，御床用洋绸枕头，外国红缎黑缎镶褥。黄、红绒背垫外国单靠椅，大餐陈设用五色玻璃插花大花瓶，镀银西式刀叉，高脚玻璃酒杯、细洋瓷咖啡具，甚至还有进口葡萄酒、咖啡、外国辣子、外国酱油、香水、牙刷和肥皂盒。

李鸿章于九月二十七日（1901年11月7日）上午11时去世。西医说他违背医嘱坐起来工作，所以身体迅速恶化。"出血已经基本得到控制，"美国医生满乐道（Robert Coltman）说，"慢性胃炎和持续恶心造成的情况，病人只能服用最温和的流质食物。昨天李鸿章很愉快且不再疼痛，但今天早上2点他失去意识，并且不再能够吐痰。"[18] 留京办事大臣那桐则记录，他在二十六日已经觉得李鸿章危在旦夕，遂致电给军机处，请朝廷预备重臣接替李鸿章；给庆王发电，向他通报情况；又给布政使周馥发电，要他迅速来京照料。[19]

老部下周馥赶到时，李鸿章已身着殓衣，处于呼之能应口不能语的状态。延至次日中午，目犹瞠视不瞑。周馥哭号着说：

老夫子有何心思放不下，不忍去耶？公所经手未了事，我辈可以办了，请放心去吧！

李鸿章忽然目张口动，欲语泪流。周馥一面哭号，一面用手抚其眼睑，李鸿章的双眼方才合上，须臾气绝。[20]

死后的报道和哀荣

李鸿章死了。次日，上海《申报》在第二版上发出一条简讯：

昨日午后四下钟越三十分时，京师飞传专电到来，译悉：本日午刻，李傅相开缺。因患呕血。电文甚简，余未及详。[21]

万里之外，《纽约时报》的消息则详细得多：

北京11月7日消息。李鸿章今天上午11时去世。他的身体状况从昨天（周三）上午开始恶化。

美国记者的报道还写道：

前一天晚上9时，李鸿章已经穿上了寿衣。衙门的院子里放满了实物大小的纸马纸椅、纸扎的苦力挑夫，这些是李的朋友赠送的。根据中国风俗，纸人纸马将被焚烧，以随他的灵魂去天堂。

李鸿章去世时，他的夫人和两个儿子以及女儿和他在一起。

衙门挤满了中国官员。召唤庆亲王的电报已经发出，他现在正在觐见朝廷的路上。庆亲王被认为将总体负责政府事务。电报还自保定府召唤布政使周馥前来，他将在李的继任者被任命之前护理直隶总督，继任者可能是袁世凯。

中国官员有些难以料想李鸿章去世对大众的影响。为防止潜在的反对外国人的示威，中国将军们已在城里布置军队以控制局面。不过出现问题的可能性非常小。[22]

另一家美国报纸报道说：

早上11点，李鸿章在安静中死去。他的生命力逐渐消失，在一段时间后，他失去了意识，但仍显示出极顽强的生命力。他在午夜聚集起所有的力量，半清醒过来，并吃下一些营养品，看上去也能认出他的亲人们。

外国医生昨天很早时离开了他，说已经没有什么可以做的了。他的私人医生屈永秋大夫随后接手。外国医生和清朝医生之间的争辩对这位病人来说，已经没有任何影响了，因为他早已丧失复原的希望。[23]

还有外国画报配上插图，并对驻京外国公使的吊唁做了介绍：

外交团在李鸿章去世后第三天拜访李鸿章的家人并表示哀悼。他们受到了北京高级官员的接待。外交团首席，奥地

外国公使吊唁李鸿章

利公使齐干（Baron Czikann）作为发言人向死者的儿子作了简短致辞。李的两个儿子穿着白色的丧服，戴着模样古怪、似乎是用玉米秆编成的皇冠式帽子。在死者遗体供人瞻仰期间，房屋前搭了一座亭阁，亭阁中央有个祭坛，上面有个香炉用来盛放香灰。祭坛脚下堆着供品，背后有一块碑，记载着死者的荣誉和美德。吊唁结束时，公使们来到祭坛前逐一鞠躬。

二十七日这天，慈禧、光绪两宫从河南汜水启銮，下午到达开封府荥阳县。这时接到电报，获悉李鸿章于午刻逝世。随行的吴永写道："闻两宫并震悼失次，随扈人员，乃至宫监卫士，无不相顾错愕，如梁倾栋折、骤失倚侍者。"随即公布上谕，赐谥号文忠，追赠太傅，晋封一等侯爵，入祀贤良祠。后来还追加了多项恩赐，其中有一项，是在他立功的省份，建立专祠，进行纪念。可见在当时，李鸿章享受到了极高规格的哀荣。

北京宅第改建为祠堂

关于李鸿章临终前的两个住地的细微之别,目前除张佩纶、李鸿章的信件和日记提到之外,我们所知甚少。外国公使吊唁的灵堂,《纽约时报》称作"李鸿章最后的衙门"(the late Li-Hung-Chang's yamen),估计是在贤良寺。[24] 其实这两处地方距离甚近,沿贤良寺正门所在的煤渣胡同东行至东单北大街,路对面就是东堂子胡同,总理衙门设在这里。向南折拐,是石大人胡同(今外交部街),再往南,就是西总布胡同。八国联军攻打北京的重要导火线,是德国公使克林德(Baron Clemens Ketteler)前往总理衙门途中,在西总布胡同口被神机营章京恩海击毙。《辛丑条约》第一款,就是在此建一座纪念牌坊。第一次世界大战德国战败后,牌坊被拆迁到中山公园。

由于后来李鸿章祠堂设在西总布胡同27号,我们由此确定这座宅第的确切地址。至于产权是租赁还是自购,以及购买和使用的细节则说不清楚。目前还见到光绪二十六年正月二十九日李鸿章致盛宣怀电报中提及:"总布胡同住宅既有成说,务勿为浮言所惑。"[25] 这个新结论的诸多细节,尚待继续考证。

据记载李鸿章祠堂旧时门牌15号,在西总布胡同中段北侧,坐北朝南,后墙至外交部街南侧。祠堂名"表忠祠",光绪二十八年(1902年)由李鸿章寓所改建而成。祠堂占地面积八千多平方米。主体建筑为大门、仪门、前殿、享堂及东西配殿、碑亭等建筑构成的二进四合院,主要建筑顶部均覆黑琉璃瓦。享堂三楹,为歇山顶斗拱式样,前有月台三出陛。院墙砖砌,外抹红垩土,顶部覆灰色筒瓦,显然是在民居基础上做了改造,以符合祠堂的规范。

刘秉璋的儿子刘体智说,慈禧太后本来想让李鸿章配享太庙,

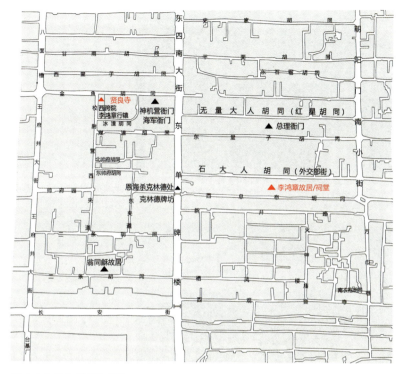

贤良寺和总布胡同示意图

被军机大臣鹿传霖的一句话搅黄了。当时鹿传麟六十五岁，拙于言论，耳已重听，但在关键场合、关键岗位，"为福不足，为害有余"。当时枢臣代拟懿旨，鹿传麟突然问道："祀于何处？"即跟在哪位先帝的排位之下？各位同僚便掐指盘算：若配享文宗，则咸丰朝时李鸿章刚刚入仕，未立功勋；配享穆宗，则同治朝中兴勋业，不乏其人，未可显分厚薄；至于当下，光绪帝活得好好的，更不可行。这样便觉得懿旨难于措词，事情就搁置下来。[26]

配享未成，便建祠堂。李鸿章有多个祠堂，按照以往"立功"的省份，分别设在上海、天津、保定、南京等地。北京则显得特

西总布胡同 27 号，现在是国家大剧院创作中心

李鸿章祠堂后半部现为东城区档案局，在北墙开门挂牌，地址为外交部街甲 28 号

李鸿章祠堂仅剩下这段红色围墙

别，大官们都在这里上班办事，机关工作，谁有特别的功劳呢？然而李鸿章可以，他凭着庚子议和，成为清代惟一在京师建立专祠的汉人官吏。只是地方，似乎是李家自己拿出来的。

1949年以后，李鸿章祠堂被改为北京市第一人民文化馆分馆、东单文化馆、东城区文化馆。1978年拆除前院建筑及大门，建成两层的东城区文化办公室的办公楼。目前挂牌国家大剧院创作中心。1991年拆除后院享堂、配殿，建成四层楼房，东城区档案局和档案馆迁入，北墙另开大门，门牌为外交部街甲28号。整个李鸿章祠堂，目前仅剩余一段红色的院墙，昔日建筑，荡然无存。

如今，从贤良寺旧址（校尉胡同的校尉小学）到总理衙门旧址（东堂子胡同49号）再到西总布胡同李鸿章祠堂一线，是可以作为怀古的游览路线走一走的。虽然每座具体的古建筑皆已不存，但东堂子胡同、外交部街和西总布胡同一带大部分四合院落还都破落地健在。往内窥看，规模宏大、纵深辽阔、保养不善，每个院落都有自己独特的历史。行走在陈旧的胡同里，远处CBD的中国尊大厦赫然在目，能够感受到历史与未来的对话，也能够看到城市的变迁。至于古迹保护，对不起，北京恐怕是中国地面古建筑最丰富的城市，也是最不在乎、拆迁得最凶猛的城市，这个话题，此处不说了。

2018年11月

1　吴永：《庚子西狩丛谈》，第106—107页。
2　刘声木：《苌楚斋随笔 续笔 三笔 四笔 五笔》，第551—552页。
3　《张佩纶致张人骏》，光绪二十七年，《张佩纶家藏信札》，第5册，第2764页。
4　李鸿章：《致李经方》，光绪二十四年九月初二日，《李鸿章全集》，第36册，第196页。
5　李鸿章：《致李经方》，光绪二十五年四月十二日，《李鸿章全集》，第36册，第224页。
6　李鸿章：《复德国钦差克》，光绪二十五年十一月二十六日，《李鸿章全集》，第36册，第 253 页。

7　李鸿章：《寄盛京堂》，光绪二十六年正月二十九日巳刻，《李鸿章全集》第 27 册，第 12 页。
8　叶昌炽：《缘督庐日记》，庚子闰八月十九日，第 5 册，第 3227 页。
9　《旧金山清朝领事谈李鸿章》，《呼声晨报》1901 年 11 月 17 日，载《西洋镜》，第 15 辑，《海外史料看李鸿章》，下册，第 515 页。
10　张佩纶：《涧轩日记》，上海图书馆藏稿本。
11　吴永：《庚子西狩丛谈》，第 106 页。
12　《李鸿章》，法国《世界画报》，1901 年 11 月 16 日，《西洋镜》，第 15 辑，《海外史料看李鸿章》，下册，第 502— 504 页。
13　李鸿章：《寄西安行在军机处》，光绪二十七年八月初一日，《李鸿章全集》第 28 册，第 426 页。
14　李鸿章：《寄西安行在军机处》，光绪二十七年八月二十一日，《李鸿章全集》第 28 册，第 436 页。
15　《和俄国公使雷萨尔的激烈争执加速了李伯爵的死亡》，美国《呼声晨报》，1901 年 11 月 9 日，《西洋镜》，第 15 辑，《海外史料看李鸿章（下）》，第 499 页。
16　吴汝纶：《谕儿书》，光绪二十七年九月二十一日，《吴汝纶尺牍》，第 407 页。
17　《李经述、李经迈致盛宣怀电》，光绪二十七年九月二十五日，《盛宣怀档案资料选辑之七：义和团运动》，第 662 页。
18　"Death of Li-Hung-Chang", *The New York Times*, Nov.7, 1901.
19　《那桐日记》，光绪二十七年九月二十六日，上册，第 404 页。
20　《周悫慎公自订年谱》，卷下，第 3 页。收入《周悫慎公全集》。
21　《译电传合肥傅相开缺事》，《申报》，1901 年 11 月 8 日。
22　"Death of Li-Hung-Chang", *The New York Times*, Nov.7, 1901.
23　《清朝将会怀念李伯爵》，美国《比林斯公报》，1901 年 11 月 8 日，《西洋镜》，第 15 辑，《海外史料看李鸿章（下）》，第 498 页。
24　"Li Hung-Chang's Obsequies", *The New York Times*, Nov.10. 1901.
25　李鸿章：《寄盛京堂》，光绪二十六年正月二十九日，《李鸿章全集》第 27 册，第 12 页。
26　《李鸿章配享之议》，刘体智：《异辞录》，第 193 页。

波特兰大街 45 号还是 49 号？

中国驻伦敦使馆的旧事

我一直对中国驻英国大使馆馆舍怀有浓厚的兴趣，这里是中国历史上第一个驻外外交机构所在地。同时，清末还曾在这里发生过绑架孙中山的外交丑闻，可算是重要的历史文化景点。

大使馆设在伦敦摄政公园附近一幢暗紫红色的古色古香的老房子里，使馆官网中这样介绍馆舍沿革：

> 中国驻英国大使馆坐落在伦敦市中心的波特兰大街 49/51 号（49/51 Portland Place），原建于 1785 年，由当时英国著名建筑师罗伯特·亚当（Robert Adam）和他的弟弟詹姆斯·亚当（James Adam）合作设计。外形美观，内部装饰华丽，是英国 18 世纪的流行建筑，为英国二级保护文物。

> 自清政府在英设立外交机构起，波特兰大街 49 号便为中国驻英公使馆、大使馆短期租用，1924 年 7 月 6 日由国民党政府驻英大使馆转为长期租用，并于 1926 年 4 月 6 日租用 51 号，两处租期均为 999 年。

> 由于房屋年代久远，1972 年中英升格为大使级外交关系后，使馆向英方提出了重建计划，经房东同意后于 1973 年获英政府批准，但只能拆除内部，保留外立面。后经协商，英方同意全部拆除，但重建时外立面需恢复原貌。

左面第一座房子为波特兰大街45号,为中国驻伦敦公使馆最早的馆舍。右面隔马路的那座,为波特兰大街49/51号,49号是曾纪泽租下的馆舍,现在仍为中国使馆

  原楼于1980年拆除,1983年6月动工重建,1985年9月竣工。新大楼由北京建筑设计院设计,英国Wates建筑公司负责施工。新楼沿波特兰大街外立面除原来的两个门改为一个门外,基本保持了原样,外形比原楼更加美观。新楼为钢筋混凝土现浇框架结构,砖墙围护;外墙为双层砖墙,中间加保温层;占地面积830平方米,建筑面积6000平方米。[1]

  这篇记载,存在两个错误。

  错误之一,中国驻英使馆的第一个馆舍其实不在波特兰大街49号,而是在波特兰大街45号。

  1876年11月17日,中国第一任驻英公使郭嵩焘率使团动身前往英国之前,中国海关总税务司赫德从北京致信中国海关驻伦敦办事处主任金登干,请他为使馆寻找馆舍,并做好各项准备工作。赫德和金登干均是清政府聘用的英籍雇员,他们虽是上下级,但私人关系极为密切,在双方的私信中几乎无话不谈,而且说得异常坦率。

关于使团成员，赫德写道：

驻英国使臣郭大人，偕副使刘大人、两名使馆秘书（二秘和三秘）、四名随员、四名译员、两名医生、六名军人（中士级的低级军官，充当勤务兵），还有他的夫人（或者不如说夫人之一）和三名女仆，以及约四十人左右的使团男仆，上星期由此启程。他可能由上海乘12月8日的邮船出发，将近元月底抵达伦敦。

在信中，赫德向金登干布置了中国外交官的住宿事宜：

假如他和他的随行人员去住饭店，开支将是十分惊人的，而他又非如此不可，除非你能为他找到住房暂住一两个月，到他找到合适的馆址永久住下为止。我将打电报要你留意这样的住房，并且，认定你肯定会找得到的。我在电报之外又补上此信（信将比郭先到），使你能更充分地了解他需要什么样的临时住房。

首先，男仆四十名可全部挤在两个房间里。他们自带被褥，可铺在地板上，会挤得像罐头里的鲱鱼。

六名勤务兵可同样地挤在一间房里。

两名医生可住一个房间。

四名译员将需要两间，四名随员又需两间。

秘书们应每人单住一间。

刘大人将需要两间：一间起居室，一间卧室。

郭大人需要两间卧室和两间起居室。

还需要一个大的餐厅和一个做饭的厨房。

这样共需十三间各等卧室，三间起居室和一间餐厅。我不知道你能否找到一所这样的房子住得下全部人员。但你或许可以找到邻近的两所房子，或者三四所，把全体人员分成两部分，分别由郭和刘率领，或者分为由郭、刘和两位秘书率领的四部分。最好是都在一所房子里，而分成两部分又比分三四部分好。这些房子的租期不要超过三个月，比如，从1月15日到4月15日前后。最普通的家具即可。一行人初到时是很脏的，在郭弄到他自己的使馆之前，他们不会收拾干净，也绝不会外出的。最主要的是需要有一个地方，使他们一到伦敦就能住进去。

赫德认为，使团需要雇佣英国仆人，他关照说：

他们还需要一些外国仆人，所以你最好准备四名左右普通的男仆，如果要找女仆的话，请找老而且丑的。

最后，对于使馆馆舍，赫德说：

关于永久性的使馆，最终会建起一所衙门的。同时，郭想建在所有其他公使集中的地区：如果其他使节住在乡间，他也住在那里；但如果他们都在城里，他也要在城里。要舒适，一所乡村住宅可能是最好的，但为了观光和学习，城里的房子较好。所以，努力安顿他住在城里。

他到伦敦之后，带他和一名译员乘马车转一下，告诉他其他使节住在什么地方。然后，请他说他想在什么地区找一所或几所房子。此后，尽你所能尽快给他找一所好房子。[2]

12月13日，赫德致电金登干，再次关照落实使馆馆舍事宜：

郭公使已动身，将于1月20日到。使团包括二十名官员和四十名仆人。郭要求你为使团准备临时住所，一所房子有十四个卧室、四个起坐间，或两所房子有同样多的带家具的房间，将足够开始所需。这些临时住所大约要从1月中旬用到4月中旬，在此期间，郭将在你的协助下选定永久性住所。中国人随身携带自己的卧具，可以挤在一起住。旅馆昂贵，

波特兰街 45 号，现在是肯尼亚驻伦敦高级专员公署

按此要求准备郭到达时的住所。注意俭省，临时性安排不必讲究豪华。郭携妻子和三名女仆。请雇四名可靠的男仆做杂务。³

1877 年 1 月 4 日，金登干给赫德回电，向他报告，已经落实了租赁地点："您 11 月 17 日来函悉。我已租到波特兰街 45 号房子，为期三个月，租金三百畿尼。"⁴ 次日，金登干还写信向赫德详细汇报情况：

> 我昨晚给您打电报说，我已为中国公使及其随员找到了一所带家具的房子——波特兰街 45 号，房主是老豪思伯爵夫人。现在找房子日益困难，不论出多少房租，人们不愿把房子租给中国人。令人喜出望外的是，昨晚从霍兰德公司那里得到消息，对方已接受了我们所出的租价。我看这所房子够大的，包括马厩上面的那些房屋，足够全体人员住用。考虑

波特兰大街 45 号还是 49 号？　　353

到地点等方面,房租是非常公道的。唯一的缺点是洗澡间和厕所太少。他们要洗澡,只好到附近的公共澡堂去;对于后一需要,我就得找一两处地方给他们建造。

我已临时雇用了一名头等男管事或管家。他将在我的批准下选用两名普通男仆。以后再逐步增添,但至少还需有两名女仆。男仆们应该住在房子里。那个管家,或管事,或总管——不管怎样称呼他——是个必不可少的人,负责督促锁门、关灯等等。[5]

1月21日,郭嵩焘使团乘船从南安普敦上岸,转乘火车和马车,晚间到达伦敦。郭嵩焘在日记中提到,"戌刻至波克伦伯里斯寓宅(亦曰波儿得兰达柏来斯第四十五号)",[6]即波特兰大街45号。

使团随员张德彝也在当日日记中,记载了他初次见到的使馆馆舍和代聘的仆人:

楼四层,每层间数不等,间间整洁,器皿齐备,帘帐陈设,床榻炉灶,虽朴素,甚为壮观。东主侯爵郝士(豪思),苏格兰人也。租金每月百零五磅,合库平银三百六十七两五钱。男司事者,有内总管一名,门丁一名,照料客厅一名,照料书房一名,照料火什物一名。女司事者,有照料房屋器具一名,洒扫者二名,女管厨一名,女厨工一名。四轮双马车一辆,跟役、车夫各一名。[7]

3月9日,金登干在给赫德的信中又提到:

他们过去的几个星期一直在找房子,但是迄未找到一所比波特兰街45号更合适的地方。今后三个月,那所房子的房租要四百五十畿尼,六个月七百畿尼。所以他们愿意继续在那里住下去。……我明天将去签订租约。[8]

中国使团就这样在波特兰大街45号安顿下来了。

郭嵩焘给全体随行人员开会，谕以"五戒：一戒吸食洋烟（鸦片），二戒嫖，三戒赌，四戒出外游荡，五戒口角喧嚷"。郭嵩焘说："摩西'十诫'为西洋立教之祖。予此'五戒'亦中国出使西洋立教之祖矣。"[9] 这也算中国最早的外事纪律。

渐渐的，他们和邻居开始交往，比如本街51号艾利斯夫人邀请他们去参加茶会、66号世爵皮带尔夫人邀请他们去跳舞、3号冯恩坦夫人请他们去喝茶。使馆翻译张德彝代郭嵩焘去21号周大立夫人家茶会时，遇上邻人怀达母女，还去47号世爵贺拉斯夫人家、23号巴那尔夫人家出席茶会。

1878年6月19日，中国使馆举办外交史上第一场招待茶会，答谢社交界的各方朋友。使馆将馆舍中的公共空间连同外交官的宿舍全部腾了出来。由大门至二层楼，左右列灯烛、置鲜花、铺红地毯。楼梯扶手上装饰白纱，挂上红穗，分插玫瑰、芍药及茶花。客厅、饭厅皆悬鲜花灯彩，横设长筵，一置茶、酒、咖啡、冰奶、小食，一置热汤、冷荤、干鲜果品。刀叉杯盘，罗列整齐，玻璃银瓷，光华耀目。客厅对面，安排乐队，悬花结彩，鼓乐喧天。还布置了临时衣帽间。门外支篷帐，雇佣六名警察维持秩序。出席嘉宾达七百九十余人，大多礼节性地稍站即离。"凡客至皆以为欣幸"，整个茶会的开支约在一千四五百两，当时出使经费中未列招待费名目，由郭嵩焘自掏腰包。而一场普通的社交活动要耗费如此开销，亦是中国人没有想到的。

1879年初，中国第二任驻英公使曾纪泽到任，他感到使馆过窄，"人多屋少，苦无术也"。翻译、随员要到别处再租房屋，成本更高，故打算重新寻找馆舍。他在日记中说：

> 言筠仙丈（郭嵩焘）意在撙节经费，故屡议另赁房屋或购置使馆，而终未办成，亦未自购器具。余思租价如此之昂，

十一二年赁值,即可购一佳屋,永为我有。又西洋于公使之寓,例不收税,然须使者自购器具,乃享免税之利,否则与住客店相等。国家取税于屋主,屋主仍摊之于赁值之中,而器具损污,又有勒索赔偿、远逾原价之弊,极不合算。是名为撙节,而实耗费也。刻下经费不裕,能否援美国之例,自置使馆,尚不可知,而旧馆既窄狭,不能安插多人,则另觅一屋,自购器具之策,断不可缓。闻英伦有一种屋宇,可长租三四十年,而租价少于买价者。如译署复函不欲买屋,则相机寻一长租之屋,亦甚合算。[10]

在送别郭嵩焘启程回国后的第二天（2月1日）,他就去本街49号看房子。后来又在布兰司登街、沙逊洋行房屋、蛮德费尔街等几处备选房屋中比较,最后还是选中49号,并与经纪人进行多次商议。当时赫德正在伦敦休假,他们讨论了新馆舍室内布置时,器物要"稍傚用中国之物"。曾纪泽主张"购置次等之货,但求坚固,不须华美",赫德认为,"运华物出洋,定须最精之品,使西人称羡乃佳。否则有损"。曾纪泽以经费支绌,犹豫未决,请赫德回华后相机图之。[11]但他本人,还是去梅布尔家具店订购了"货坚而价廉者"。此外,他从随身携来的书画中挑选数幅,以为新馆舍补壁,以节省购置西画的开支。

曾纪泽感慨,欧洲国家土地昂贵,所以城市中房屋狭窄,"好楼居"。建造出七八层的高楼,还挖地三尺,安置厨房和酒窖,"可谓爱惜地面矣"。但建造苑囿林园时,则规模务为广远,局势务求空旷。他说参观过的庄园,"大者周十余里,小则亦周二三里,无几微爱惜地面之心,无丝毫苟简迁就之规"。[12]

1879年3月29日,曾纪泽与经纪人贺兰德商定租用波特兰街49号。[13]4月18日,金登干在致赫德的信中提到:

曾侯已同意以每年一千二百英镑的租金签订租用波特兰街49号房舍，为期七年或十四年的租约，或者以一万两千英镑把那所房子的全部租借权（相当于租用三十九年）买下来。[14]

5月8日，曾纪泽与房东施南尔先生正式签订租赁协议。商定自4月25日起租，租期十四年。每年租金一千二百镑，每季度支付一次。在第一个三年及七年限满之前六个月，中国使馆可以提出退租。若使馆在承租三年内欲购买房屋，房价为一万两千六百镑，并要求在威斯敏斯特保险公司购买火灾保险，所保房价亦为一万两千镑。[15]

6月7日上午，中国驻英公使馆正式迁入波特兰大街49号新址。新老馆舍之间仅隔着47号和韦茅斯街（Weymouth Street）。当天没有举行任何仪式。

由此可见，中国使馆创始馆舍在波特兰大街49号的说法并不准确，但1879年搬家后，使馆就一直留在此地，倒是和英国社会的保守风格相吻合。1896年，清政府使馆就在波特兰大街49号诱捕和囚禁孙中山。

现在的波特兰街45号，是肯尼亚驻伦敦高级专员公署。

再谈使馆官网上的第二个错误，说馆舍1924年7月6日由国民党政府驻英大使馆转为长期租用，显然也是错的。那时主持中国外交事务的，是设在北京的北洋政府，此系一般常识，本文不赘述。

2015年4月初稿

2018年3月修订

附记：

我在2012年拜访中国驻英使馆时，曾指出使馆官网上的错

中国驻英使馆新旧馆址与周边环境鸟瞰

误。2015年4月,本文在"腾讯·大家"专栏初次发表,再次完整讲述了驻英使馆馆舍选址的来龙去脉,但迄今仍未见到使馆官网的修改。英国是一个秉持保守传统的国家,但我国使馆对于自身官网上存在的技术错误,为什么一直固执己见,修订一下有什么困难吗?

2018年4月

1　http://www.chinese-embassy.org.uk/chn/sgzc/zjsg/t687654.htm。
2　《赫德致金登干函》,1876年11月17日,《中国海关密档》,第1册,第460—461页。
3　《赫德致金登干电》,1876年12月14日,《中国海关密档》,第8册,第98页。
4　《金登干致赫德电》,1877年1月4日,《中国海关密档》,第8册,第102页。
5　《金登干致赫德函》,1877年1月5日,《中国海关密档》,第1册,第480—481页。
6　郭嵩焘:《伦敦与巴黎日记》,光绪二年十二月初八日,第94页。
7　张德彝:《随使英俄记》,第309页。
8　《金登干致赫德函》,1877年3月9日,《中国海关密档》,第1册,第514页。
9　郭嵩焘:《伦敦与巴黎日记》,第100页。

10 《曾纪泽日记》,光绪五年正月二十一日,中册,第839页。
11 《曾纪泽日记》,光绪五年二月初十日,中册,第847页。
12 《曾纪泽日记》,光绪五年正月二十日,中册,第838页。
13 《曾纪泽日记》,光绪五年三月初七日,中册,第856页。
14 《金登干致赫德函》,1879年4月18日,《中国海关密档》,第2册,第186页。
15 《中国驻英使署租契》,1879年5月8日;《卫思敏思德尔保火险局保险凭单》,载吴宗濂:《随轺笔记》,第416—423页。按:房价(包括保险合同所保房屋价格)原文如此,按租房合同,系四十五年之租价为房屋售价,则价格似有问题,待考。

绑架和营救孙中山

中国驻伦敦使馆的旧事再说

孙中山被囚清使馆

1895年10月，孙中山在广州发动第一次反清武装起义，失败后流亡日本、美国。1896年9月30日，他辗转来到英国，去看望在香港西医书院学医时的老师康德黎（Dr. James Cantile）和孟生博士（Dr. Patrick Manson）。没想到，清政府驻英公使龚照瑗策划了一个阴谋，将孙骗进公使馆，囚禁在四楼的一个小房间里，然后打算包一艘轮船，偷运回中国处死，此事成为轰动伦敦的重大新闻，在英国政府和舆论的强大压力下，清使馆被迫放人。孙中山将其经历写成《伦敦被难记》。这段传奇故事，也使他成为享誉英伦的著名革命家。

孙中山不知道的是，他乘白星轮船公司"庄严"（Majestic）号轮船从利物浦王子码头上岸后，中国公使馆的英籍参赞马格里爵士（Sir Macartney Hallida）就聘请司赖特侦探事务所（Slater's Firm）的侦探盯梢他。他的登岸时间、前往伦敦乘坐的火车车次、到伦敦居住的赫胥旅馆（Haxells Hotel），乃至后来坐过的出租马车车号、逛过的街道商店、平时的行动规律，都原原本本报告给使馆，直至孙中山被他们绑架到手方才停止。[1] 马格里还与英国外交部协商，请

波特兰大街49/51号中国使馆

求代为抓捕,但因中英两国没有签订过引渡条约而作罢。[2]

马格里是苏格兰人,与乾隆年间英国派往中国的马戛尔尼伯爵属于同一个家族。早年学医,随英法联军远征中国,后来在李鸿章属下的外国雇佣军"常胜军"中与太平天国作战,学会了中文,还加入了淮军幕府,协助创办了金陵机器局。他给自己取了一个中国式的"字",叫"清臣",表示是大清的臣民。1876年,郭嵩焘筹建驻英使团,他经李鸿章推荐,担任使团秘书,同赴伦敦,后来官至使馆参赞,是一个中英双方都接受的跨国外交官。

作为一个流亡者,孙中山此次伦敦之行,除了看望老师,似乎并无其他使命。连盯梢的侦探也感到无聊,例行报告中写道:"没有什么重要的事情发生,此人常常在主要的街道上散步,四周顾望。他不在家里吃饭,到各种饭馆去吃。"然而他却遭遇了一场性命攸关的无妄之灾。

10月11日，孙中山被囚禁后，一直设法说服英籍管家和仆人去向康德黎老师求救。17日夜间11时，已经上床的康德黎听到了门铃声，他在房门口拾到一封塞进来的短信：

> 您有一位朋友自上星期日起，一直被囚于清使馆内。他们想把他送回中国，到那里肯定要绞死他。这可怜的人够悲惨了。如果不想办法救他，他就会神不知鬼不觉地被送走。我不敢在信上签名，但我说的是真话，请相信我。不管您想什么办法，最要紧的是马上行动，要不然就来不及了。我想他的名字是孙逸仙。[3]

这封信是使馆女管家郝维太太悄悄送来的。康德黎立即披衣出门，他想到马格里参赞家就在附近，于是先去哈利街3号寻找马格里询问。康德黎认为，作为英国人，马格里不会容忍在伦敦出现这种暴行。但马格里不在家。康德黎旋去玛丽庞分区警察局报警，基层警官对于这样一个涉外绑架案不知如何处置。康德黎又赶往苏格兰场（伦敦警察厅）再次报警，警方记录的证词时间是18日0时30分。探长表示，他们无法对外国使馆采取行动，同时劝他，已经尽到责任了，天黑夜深，该回家去，别到处乱跑了。康德黎担心使馆会连夜转移孙中山，就赶回中国使馆所在的波特兰大街，在那里守候到天亮。

翌日是礼拜天，使馆仆人乔治·柯尔送来孙中山写在自己名片背后的亲笔求救信。康德黎找孟生医生商量，两人共同前往苏格兰场询问凌晨报警处理的情况，获知当班探长将报警人当成酒鬼或者疯子，康德黎再次说明原委。然后他俩又去英国外交部反映情况。

回来的路上，孟生担心孙中山会出意外，决定亲自去使馆询问，让他们知道，扣押孙中山的事情已被外界发觉。接待他的使馆翻译邓廷铿装傻，不承认有人被扣留。到了晚间，康德黎设法雇了个酒店守夜人帮他在使馆对面站岗,而他未料到,这个挣外快的守夜人,其实是司赖特事务所的另一位侦探。星期一(19日)早上,康德黎又亲自赶往司赖特事务所,正式雇佣侦探日夜监视使馆,而司赖特将康德黎的这笔委托向马格里泄了密,整个事件充满惊险和传奇。有资料显示,中国使馆曾向司赖特事务所支付过一百四十九镑十三先令的委托费用。[4]

出了侦探所,康德黎去《泰晤士报》爆料,报社不相信这个新闻。他又去外交部查询进展,并补充作了书面陈述。傍晚,康德黎又据柯尔送来孙中山新的求救信,向外交部递交了补充材料,揭发马格里参与了绑架,"今晚他的房门口加了双哨,马格里爵士对所有使馆仆人说,无论是谁来访,他都不见"。

历史学家黄宇和先生通过查阅档案获悉,其实那天中午英国外交部获悉情况后即开始联系内政部并征求苏格兰场的意见。下午,乔佛斯探长找柯尔取证。玛丽庞分区警察局奉命派出六名便衣分三班监视使馆,以防孙被转移。所以,波特兰大街街口出现了警察和私家侦探共同值守的奇特景象。

20日上午,乔佛斯探长去康德黎家,告知警方已经开始行动。康德黎撤回了他委托的侦探,并提供孙中山的照片,以便警方辨识。警方还向格兰轮船公司调查,获知使馆曾就载运一名精神病患者回国一事与他们联系过。柯尔建议晚上他帮助孙中山攀爬至51号邻家屋顶,请警方联系邻居予以接应——当年波特兰大街49号为五层楼建筑,孙中山被囚禁在四楼房间,而51号是四层楼建筑,屋顶有部分是天台,攀爬过去是办得到的。而现在,由于使馆馆舍重建,两栋房子整体上都变成五层加屋顶阁楼的建筑,从外观上难以理解攀爬的概念——但警方认为无须如此,保证近期会让孙中山堂堂正正走出使馆大门。

22日,乔佛斯探长带康德黎和孟生去老贝利（即英国中央刑事法庭）申请施行于清使馆的人权保护令没有成功,原因是法官怀疑向外国使馆发命令或传票是否合适。他认为应当动用外交压力要求使馆做出解释,并在调查完成前不得转移被囚之人。内政大臣里地利爵士立即咨文外交大臣沙士勃雷侯爵,请外交部采取措施使得孙中山获释。当晚7时,外交部常务次官山德森爵士召见马格里,马格里承认确有其事,但须向北京请示才能确定是否放人。他答应将此问话禀告公使大人。晚上9时50分,英国外交部向清使馆发出照会:

兹接内政大臣咨文,谓收到两名居住在伦敦有名望的医生的证词,宣誓证明近几日来,一名居住在葛兰法学院坊名叫孙逸仙的人,被强行拘留并禁闭在清使馆内。英国政府认为将此人强行拘留于清使馆,实为违反英国法律的行为,不但不受外交豁免权保护,而且是对外交豁免权的滥用。因此,我方要求立刻将孙逸仙释放。[5]

这天晚间,《环球报》（Globe,亦有文献译作《格罗字夜报》）听到消息,加印号外将此事披露出来,引起全城轰动。各家媒体记者和市民包围清使馆,要求放人。翌日,这个新闻成为伦敦各报竞相报道的热门话题。记者各显神通,有采访康德黎的,有采访使馆的,甚至采访孙中山临时寓所的房东太太,使馆门前聚集的人群达到上百人。

23日下午,英国外交部再次召见马格里,询问昨晚照会的落实情况。指出使馆滥用了治外法权,并告知如果使馆拒绝放人,英国将要求清政府召回龚照瑗公使。在各方强大压力下,清使馆被迫在傍晚5时释放扣押了十三天的孙中山。而后,孙中山接受多家媒体的访谈,用娴熟的英语介绍他的反清起义,控诉使馆对他的非法拘禁，感谢英国人民的友好情感和大力支持。

龚照瑷 1894 年担任驻英公使后，就遇到中日甲午战争爆发，外交公务繁多。但他仅是忙于应付，在中英关系的沟通上无甚建树，根本不能与同时期担任日本驻英公使的青木周藏相匹敌，尤其在丰岛海战日本击沉"高升"轮后的对英交涉上完全失败。他到英国不久就患病，多数时间懒懒地待在公使馆里，很想早日调回国内，很少参与伦敦的社交活动。但他却谋划了一场惊天动地的绑架阴谋。事情败露后，他也不着急，直到孙中山被释放后的第十二天，11 月 4 日，才让使馆翻译吴宗濂起草了致总理衙门总办的公函，报告国内。

孙中山蒙难纪念室

孙中山被囚之处，就在波特兰大街 49 号。此时距曾纪泽租借下这一馆舍，已经过去了整整十九年。1933 年，国民政府驻英使馆把当年囚禁孙中山的小屋辟作纪念室。1937 年孔祥熙参加英王乔治六世加冕典礼，还在纪念室安放了孙中山的半身铜像。

熊向晖在《我的情报与外交生涯》一书中回忆，1962 年他担任中国驻英代办时，波特兰大街馆舍因年久失修，多处砖木腐朽，渐成危房。代办处人员增加，馆舍亦不敷应用，约三分之一的人员另租房屋办公住宿，租金昂贵，工作不便，便想拆除重建，费用约需七十万英镑。但按当地规定，波特兰大街任何房屋重建后均须保持原来的外观和高度，则建筑面积难以增加，解决不了集中办公住宿的问题。故欲出售馆舍，得款另买面积较大的地皮，建造新楼。方案报外交部后，因国家经济困难，迟未得复。

1963 年秋，熊向晖回国休假。周恩来总理找他谈话，他提到

中国使馆内"孙中山先生蒙难纪念室"铜牌

重建馆舍事。总理问:"孙中山先生在伦敦蒙难,是不是被关在这个地方?"熊向总理简要汇报了孙中山蒙难故事和纪念室的情况。

总理问:"现在还有没有华侨去参观?"

熊向晖说:"经常有华侨……还有外国人——不单是英国人,要求参观。那间房子可能随时倒塌,通过的楼梯弯弯曲曲,很陡很窄,木板摇摇晃晃,不小心就会出危险。除了个别特殊情况,一般不让人进去。"

总理说:"你们给外交部的报告,要求出售波特兰街的房子,并没有提那里还有孙先生的蒙难室。要是今天不问你,我还不知道。那所房子该不该出售,首先要从政治上考虑。1956年,毛主席发表《纪念孙中山先生》。在这篇文章里,主席说,孙先生是伟大的革命先行者,是指导时代潮流的伟大历史人物……主席列举了孙先生的丰功伟绩,赞扬孙先生既有宏伟的气魄,又很谦虚,不但注意研究中国历史和社会情况,还注意研究外国情况。主席指出,孙先生全心全意地为了改造中国,耗费了毕生精力,真是鞠躬尽瘁,死而后已……不言而喻,孙先生蒙难的地方是重要的历史遗迹。连国民党也知道应该设立孙先生蒙难室,许多华侨和外国人要求参观,而你们居然要卖掉,幸亏今天问了你,要不然,同意你们卖掉，怎么对得住伟大的革命先行者？怎么向崇敬孙先生的华侨和外国朋友交代？怎么向继承孙先生革命事业的中国人民交代？怎么向历史交代？"

总理还说："……像这样的事，就不应该单从经济问题考虑。把孙先生蒙难的地方卖掉、毁掉，将来再花多少钱也恢复不了。现在就可以决定，波特兰街的房子不许出售，就在那里按原来的外观和高度重新建造。房子不够用，另外想办法。国家经济虽然有困难，为了纪念孙先生，这笔钱不能省。我派一位有经验的建筑师到伦敦实地考察，回来设计。要在原来的位置，重建孙先生蒙难室，必须保持原样。既然重建，当然要很坚固，但是原样都不变，比如原来插着铁条的窗口，就不要改成玻璃窗。不保持原样，搞得很漂亮，就失去纪念意义，就没有教育作用。将来要把原来的木匾和铜像照样摆进去，房子内原来的陈设，不增加，不减少。保护历史文物就应这样。"[6]

熊向晖返任后，外交部把七十万英镑拨来了。不久，周总理派建筑师戴念慈到伦敦勘察，搜集了拆建馆舍的资料，对蒙难室做了详细测绘，带回北京设计。这时，代办处忽接英国文物保管会通知，说使馆大厅是"亚当建筑"，必须保存，不得破坏。

所谓"亚当建筑"，是指18世纪英国著名设计师兼建筑师罗伯特·亚当（Robert Adam）和詹姆斯·亚当（James Adam）兄弟设计和营造的建筑，融合了古罗马设计精髓，并参考希腊、拜占庭与巴洛克建筑而创造出的更为灵活多变的特征。其代表作品，既包括奢华的赛昂宫（Syon House），也包括波特兰区（Portland Place）的联排住宅。罗伯特将其命名为"亚当风格"（Adam Style）。亚当兄弟最大的影响，是在室内装饰方面。他们综合了大量古典式样，利用墙壁绘画、天花板泥灰装饰和地毯、家具，以轻巧、柔和、典雅的

荷姆馆这间客厅的天花板和墙饰是典型的亚当风格。正对读者视线的画作是雷诺阿的《剧院包厢》,壁炉上的为马奈的《阿朗特伊的塞纳河畔》

这间起居室同样是亚当风格,墙上依次悬挂着塞尚的《玩纸牌者》、马奈的《草地上的午餐》和雷诺阿的《安布罗伊斯·沃拉德肖像》

亚当风格的轻松活泼色彩

波特曼广场19、20、21号外观,风格上与中国使馆也很接近

设计和精致的新古典主义装饰,受到厌倦了繁复风格的贵族阶层的赞誉,成为了当时英国最为流行的风格之一,在西方建筑史上享有盛誉。[7] 使馆有三间金碧辉煌的大厅,特别是天花板美轮美奂,是亚当兄弟设计营造的建筑艺术珍品。如要保存,整个拆建工程就无法进行。

中国使馆的三间大厅究竟什么模样,今天未见照片留存,但从著名的考陶尔德学院美术馆留下的照片可以见到端倪。1773年,乔治三世的建筑师詹姆斯·怀亚特(James Wyatt)在波特曼广场(Portman Square)19、20、21号建造了联排住宅。其中20号的主人为伊丽莎白伯爵夫人。1775年,伊丽莎白邀请罗伯特·亚当做室内设计。1927年,考陶尔德学院美术馆租下20号,后来还租下19和21号,这里被称作荷姆馆(Home House)。考陶尔德学院美术馆创始人、著名实业家和艺术赞助人塞缪尔·考陶尔德(Samuel Courtauld)带着他收藏的百余件印象派、后印象派艺术珍品,也住在这里。那些珍贵画作在优雅的亚当式客厅墙上展出,揉入房间的整体陈设,令人惊艳赞叹不已。

文物保管会是民间机构,却享有公认的权威。凡是该会规定保存的建筑,任何施工单位都不敢拆除。英国外交部也无能为力,建议代办处直接同该会交涉。但该会平时不办公,每年开会两至三次,只在开会时讨论决定问题。

中国代办处致函文保会,提出馆舍已成危房,附去英国工程师证明,希望同意拆建。数月后收到复函,称该会负责保存英国现有的一切亚当建筑,没有例外。代办处又致函,提出重建时可按原来的大厅样式仿建。数月后该会复称,仿建即非现存的亚当建筑,不能同意。代办处再函,提出馆舍一旦倒塌,亚当大厅将不复存在,如何保存?该会表示不回答"假设性"问题。

经查询,该会并非故意刁难,而是墨守"保存英国现有的亚当建筑"的规定,不徇私情。有关专家断定,代办处拆建馆舍,只有在两种情况下才能进行:一是馆舍自行倒塌,二是该会主动改变规定。但这两种情况都未发生,馆舍也就不能拆建。

熊向晖1967年1月奉调回国,未再过问此事。1973年,他卸任驻墨西哥大使,不久见到总理,谈及驻英使馆又提出重建馆舍,总理说他已做指示,重建孙先生伦敦蒙难室,必须保持原样。[8]

我对熊向晖的这一回忆尚有不解。波特兰大街49号中国驻英使馆的馆舍是曾纪泽租借来的,1924年7月6日转为长期租用,并于1926年4月6日租用51号,两处租期均为九百九十九年。但不是中国政府产权,怎么能由使馆出售呢?

中国驻英大使馆的官网披露,1972年使馆再次向英方提出重建计划,经房东同意后又获英政府批准拆除全部建筑,重建时外立面需恢复原貌。1980年,原楼拆除,三年后动工重建,1985年9月竣工。新楼沿波特兰大街外立面除原来的两个单独进出的门改为一个大门外,基本保持了原样。

从此文看,房东的产权显然是存在的。馆舍拆后重盖,也得到了房东的允诺。因而卖楼易地重建的说法,尚待考证。

在伦敦踏访历史故地

我在 1974 年的中学时代,首次阅读《孙中山文集》。从《伦敦被难记》中知道了这个传奇故事。以后又从黄宇和先生的大著《孙逸仙伦敦蒙难真相》中,读到他对这个事件所做的引人入胜的考证。因此,找机会参观中国使馆的孙中山蒙难纪念室是我多年的心愿。2012 年,借出差英国的机会,我联系中国使馆,得以走进这间著名的小屋。

纪念室设在使馆后半部的四楼,可以乘后侧电梯上去。由于使馆重建时将 49 号和 51 号两组房屋内部打通,所以其位置实际上已有移动,但房屋内部保存着原先的大小和风格,室外钉着铜牌。蒙难室的面积大约为十平方米,迎面的墙上挂着用胡耀邦 1986 年 6 月来此瞻仰时题字"孙中山先生蒙难室"制作的木匾,匾下是孙中山铜像。右面墙上挂着 1933 年开设纪念室时,国民政府驻英公使郭泰祺手书"孙中山先生伦敦蒙难纪念室记",下面安放康德黎铜像。左面有扇加了铁条的窗,窗外是内阳台,这部分显然是大楼改建后调整的,与历史上的布局不一样。孙中山说他

孙中山先生蒙难纪念室内景

蒙难室的窗户

写了求救信，包上硬币往外投掷，落在邻居家的屋檐上，按现在的朝向，邻家的屋檐已根本看不到了。窗旁两侧有两个镜框，一个是孙中山的标准照，另一个镶着民国元老胡汉民题写的诗笺。

纪念室里没有床铺桌椅，陈放孙中山铜像的条桌后面，有个用瓷砖围砌起来的小壁炉，当初就是因为要为壁炉升火，才出现了英国仆人柯尔，他是孙中山的救星。站在小屋里，我仿佛穿越到了一百多年前，孙中山努力说服柯尔为其送信的场景，宛若就在眼前。

由于孙中山蒙难纪念室地处伦敦使馆，不仅国内的旅行者研究者难以访问，就算到了英国，去使馆内部参观也不容易。所以这次拜访对我来说，是个难得的机遇。

恕我直言，中国使馆内部的改造却令人失望，感觉置身在北京的一座政府办公楼中，无论家具，还是室内陈设，完全看不到丁点"亚当建筑"的优雅华丽，当然也没有精致的中国风格，我想起昔日赫德对曾纪泽建言，使馆装饰和家具"定须最精之品，使西人称羡乃佳。否则有损"。曾纪泽则因经费有限，主张"购置次等之货，但求坚固，不须华美"，但他毕竟是工作和生活在"亚

中国使馆的会客厅，就是拆除"亚当风格"后改造而成的

当建筑"的英伦氛围之中。而现在的使馆，装饰完全没有特色，只是一个官式衙门。

我还去寻找康德黎医生的故居。我知道康家就在使馆旁边，但在实地踏访时，两处建筑相邻之近，依然令我惊异。出使馆沿波特兰街往北面摄政公园方向走去，大约走过六七个门牌就是路口，左手转弯，向西再行二三十米，就来到德文郡街46号（旧译覃文省街，46 Devonshire Street），整个行程，不过三四分钟。从居住地可以猜测，康德黎的家境是颇为富裕的。

孙中山曾说，他甫到伦敦，与康德黎夫妇一起吃饭时，康戏称中国使馆与伊家为邻，你不打算访问一下？康夫人立即阻止："不可以，公使馆中人若认出你，会把你抓起来送回中国去的。"孟生博士也告诫他："慎勿行近中国使馆，至堕虎口。"孙中山问孟生："满清驻英使臣是谁？""你认为我去使馆访问任何人是明

绑架和营救孙中山 373

从使馆到康德黎家仅需几分钟路程

智的吗?"孟生断然答复:"不可如此!"

孙中山还说,虽有康、孟两先生的告诫,但他初到伦敦,依然不知道,也没有问询过使馆的确切位置。所以那天中午他在波特兰大街上行走,看到一个同乡,彼此开始攀谈,接着不慎被两个中国人拉着进入一栋大宅。入门后才知被关进了中国使馆。[9] 而使馆翻译吴宗濂记载,孙中山化名陈载之,10月10日和11日两次走访公使馆,询问有无广东人,使馆是在他第二次来访时将其扣留的。[10] 马格里向英国外交部和媒体记者陈述时,也说孙中山是自行走进使馆的。近百年来,国内外研究孙中山的学者对于孙中山究竟是被绑架还是主动走进使馆历来持有不同意见,从实地走完这段路程后,我个人的判断是,孙中山到达伦敦后多次拜访康德黎府邸,却不清楚使馆在哪儿的说法几乎是不可能成立的。而他倘若去接近那个地方,本身就带有闯一闯使馆的主动冒险。当时孙中山使用了化名,或许很想在他乡与中国人说说话,了解国内的情况。当然,他也没有料到,中国外交官在伦敦还真敢将他绑架和拘禁,甚至谋划将他运回中国。在这个绑架案的营救中,

德文郡街46号康德黎家　　　　康德黎医生

康德黎、孟生两位老师始终锲而不舍，功不可没。美国历史学家史扶邻评论说："十二天的囚禁，使孙中山从一个不那么重要的广州造反者，变成受到公众注意的、极为自信的清政权的敌人……在世人的心目中，清政权代表着罪恶、奸诈……代表着'鞑靼'的残忍、凶暴，而孙中山则举起了进步和基督教这两面旗帜。"[11] 所以说这是孙中山"生平最大的个人胜利之一，这个胜利之所以成为可能，则应归功于他在外国公众面前所表现的机智和令人信服的风度。"

英国是个保守和讲究传统的国家，中国驻伦敦使馆自1879年搬进波特兰大街49号馆舍后没有再搬，是所有驻外使馆中年岁最长的。就原因而论，与内设孙中山蒙难纪念室也直接有关。从地图上看，使馆不仅距离康德黎家很近，距离孟生医生家（安妮女王

从地图上看，本故事相关人物住家与清使馆都很近

街21号）也很近，使馆聘用的英籍参赞马格里家（哈利街3号）也在附近的街区。在查阅资料的过程中我发现，1853年南丁格尔曾在哈利街1号设立过她的第一个护士站。不过马格里家一带的房子已经重新翻建了。读地图时我还发现，与波特兰街、哈利街平行的上温坡街2号，距中国使馆也仅一箭之遥。1890年，柯南·道尔在此开设了眼科诊所，由于病人稀少，他利用上班时间创作侦

探小说,《血字的研究》《四签名》都写作于此。遥想当年,伦敦的雾霾之下,这些神人大腕都在摄政公园周围生活,彼此虽无交集,却也是谱写着各自的灿烂。

2015 年 6 月初稿
2018 年 4 月修订

1　罗家伦:《中山先生伦敦被难史料考订》,第 17—23 页。
2　吴宗濂:《龚星使计擒孙文致总署总办公函》,《随轺笔记》,第 214 页。
3　此信译文见黄宇和:《孙逸仙伦敦蒙难真相》,第 3 页。孙中山自撰《伦敦被难记》用文言译出,载《孙中山全集》,第 1 卷,第 64 页。
4　罗家伦:《中山先生伦敦被难史料考订》,第 173 页。
5　《沙士勃雷致龚照瑗》(稿),1896 年 10 月 22 日,FO17/1718,第 24—25 页。转引自黄宇和:《孙逸仙伦敦蒙难真相》,第 17 页。
6　熊向晖:《我的情报与外交生涯》,第 460—464 页。
7　巴里·伯格多尔:《1750—1899 年的欧洲建筑》,第 44—55 页。
8　熊向晖:《我的情报与外交生涯》,第 445—453 页。
9　孙中山:《伦敦被难记》,《孙中山全集》,第 1 卷,第 55—57 页。
10　吴宗濂:《龚星使计擒孙文致总署总办公函》,《随轺笔记》,第 214—224 页。
11　史扶邻:《孙中山与中国革命的起源》,第 113 页。

参考引征书目

《曾国藩全集》，唐浩明总责编，岳麓书社，1994年，长沙
《李鸿章全集》，顾廷龙、戴逸主编，安徽教育出版社，2008年，合肥
《李鸿章未刊书札四通》，《近代史资料》总117号，中华书局，2008年，北京
《左宗棠全集》，李润英总责编，岳麓书社，1987年，长沙
《沈葆桢文集》，朱华主编，《船政文化研究》，第6辑，2008年，福州
《沈葆桢致吴仲翔、叔章兄弟手札》，《档案与史学》，2001年第1期
《刘坤一遗集》，中国科学院历史研究所第三所工具书组校点，中华书局，1959年，北京
《九思堂诗稿续编》，奕譞著，清光绪间刻本
《萃锦吟》，奕譞著，清光绪十六年刻本
《清醇亲王奕譞信函选》，《历史档案》，1982年第4期
《航海吟草》，奕譞著，光绪丁亥仲春上海同文书局石印本
《文靖公遗集》，宝鋆撰，光绪戊申孟夏
《涧于集》，张佩纶撰，丰润张氏涧于草堂影印，1922—1928年
《涧于日记》，张佩纶著，丰润张氏涧于草堂影印
《张佩纶日记》，张佩纶著，谢海林整理，凤凰出版社，2015年，南京
《津门日记》，张佩纶撰，上海图书馆藏稿本
《随轩日记》，张佩纶撰，上海图书馆藏稿本
《张佩纶家藏信札》，上海图书馆编，上海人民出版社，2017年，上海
《李鸿章张佩纶往来信札》，姜鸣整理，上海人民出版社，2018年，上海
《张之洞致张佩纶未刊书札》，广州图书馆编，广西师范大学出版社，2012年，桂林
《张之洞全集》，苑书义、孙华峰、李秉新主编，河北人民出版社，1998年，石家庄
《翁同龢日记》，翁万戈编，翁以钧校订，中西书局，2012年，上海
《翁同龢文献丛编之四：中法越南之争》，翁万戈辑，艺文印书馆，2002年，台北
《翁同龢诗集》，翁同龢著，朱育礼、朱汝稷校点，上海古籍出版社，2009年，上海
《胡文忠公遗集》，胡林翼撰，武昌节署，同治三年
《丁日昌集》，赵春晨编，上海古籍出版社，2010年，上海

《刘文庄公奏议》，刘秉璋撰，朱孔彰辑，民国铅印本
《岑襄勤公奏稿》，岑毓英撰，武昌督粮官署止复园本，1897年
《校邠庐抗议》，冯桂芬著，戴扬本评注，中州古籍出版社，1998年，郑州
《郭嵩焘奏稿》，杨坚校补，岳麓书社，1983年，长沙
《郭嵩焘日记》，湖南人民出版社，1981—1984年，长沙
《郭嵩焘：伦敦与巴黎日记》，钟叔河、杨坚整理，岳麓书社，1984年，长沙
《曾纪泽遗集》，喻岳衡点校，岳麓书社，1983年，长沙
《曾纪泽日记》，刘志惠整理，岳麓书社，1998年，长沙
《沧趣楼诗文集》，陈宝琛著，刘永翔、许全胜校点，上海古籍出版社，2006年，上海
《阎敬铭家书》，茹静整理，《近代史资料》总130号，中国社会科学出版社，2014年，北京
《阎敬铭存札》，中国社科院近代史所图书馆特藏
《孙毓汶日记信稿奏折》，孙毓汶著，陈丽丽整理，凤凰出版社，2018年，南京
《王文韶日记》，袁英光、胡逢祥整理，中华书局，1989年，北京
《湘绮楼日记》，王闿运著，马积高主编，岳麓书社，1997年，长沙
《越缦堂日记》，李慈铭著，广陵书社，2004年，扬州
《越缦堂国事日记》，吴语亭编，文海出版社影印，1977年，台北
《周悫慎公全集》，周馥撰，秋浦周氏校刻本，1922年
《薛福成日记》，蔡少卿整理，吉林文史出版社，2004年，长春
《刘锡鸿：英轺私记/张德彝：随使英俄记》，朱纯、杨坚校点，岳麓书社，1986年，长沙
《能静居日记》，赵烈文撰，廖承良标点整理，岳麓书社，2013年，长沙
《缘督庐日记》，叶昌炽著，江苏古籍出版社，2002年，南京
《郑孝胥日记》，劳祖德整理，中华书局，1993年，北京
《许宝蘅日记》，许恪儒整理，中华书局，2010年，北京
《许宝蘅藏札》，许恪儒整理，中华书局，2013年，北京
《袁昶日记》，袁昶著，孙之梅整理，凤凰出版社，2018年，南京
《吴汝纶尺牍》，徐寿凯、施培毅校点，黄山书社，1990年，合肥
《桐城吴先生日记》，吴汝纶著，宋开玉整理，河北教育出版社，1999年，石家庄
《樊樊山诗集》，樊增祥、涂晓马、陈宇俊校点，上海古籍出版社，2004年，上海
《殳楼遗集》，张士珩著，1922年北京雕版
《何如璋家书》，《梅州文史》，第6辑"何如璋专辑"，1992年
《张裕钊诗文集》，张裕钊著，王达敏校点，上海古籍出版社，2007年，上海
《宋史》，脱脱等撰，中华书局，1977年，北京
《清史稿》，赵尔巽等撰，中华书局，1977年，北京
《清史列传》，王钟翰点校，中华书局，1987年，北京
《清实录》，中华书局，1987年，北京
《光绪朝东华录》，朱寿朋编，中华书局，1958年，北京
《清季外交史料》，王彦威纂辑，书目文献出版社，1987年，北京
《筹办夷务始末·同治朝》，中华书局编辑部、李书源整理，中华书局，2008年，北京

《咸丰同治两朝上谕档》，中国第一历史档案馆编，广西师范大学出版社，1998年，桂林
《光绪宣统两朝上谕档》，中国第一历史档案馆编，广西师范大学出版社，1996年，桂林
《光绪朝朱批奏折》，中国第一历史档案馆编，中华书局，1996年，北京
《清代军机处随手登记档》，中国第一历史档案馆编，国家图书馆出版社，2013年，北京
《清会典事例》，中华书局，1991年，北京
《大清律例》，天津古籍出版社，1993年，天津
《清代官员履历档案全编》，秦国经主编，华东师范大学出版社，1997年，上海
《清代科举人物家传资料汇编》，来新夏编，学苑出版社，2006年，北京
《〈文献丛编〉全编》，故宫博物院编，北京图书馆出版社，2008年，北京
《中外旧约章汇编》，王铁崖编，生活·读书·新知三联书店，1957年，北京
《近代史所藏清代名人稿本抄本》，第1辑，虞和平主编，大象出版社，2011年，郑州
《清代名人书札》，本书编辑组编，北京师范大学出版社，2009年，北京
《工部局董事会会议录》，上海市档案馆编，上海古籍出版社，2001年，上海
《清代首届驻日公使馆员笔谈资料汇编》，刘雨珍编校，天津人民出版社，2010年，天津
《海军衙门函稿》，抄本影印件
《洋务运动》，"中国近代史资料丛刊"，中国科学院近代史研究所史料编辑室、中央档案馆明清档案部编辑组编，上海人民出版社，1961年，上海
《中法战争》，"中国近代史资料丛刊"，邵循正等编，上海人民出版社，1957年，上海
《中法越南交涉档》，"中央研究院"近代史研究所编，"中央研究院"近代史研究所，1983年，台北
《中日战争》，"中国近代史资料丛刊"，邵循正等编，上海人民出版社，1957年，上海
《甲午中日战争》，盛宣怀档案资料选辑之三，陈旭麓、顾廷龙、汪熙主编，上海人民出版社，1982年，上海
《义和团运动》，盛宣怀档案资料选辑之七，陈旭麓、顾廷龙、汪熙主编，上海人民出版社，2001年，上海
《中国海关密档——赫德、金登干函电汇编（1874—1907）》，陈霞飞主编，中华书局，1990—1996年，北京
《赫德日记——赫德与中国早期现代化》，〔美〕布鲁纳、费正清、司马富编，陈绛译，中国海关出版社，2005年，北京
《西洋镜》，第15辑，《海外史料看李鸿章》，赵省伟主编，广东人民出版社，2019年，广州
《顺风相送：院藏清代海洋史料特展》，陈龙贵、周维强编，台北故宫博物院，2013年，台北
《清诗纪事》，钱仲联主编，江苏古籍出版社，1989年，南京
《清朝野史大观》，上海书店影印，1981年，上海
《清稗类钞》，徐珂编撰，中华书局，1984年，北京
《清代名人轶事辑览》，李春光纂，中国社会科学出版社，2004年，北京
《近现代名人小传》，沃丘仲子著，北京图书馆出版社影印，2003年，北京
《晚清宫廷生活见闻》，中国人民政治协商会议全国委员会文史资料研究委员会编，文史资料出版社，1982年，北京

《晚清宫廷实纪》，吴相湘著，中国大百科全书出版社，2010年，北京
《慈禧传信录》，沃丘仲子著，广文书局，1980年，台北
《孽海花》，曾朴著，上海古籍出版社，1979年，上海
《花随人圣庵摭忆》，黄濬著，霍慧玲校点，山西古籍出版社、山西教育出版社，1999年，太原
《梵天庐丛录》，柴小梵著，山西古籍出版社、山西教育出版社，1999年，太原
《苌楚斋随笔 续笔 三笔 四笔 五笔》，刘声木著，中华书局，1998年，北京
《南亭笔记》，李伯元著，上海古籍书店影印，1983年，上海
《一士类稿 / 一士谈荟》，徐一士编著，书目文献出版社，1983年，北京
《凌霄一士随笔》，徐凌霄、徐一士著，山西古籍出版社，1997年，太原
《随轺笔记》，吴宗濂著，许尚、穆易校点，岳麓社，2016年，长沙
《蕉廊脞录》，吴庆坻著，刘承干校，张文其、刘德麟点校，中华书局，1990年，北京
《世载堂杂忆》，刘成禺著，辽宁教育出版社，1997年，沈阳
《异辞录》，刘体仁著，山西古籍出版社，1996年，太原
《异辞录》，刘体智著，刘笃龄点校，中华书局，1988年，北京
《乐斋漫笔 / 崇陵传信录》，岑春煊、恽毓鼎著，中华书局，2007年，北京
《春冰室野乘》，李孟符著，张继红点校，山西古籍出版社，1996年，太原
《啸亭杂录》，昭梿著，何英芳点校，中华书局，1980年，北京
《新语林》，陈赣一著，上海书店出版社，1997年，上海
《知寒轩谭荟》，郭则沄主编，郭久祺点校，北京出版社，2015年，北京
《庚子西狩丛谈》，吴永口述，刘治襄记，鄢琨标点，岳麓书社，1985年，长沙
《谏书稀庵笔记》，"近代中国史料丛刊"，第41辑，陈恒庆撰，文海出版社，1973年，台北
《李鸿章历聘欧美记》，蔡尔康、林乐知编译，张英宇点、张玄浩校，湖南人民出版社，1982年，长沙
《西学东渐记》，容闳著，杨凤石、恽铁樵译，张叔方补译，杨坚、钟叔河校点，湖南人民出版社，1981年，长沙
《闻尘偶记》，文廷式著，《近代史资料》，总第44号，中国社会科学出版社，1981年，北京
《清代北京竹枝词》，杨米人等著，路工编选，北京古籍出版社，1982年，北京
《上海洋场竹枝词》，顾炳权编著，上海书店，1996年，上海
《句町国与西林特色文化》，中共西林县委县人民政府、广西文物考古研究所、广西历史学会编，广西人民出版社，2009年，南宁
《林则徐年谱》（增订本），来新夏编著，上海人民出版社，1981年，上海
《恭亲王奕䜣大传》，董守义著，辽宁人民出版社，1989年，沈阳
《郭嵩焘先生年谱》，郭廷以编，"中央研究院"近代史研究所，1971年，台北
《李鸿藻年谱》，李宗侗、刘凤翰著，中华书局，2014年，北京
《塞塞录》，陆奥宗光著，伊舍石译，谷长青校，商务印书馆，1963年，北京
《中国人》，林语堂著，郝志东、沈益洪译，学林出版社，1994年，上海
《花甲忆记：一位美国传教士眼中的晚清帝国》，〔美〕丁韪良著，沈弘、恽文捷、郝田虎译，广西师范大学出版社，2004年，桂林

《亲历晚清四十五年——李提摩太在华回忆录》，〔英〕李提摩太著，李宪堂、侯林莉译，天津人民出版社，2005年，天津

《中华帝国对外关系史》，〔美〕马士著，张汇文等译，商务印书馆，1963年，北京

《英国对华外交（1880—1885年）》，〔英〕季南著，许步曾译，商务印书馆，1884年，北京

《英国的课业：19世纪中国的帝国主义教程》，〔美〕何伟亚著，刘天路、邓红风译，社会科学文献出版社，2007年，北京

《真正的中国佬》，〔美〕何天爵著，鞠方安译，光明日报出版社，1998年，北京

《伯希和西域探险记》，〔法〕伯希和著，耿昇译，云南人民出版社，2001年，昆明

《帝国的回忆：〈纽约时报〉晚清观察记》，郑曦原编，李方惠、郑曦原、胡书源译，生活・读书・新知三联书店，2001年，北京

《中英关系史论丛》，王绳祖著，人民出版社，1981年，北京

《赫德与晚清中英外交》，张志勇著，上海书店出版社，2012年，上海

《马嘉理行纪》，〔英〕马嘉理著，〔英〕阿礼国编，曾嵘译，中国地图出版社，2013年，北京

《马嘉理案史料》（一）（二）（三），《历史档案》，2006年第1、2、4期

《马嘉理事件始末》，于乃仁、于希谦著，德宏州史志办公室，1992年，芒市

《金沙江》，〔英〕威廉・吉尔著，〔英〕亨利・吉尔编，曾嵘译，中国地图出版社，2013年，北京

《1894，中国纪行》，〔英〕莫理循著，李磊译，中华书局，2017年，北京

《伦敦被难记》，孙中山著，《孙中山全集》，第一卷，中华书局，1981年，北京

《中山先生伦敦被难史料考订》，罗家伦著，商务印书馆，1930年，上海

《孙逸仙伦敦蒙难真相》，黄宇和著，上海书店出版社，2004年，上海

《孙中山与中国革命的起源》，史扶邻著，丘权政、符致兴译，中国社会科学出版社，1981年，北京

《同光大老》，高阳著，华夏出版社，2006年，北京

《南北之争与晚清政局，1861—1884》，林文仁著，中国社会科学出版社，2005年，北京

《舍我其谁：胡适》，第一部，江勇振著，新星出版社，2011年，北京

《光影百年：故宫博物院九十华诞典藏老照片特集》，故宫博物院编，故宫出版社，2015年，北京

《故宫藏影：西洋镜里的宫廷任务》，单霁翔主编，故宫出版社，2018年，北京

《上海图书馆藏历史原照》，上海图书馆编，上海古籍出版社，2007年，上海

《山西票号史料》（增订本），中国人民银行山西省分行、山西财经学院本书编写组编，山西经济出版社，2002年，太原

《山西票号史》（修订本），黄鉴晖著，山西经济出版社，2002年，太原

《招商局船谱》，胡政主编，社会科学文献出版社，2015年，北京

《近代温州社会经济发展概况》，赵肖为译编，上海三联书店，2014年，上海

《李宗侗文史论集》，李宗侗著，中华书局，2011年，北京

《我的情报与外交生涯》，熊向晖著，中共党史出版社，2006年，北京

《来燕榭书跋》（增订本），黄裳著，中华书局，2011年，北京

《来燕榭文存二编》，黄裳著，生活·读书·新知三联书店，2011年，北京

《民主的理想与现实：重建的政治学之研究》，〔英〕哈福德·麦金德著，王鼎杰译，上海人民出版社，2016年，上海

《1750—1899年的欧洲建筑》，〔美〕巴里·伯格多尔著，周玉鹏译，清华大学出版社，2012年，北京

《英国的家庭、性与婚姻，1500—1800》，〔英〕劳伦斯·斯通著，刁筱华译，商务印书馆，2017年，北京

《定海厅志》，史致驯、黄以周等撰，柳和勇、詹亚园校点，上海古籍出版社，2011年，上海

《浙东军事芜史》，朱汝略、奚永宽编著，吉林文史出版社，2005年，长春

《〈鸡笼〉诗的流传——〈鸡笼〉诗与张李姻缘》，刘永翔，《东方早报·上海书评》，2016年3月13日

《滇案议》，郭大松，《山东社会科学》，1994年第3期

《1883年上海金融风潮》，刘广京，《复旦学报（社会科学版）》，1983年第3期

《胡光墉的破产及其影响》，余少彬，《汕头大学学报》，1992年第2期

《胡光墉破产案中的西征借款"旧账"清查》，吴烨舟，《近代史研究》，2015年第4期

《"我就是胡雪岩！"——回忆高阳先生》，罗青，《文汇报》，2017年5月19日

《张佩纶致李鸿章密札隐语笺释》，张晓川，《近代史研究》，2019年第1期

《渤澥乘风：醇亲王海军大阅与巡阅北洋海防图》，周维强，《故宫文物月刊》，2013年8月号

《林则徐的扇面诗》，杜景华，《红楼梦学刊》，2001年第1期

《申报》

Correspondence Respecting the Attack on the Indian Expedition to Western China, and the Murder of Mr. Margary, British Parliamentary Papers, vol.41, Shannon: Irish University Press, 1971

The Journey of Augustus Raymond Margary: From Shanghae to Bhamo, and Back to Manwyne, Margary, Augustus Raymond By Sir Rutherford Alcock, K.C.B., London: Macmillan & Co., 1876

Mandalay to Momien: A Narrative of the Two Expeditions to Western China of 1868 and 1875, John Anderson, London: Macmillan & Co., 1876

The New York Times

《天公不语对枯棋——晚清的政局和人物》，姜鸣著，生活·读书·新知三联书店，2015年，北京

《秋风宝剑孤臣泪——晚清的政局和人物续编》，姜鸣著，生活·读书·新知三联书店，2015年，北京